# マーシャル クールヘッド&ウォームハート

Marshall
Cool Head & Warm Heart

アルフレッド・マーシャル［著］
伊藤宣広［訳］

ミネルヴァ書房

Alfred Marshall

"The Present Position of Economics", 1885.

"The Old Generation of Economists and the New", 1897.

"The Future of the Working Classes", 1873.

"A Fair Rate of Wages", 1887.

"Social Possibilities of Economic Chivalry", 1907.

"Mr Jevons' Theory of Political Economy", 1872.

"Mr Mill's Theory of Value", 1876.

"Distribution and Exchange", 1898.

"Remedies for Fluctuations of General Prices", 1887.

# マーシャル　クールヘッド&ウォームハート　目次

# 凡例

一　底本には Edited by A.C. Pigou, *Memorials of Alfred Marshall*, 1925, London: Macmillan. を用いた。ただし、「分配と交換」については、同書に収録されている「経済学における力学的類推と生物学的類推」（Mechanical and Biological Analogies in Economics）が初出版の約三分の一を抜粋した抄録版であるため、*Collected Essays 1872-1917 Alfred Marshall, Volume 2 (1887-1917)* より、その完全版である Distribution and Exchange の全文を訳出した。また「一般物価の変動に対する救済策」は、*Memorials* 版および全集版ともに、あるべきグラフ（二五九頁）が一つ欠落しているため、初出の *Contemporary Review* 誌収録のもので補った。

二　本文におけるイタリック表記は、訳文では傍点を付した。

三　本文において（　）で挿入されている部分は、訳文においても（　）で補って訳出した。

四　〔　〕内の表記は、原文の理解を助けるため訳者が補ったものである。

五　［　］内の補足説明は、訳者が読者の便宜のために追加したものである。

六　原著の脚注は章末に移し、章ごとの通し番号（1）、（2）、（3）、……をつけた。

七　いくつかの表現に対して、参考のため原語表記のルビを付した。

# 第一章　経済学の現状(1)――一八八五年

一国単位で考えた場合、一二年前［一八七三年］のイングランドにおけるほど有能な経済学者集団が揃っていた例は歴史上、他にない。しかし、ミル［John Stuart Mill（一八〇六〜一八七三）イギリスの経済学者・哲学者。］、ケアンズ［John Elliot Cairnes（一八二三〜一八七五）アイルランドの経済学者。方法論に関する著作『経済学の性質と論理的方法』（一八五七）でリカード＝ミルの伝統を擁護した。］、バジョット［Walter Bagehot（一八二六〜一八七七）イギリスの経済学者。『ロンバード街』で有名。『エコノミスト』誌の編集者を務めた。］、クリフ・レスリー［Thomas Edward Cliffe Leslie（一八二七〜一八八二）イギリス歴史学派の経済学者。古典派経済学を方法論的に批判した。］、ジェヴォンズ［William Stanley Jevons（一八三五〜一八八二）イギリスの経済学者。いわゆる「限界革命」のトリオの一人。］、ニューマーチ［William Newmarch（一八二〇〜一八八二）イギリスの経済学者。］、そしてフォーセット［Henry

Fawcett（一八三三〜一八八四）イギリスの経済学者・国会議員。ケンブリッジ大学教授の他、閣僚も務めた。」といった顔ぶれが次々と鬼籍に入ってしまった。さらに、死神《デス》はそれだけで満足せず、新世代の最も高潔な人物の一人であったアーノルド・トインビー［Arnold Toynbee（一八五二〜一八八三）イギリスの経済学者・歴史家。「産業革命」という用語を普及させた。社会福祉事業の先駆者でもあった。」の命まで奪ってしまった。科学がその最良の学徒《サンズ》たちの業績を必要とする緊急性が、今日の経済学ほど顕著なことは、かつてなかった。その上、そのような業績をあげられる経済学者はごく少数にすぎない。

私が不相応にもその座を占めることになった前任者であるフォーセット教授は、他の人物とは異なっており、いくつかの点では、他の誰よりも偉大であった。彼は比類《ユニーク》のない人物であった。歴史を見ても、彼が到達した偉大さに匹敵する例はない。そのたぐいまれなる才能は、その思想のみならず、人格にも現れていた。彼の勇気と優しさ、献身と純真さは、その思想の驚くべき力強《フォース》さと明晰さに劣らず、力《ストレンクス》の偉大な源泉であった。それゆえ彼は、他のどんな経済学者もとることがで きなかった態度をとることができた。彼は、人々に不愉快な真実を語ることができ、それでいて聴衆に心から感謝された。労働者階級は、彼が弱者や虐げられた人々の友であること、また、農業労働者やインドの農夫《ライアット》の騎士道的な擁護者であることを知った。そして彼が、彼らの社会的救済は主として自らの努力によって成し遂げねばならないという厳しい教えを説いたときにも、彼らは、単なる忍耐以上の姿勢で耳を傾けた。彼は、我々の経済的害悪とそれに対する救済策を、真剣にかつ辛抱強く考えるよう、我々みなを導いてくれたように、労働者階級をも導いていた。

またこの教師はつねに自らも学び続けていた。彼の『経済学提要』[*Manual of Political Economy*. (1863) 生前に六版を重ねた。] の新しい版が出るたびに、また彼の筆から新しい業績が次々と生み出されるたびに、その精神は絶えざる成長をみせていた。彼の最新の業績はつねに、彼がそれまでに書いてきたものの中で最良の業績であり、最も強力で、最も独創的で、最も示唆に富んでいた。そしてすべてを読んだ後で、何かしらの余韻が残った。それは、読者が彼とともに語らい、彼に導かれているという感覚である。彼は両眼がみえなく《ダーク》なった [フォーセットは事故のため、二五歳の若さで視力を失った。] 後にも、周囲の事物をほとんど理解できたが、その不思議な力はまた、彼が語りかける人々の眼前に、現実の経済問題のもつ真の意味を提示してみせた。その様子は非常に鮮明で、少なくとも私は、それまでそのようなものに出会ったことはなかった。しかし彼はもうこの世の人ではない。あとに残された我々は、彼の明晰な思想を導きの糸とし、素晴らしい模範《イグザンプル》としながら、彼の仕事を最善を尽くして継続していかなければならない。

本日は、経済学者の領分《プロヴァンス》について、またその中で、ケンブリッジ大学が最も貢献できると思われる事柄について、私の理解の範囲で簡単に説明していきたい。

現在、経済学がある程度その方向《フロント》を転換したことはよく知られている。しかし、その変化の本質についてはかなり誤解されている。一般に、今世紀初頭にイングランドの経済思想の方向性を定めた人々は、事実の研究を無視した理論家であって、これは特にイングランドが犯した誤りであった、と言われている。そのような非難は、私には根拠がないように思われる。そうした経済学者の大部分は、各種業務に関する幅広い実体験に裏打ちされた知識をもった実務家であった。彼らは、それ以降に書かれたものと比べても遜色ない経済史を書いた。彼らは公私の機関による統計を集め、数多くの見事な議会調書を提供した。それは他のすべての国の手本となり、その最良の思想の多くは現代のドイツ歴史学派に霊感を与えた。

過度に抽象的な論理にふけるという彼らの傾向に関して言えば、その非難が仮に正しいとしても、それは主として〔リカードという〕一人の素晴らしい天才の影響によるものである。彼はイギリス人ではないし、イギリスの思想の基調とほとんど共通点をもっていない。リカード〔David Ricardo（一七七二〜一八二三）イギリスの経済学者。『経済学および課税の原理』を著し、労働価値説を洗練させるとともに、比較生産費説に基づく自由貿易を唱えた。〕の考え方の長所および短所は、ともに彼の出自がユダヤ人《セミティック》であることに起因する。イギリス人の経済学者でリカードのような考え方をする人はいない。

現在、経済学の考え方に関して変化が生じているが、これは演繹を帰納によって補完することの重要性に気づいたことが原因ではない。なぜなら、その重要性は以前からよく知られていたからである。経済学の考え方が変化したのは、人間というものが少なからず環境の産物であって、環境とともに変化するということを発見したためである。そしてこの発見の重要性は、最近、知識や熱意が成長し、人間性が大幅にかつ急速に変化しているという事実によって、際立っている。

一九世紀初頭には、数学・物理学系の科学集団は日の出の勢いであった。これらの科学には互いに大きな相違点があったが、その対象がすべての国、時代において一定不変であるという点では共通していた。科学が進歩することは人々にもなじみ深いものであったが、当時、科学の対象そのものが発展するという発想はなかった。一九世紀が進むにつれて、生物学の科学集団はゆっくりと進路を開拓しつつあった。人々は、有機的成長の本質について、より明瞭な観念を獲得しつつあった。科学の対象が異なる発展段階を経験する場合、ある段階に当てはまる法則が他の段階に修正なしで適用できることは滅多にない、ということを人々は学びつつあった。また、科学法則は、扱う対象の発展に対応して発展しなければならない、ということを学びつつあった。この新しい考えの影響は、人間を扱う科学にも次第に広がっていった。ゲーテ［Johann Wolfgang von Goethe（一七四九～一八三二）ドイツの詩人。］、ヘーゲル［Georg Wilhelm Friedrich Hegel（一七七〇～一八三一）ドイツ観念論哲学の祖。］、コント［Isidore Auguste Marie François Xavier Comte（一七九八～一八五七）フランスの社会学者。］、および他の人々は、それぞれ異なったやり方で、人間の内面的な性格や外面的な制度の発展に注意を喚起し、人間性の様々な側面の成長様式を解明したり比較する考えに向かって、歩みを進めた。

遂に生物学の思索は大きな一歩を踏み出した。その発見は、かつての物理学の場合と同じように、すべての人々の心を捉えた。その結果、当時の道徳科学と歴史学はその基調《トーン》を変え、経済学もそのような動きを共有した。こうした変化は、経済学説に対して加えられた特定の攻撃によるものではないし、また、イングランドの内外を問わず、特定の著者の影響によるものでもない――もっとも、リスト〔Friedrich List（一七八九～一八四六）ドイツの経済学者。〕のことを考えると、若干の例外は認められるかもしれない。この変化は、全世界の新世代に一律に影響を及ぼしつつある圧倒的な力に主として依存している。

今世紀初頭にイギリスの経済学者が犯した主な過ちは、歴史や統計を無視したことではない。そうではなく、リカードとその信奉者たちが、大きな一群の事実を無視し、我々が今では最重要であると考えている事実を研究する方法を無視したことにある。

彼らは人間をいわば一定不変の存在とみなし、その変化を研究する労をほとんどとらなかった。彼らが知っていた人々は、主として金融業者《シティメン》であった。彼らは暗黙のうちに、他のイギリス人も、自分たちが知っているシティ〔ロンドンの金融街〕の人々とほとんど同じようなものであると考えていた。彼らも、他の国々の住民がそれぞれ特性をもっていることに気づいてはいた。しかしそのような相違は表面的なものであって、イギリス人が教えようとしていたより優れたやり方を外国人が学べばすぐに消滅するものであると考えていた。我が国の法律家はイギリスの国内法をヒンズー教徒に強制したが、これと同じような発想により、我が国の経済学者は、世界はすべてシティの住民で構成されているという暗黙の想定のもと、彼らの理論をつくり出した。

彼らが貨幣や外国貿易を問題としている限り、こうしたことが害を及ぼすことはほとんどなかったが、様々な産業階級のあいだの関係を扱う際には大きな弊害を生んだ。こうした発想のため、彼らは労働者階級の目線に立つことをせず、労働を単なる一商品とみなした。その人間的な感情、その本能や習慣、共感や反感、階級的嫉妬、階級的執着心に配慮することがなかった。また、労働者に知識が不足していること、自由で活発な活動をする機会がないことに配慮しなかった。それゆえ彼らは、需要と供給の諸力について、現実に見られるよりもはるかに機械的で規則的な作用を認めた。そして利潤や賃金に関して、当時のイングランドにおいてさえ、現実には当てはまっていなかった法則を主張した。

しかし、彼らの最も致命的な誤りは、産業上の習慣や制度がいかに変わりやすいものであるかを考えなかったことである。とりわけ、貧困層の貧困は、その貧困の原因となっている虚弱さと効率の悪さの原因であることを、彼らは考えなかった。彼らは、労働者階級の境遇の大幅な改善の可能性に対して、現代の経済学者たちが抱いている確信をもっていなかった。

人間性の道徳的向上の可能性《パーフェクティビリティ》について、オーウェン［Robert Owen（一七七一～一八五八）イギリスの社会改革家。］やその他の初期の社会主義者たちが主張してきた。しかし彼らの見解は、歴史的・科学的研究にほとんど基づいておらず、当時の実務的な経済学者を不快にさせるような過激な表現がとられていた。社会主義者たちは、自分が攻撃している学説について必ずしもつねに理解しようと努めたわけではなかった。社会主義者たちが既存の社会の経済組織の本質と効率性について正しく理解できていないということを明らかにするのは、たやすいことであった。それゆえ、経済学者たちが、より真面目《ソリッド》な思想家たちに対して勝利したことに舞い上がって、社会主義者たちの学説、とりわけ人間性に関する彼らの考察について、わざわざ検討しようとしなかったのは、驚くに値しない。

しかし、社会主義者は強い同情心をもった人々であり、経済学者が注意を払わなかった人間行動の隠れた原動力について、何ごとかを知っている人々であった。彼らの熱狂的な文章《ラプソディ》の中には、鋭い観察と意味深長な示唆が隠されており、哲学者や経済学者が学ぶべきものがたくさん含まれていた。彼らの影響は徐々に現れはじめた。コントは非常に多くのものを社会主義者に負っているし、ジョン・ステュアート・ミルの生涯における危機は、その自伝で述べられているように、社会主義者の著作を読むことから生じた。彼らがイングランドとドイツにおいて経済学者に及ぼした影響は、その大部分が有益なものであったように思われる。たとえ熱烈な博愛主義との結びつきのために、早急で非科学的な推論に向かう傾向が若干あったとしても、そうである。

一九世紀初頭のイギリスの経済学者の業績の偏屈さがもたらした悪い結果のうち、おそらく最も不幸なことは、それが、社会主義者に経済学の教義《ドグマ》を引用しそれを誤用する機会を与えたことである。これらの教義は、本来の文脈から切り離され、普遍的かつ必然的な真理として提示された。それらがもともと独立の真理として提示されたものではなく、科学的研究方法の特定の例証として提示されたものであるということは、ほんのわずかでも注意を払えばわかったはずである。リカードとその主たる信奉者たちは、彼らがある問題を取り扱わなかったという理由で非難されることはあるかもしれない。しかし、彼らは一般に考えられているほど、自分たちの教義の普遍性と必然性を主張する誤りを犯したわけではない。とはいえ、彼らは自分たちが言わんとするところを明らかにしなかった。彼らが築き上げたものは、普遍的真理などではなく、ある種の真理を発見する上で普遍的に適用できる機構《マシーナリー》であったが、彼らはそのことを他の人々に明らかにしなかったし、彼ら自身がそのことをはっきりとは認識していなかった。

アダム・スミス［Adam Smith（一七二三～一七九〇）イギリスの哲学者・経済学者。『諸国民の富』を著し、古典派経済学の祖となる。］は、政府は取引に干渉することによって悪影響を及ぼす、という主張で最もよく知られている。個々の商人が、しばしば、利己心ゆえに社会にとって有害な行動をとることを、スミスは認めていた。しかし、公衆への奉仕という点で、政府の仕事は、それが最善になされる場合であっても、利己的な個々の商人の仕事に劣る、というのがスミスの考えであった。何人かのドイツの論者がスミス主義を語る際に念頭に置いているのは、この学説《ドクトリン》である。しかし、これはスミスの主要業績ではない。スミスの主たる業績は、価値が人間の動機を評価する仕方を示唆したことである。

スミスがやっていたことの意義について、おそらくスミス自身、十分に理解していなかった。スミスの信奉者の多くは、哲学の観点からではなくビジネスの観点から経済学にアプローチしたが、彼らはスミスの真の意義を理解していなかった。しかし、『諸国民の富』以降に生み出された経済学上の最良の業績は、以下の諸点において、それ以前のものと区別される。すなわち、スミス以降の経済学は、一方において財を保有することに対する欲望と、他方において財を生産することに直接・間接に寄与する様々な努力と自己犠牲のすべてを、貨幣を用いて比較し計量する上で、より明瞭な洞察を備えているのである。他の人々によってこの方向に進められた歩みも重要ではあるが、スミスによってなされた進歩は、一時代を画する偉大なものであった。スミスは、様々な経済的成果を達成する上での困難を決める諸原因を分析することが必要であることを示した。それらの諸原因のうち、どれが一様の作用様式をもち、法則化して科学的測定の基礎となり得るのかを研究することが必要であることを示した。

そのような諸原因はしばしば、見えないところに深く隠されており、凡庸な観察者には見過ごされがちである。しかしスミスは、それらは長い目で見れば圧倒的な重要性をもっており、また、それらはある程度科学的な取扱いが可能であるために、十分な注意を払うことが最善であると考えた。

市場で発生する気まぐれで不規則な出来事の大半は、秩序づけることはできないし、科学的機構《マシーナリー》によって直接把握することもできない。しかし、ある程度一様に作用するそれらの諸原因が理解され、その影響が考慮されると、残りの他の原因の影響が顕著に目立つようになる。法則化できるものの結果を研究することは、法則化できないものの結果を理解する上で助けとなる。[2] そして科学は、実生活の出来事の絡み合った糸をほぐす上で、間接的に手助けすることができる。アダム・スミスの考え方は、リカード、クールノー［Antoine Augustin Cournot（一八〇一～一八七七）フランスの数学者・経済学者。数理経済学の先駆者で、複占モデルで知られる。］、ヘルマン［Friedrich Benedict Wilhelm von Hermann（一七九五～一八六八）ドイツの経済学者。］、ジェヴォンズその他の人々によって徐々に発展させられていった。

経済理論の外観は、物質的な富と結びついて形成されてきた。しかし、経済理論の真の哲学的な存在意義《レゾン・デートル》は、測定可能な人間行動の動機に関する推論において、我々を補助する機構を提供することであるということが、明らかになりつつある。我々が暮らしている世界においては、貨幣は、一般購買力を表すものとして、動機を測定する最善の尺度であり、それに匹敵し得るものは存在しない。しかし、これはいわば偶然であって、おそらく我々の世界以外では見られないことである。

我々が、ある人に何かをしてもらいたいときには、一般に、その人に貨幣を提供する。確かに、相手の寛容さや義務感に訴えることができる場合もあるが、この場合、すでに存在している潜在的な動機を働かせるのであって、新しい動機を提供するわけではない。新しい動機を提供しなければならないときには、一般に、どれくらいの貨幣を提供すれば、相手にとってその行為がやるに値するものとなるかを考えるであろう。場合によっては、行為に対する誘因として差し出される感謝や尊敬、名誉が、新しい動機として現れることがあるかもしれない。とりわけ、それがある明確な外的標識として、例えばC．B．の称号［Companions of the Order of the Eath の略。イギリスのバス勲章の一つ。］を使用する権利や、スター勲章、ガーター勲章を佩用する権利として具体化され得る場合には、そうである。

この世界では、そのような栄誉は比較的稀であって、取引とはほとんど関係がない。すなわち、日常生活の行為において人々を支配する通常の動機の尺度としては役に立たない。しかしこの世界でも、政治的な貢献は、他のどんな方法によるよりも、この種の名誉によって報われることが多い。それゆえ、我々はこれらの貢献を貨幣によってではなく名誉によって測るのが習慣となっている。例えば、A氏が党や国家の利益のために行った努力は、ナイトの爵位によって報われるのが正当であるが、ナイトの爵位はB氏に対する報償としてはあまりに貧弱であり、彼は準男爵の位を得た、といった具合である。

我々とは異なる世界においては、物の私有財産制や、一般に理解されている意味での富が存在せず、他人のためになされるすべての行為に対する報償として、公的な名誉が等級表によって割り当てられているかもしれない。もしもこれらの名誉が外部権力の介入なしにある人から他の人に譲渡できるのであれば、貨幣が果たしているのと同じくらい便利かつ正確に、動機の強さを測定するのに役立つかもしれない。そのような世界においては、たとえ物的な財についての論述がほとんどなく、貨幣についての言及が全くないとしても、現在のものと非常によく似た経済理論に関する著述が存在するかもしれない。

ここでこの点を強調しておくのは無駄ではないと思われる。なぜなら、経済学の主たる課題である動機の測定と、他のより高尚な欲望対象を無視してもっぱら物質的富に注意を集中することとのあいだに、誤った連想が人々の心に広がっているからである。経済的目的のための尺度として必要な唯一の条件は、明確かつ譲渡可能であるということである。この世界において、それが物的な形態をとるということは、実際上は便利ではあるが、本質的なことではない。

しかし、経済学的推論の中心的体系にそのように高度の超越的な普遍性を認めるとしても、経済学の教義《ドグマ》に対しては何ら普遍性を認められない。なぜなら、普遍性を要求できる経済学の学説《ドクトリン》は、いかなる教義ももたないからである。それは具体的な真理の集合体《ボディ》ではなく、具体的な真理を発見するための機関《エンジン》であり、いわば力学の理論のようなものである。

力学の理論は、橋梁が耐え得る最大負荷に関する事実の記述を含まない。どの橋もそれぞれ構造と材料について特徴があり、力学は、それぞれの橋梁がどれくらいの負荷に耐えられるかを決めるのに役立つ普遍的な機関《エンジン》を提供する。しかしそれは、その場合の個々の事実を観察せずに負荷を決定できるような普遍的教義はもっていない。

ヴェニスの運河にかかるすべての橋梁が——その大部分が実際にそうなのであるが——その材料も一般的構造もほぼ同じであると仮定しよう。また、それらのすべてに関して、概ねあてはまる数多くの一般的教義があるとしよう。そしてある技師が、環境の異なる他の場所に建設される橋梁に、これらの教義を適用したとしよう。その新しい橋梁が崩壊して、力学の実際的教義に対して普遍性を要求することの愚かさが明らかになったとき、性急な人々は、力学的推論の普遍的原則《オルガノン》など存在しない、という結論に飛びつくであろう。これこそが、ドイツの「現実派」ないしは歴史学派の経済学者の極端な一派が犯した誤りであるように私には思われる。

突き詰めれば、この原則の部分は疑いもなく、完全に純粋な、あるいは抽象的な理論として提示されるであろう。(3) しかし現在のところ、我々は手探りの段階であるから、形式の一般性をある程度犠牲にして、古い経済学者の採用した表現様式に従うのが最善であるように思われる。

なぜなら、古い経済学者たちが、利己的あるいは自愛的《セルフ・リガーディング》な動機によって支配される「経済人《エコノミック・マン》」について語るとき、彼らはその意味を正確に表現していなかったからである。例えば、ミルは経済現象において「主として問題とされる心理的法則は、より大きな利益は小さな利益よりも好まれるという周知のものである」と述べている。(4) そして経済学は数量的に比較可能で、相互に測ることができる動機を取り扱うため、他の社会現象においてよりも経済学において、科学はより有力な足場を得ていると主張している。ミルが真に自らの研究の基礎と考えたのは、この測定可能性の概念であった。もっとも、ミルはそれを十分に強調することはしなかったが。

経済人《エコノミック・マン》が利己的でないということは、一目みればわかる。逆に、経済人は一般に、主として他人の利益のために資金を貯蓄しながら一生懸命働いている。家族のために備えをしようとする願望がきわめて規則的な仕方で作用し、それがはっきり法則に還元できるというのが実情である。この願望は、利己的なものではないが、測定可能であるという理由で、すべての経済的推論の中で顕著なものである。また、クリフ・レスリー(5)にならって、一般に「貨幣愛」という言葉のもとに一括されている無数の動機を分析してみるならば、それらはあらゆる種類にわたるものであるということがわかる。それらは我々の性質のうち、最も高尚で、最も洗練され、かつ最も非利己的な要素を含んでいる。それらを結びつけている共通の鎖は、それらが程度の差こそあれ、測定可能であるということである。そして、この世界ではそれらは貨幣によって測定される。

しかし、我々の経済学の原則《オルガノン》を言い表すにあたって、この測定可能性の観念はつねに念頭に置いておく必要があるが、あまり目立たせるべきではないと思われる。実際上の目的のためには、また、実生活とのつながりをよりよく保つためには、直接あるいは間接に貨幣価格をつけられるような動機に主として関わるものとして、測定可能性の観念を取り扱うのが、最善であろう。しかし、利己的あるいは自愛的な動機は、そうでない動機と比べて、測定がより容易で貨幣価格をつけるのがより容易であるという場合を除いては、より多くの考察を要求する権利はない。

こうして経済学の原則《オルガノン》は、様々な財に対する欲望という積極的動機と、そうした財を生産することに伴う疲労や犠牲を負担したくないという消極的動機の分析に論及しなければならない。

そのような分析は困難である。その主たる理由は、いずれの種類の動機も、その大部分が間接的に作用するからである。鉄道によって我々のもとに運ばれてくる石炭に対する我々の需要と、石炭を運ぶ機関車および運転士に対する他の人々の需要とのあいだには、数多くの段階がある。息子を費用のかかる学校に通わせている親の犠牲と、息子が成長して彼のデザインによってカーペットが生産されることとのあいだには、数多くの段階がある。この分析はきわめて困難であり、それに含まれる推論過程はきわめて微妙であり、相互に影響し合い考慮を要する様々な要因はきわめて多く、それに伴う推論はきわめて複雑で多岐にわたるため、現在に至るまで、なすべき課題は半ばも果たされていない。

経済学に関する通俗的な議論では、ある出来事が第二の出来事を決定し、それが第三の出来事を決定し、さらにそれが第四のものを決定する、という具合に説明される。この種の推論には、誰であっても、努力を要せずについていける。しかし、そのような推論は自然の事実に合致せず、多くの混乱の源泉となってきた。人間の行動においては、一つの条件が他の条件を支配するというのではなく、相互に決定しあう。このような多種多様な相互作用を一望のもとに把握するのは、きわめて困難な課題である。

この原則《オルガノン》は、当事者同士がほとんど直接の交渉をもたない別々の階級、あるいは別々の国家に属しているとしても、測定可能な動機が相互に拮抗し、代替され、協力・反発し合って作用する仕方を取り扱う。それは、貨幣の購買力を変化させ、あらゆる動機の尺度を変更してしまうような、人間の動機の最も複雑な作用を説明する。

最後に、この原則は、同額の貨幣は、富者よりも貧者にとって、より大きな満足を表すという事実を考慮しつつ、一国がある一定の社会的ないしは産業的変化から得る貨幣利得と、そこから生じる幸福の増加総量との関係を決定するのに役立つ。この仕事は最近まで、経済学者によってずっと無視されてきたが、これこそが経済学の原則《オルガノン》が本来取り扱うべき問題である。もしこの問題に対し、より多くの注意が払われていたならば、いかなる富の増加も必然的に福祉《ウェル・ビーイング》を増大させるはずであると想定する、レッセ・フェール学説の愚かな適用の多くを避けることができたであろう。それに対する自然な反動として、今日の社会改良家の多くは、分配の改善を切望するあまり、彼らの計画が富の生産に及ぼす影響については無頓着である。彼らは、富の分配が幾分改善され、その不平等が幾分減少するならば、現在の国民所得であっても、あるいはもっと少額の国民所得であっても、人類の必要を合理的な範囲ですべて満たすのに十分である、と主張している。しかし、統計は、それが事実でないことを証明している。

経済理論の発展の可能性にはほとんど限界はないが、その中で、現実の問題と直接関係があって有用なものは、ごくわずかな部分にすぎない。リカードは、他の誰にもまして経済理論に多くのものを付け加えたが、不幸にして、詳細に研究すべき対象の選択を誤った。彼が選んだ問題の多くは、我々にとってはほとんど実践的な意味をもたないように思われるが、それが当時の実情には非常に密接に対応していたことは事実である。例えば、イングランドにおける農業生産物の価格を左右する諸原因について、リカードの時代以降いかなる変化があったのか、思い起こすには若干の努力を要する。しかし、この種の配慮をすべて行ったとしても、リカードの選択が適切でなかったということは、認めなければならない。

リカードの時代以降、研究すべき対象の選択と配列《アレンジメント》に多くの改善が行われてきた。したがって、経済学の原則《オルガノン》は現実の状態に、よりうまく適合するようになってきている。しかし、この仕事には、リカードに匹敵する力量をもった建設的な思想家を必要とする。ジェヴォンズがもし短命でなかったならば、この仕事の大部分を成し遂げたかもしれない。現状は、未だなすべき多くの仕事が残されている。科学的事業《エンタープライズ》で、これほど重要で豊かな収穫を提供できる分野は、他にはほとんどない。

経済学の原則《オルガノン》のなすべき仕事は、以上の通りである。それに対して、密接に関連した二つの反対論が提起されてきた。その第一は、経済現象の研究を他の社会現象の研究から切り離そうとするいかなる試みをも非難するものである。その第二は、いかなる形式的理論の介入もなしに、事実から事実を直接推論すべきであるという主張であり、これは、現代の経済問題の解決には歴史の教えに直接学ぶべきであるという立場である。

これらの反対論は、いずれも、経済理論の本質と領域についての誤解に基づくものと私には思われる。反対論は、経済理論を放棄することによって推論が幾分単純化されると想定している。しかし、経済学の原則《オルガノン》を適用する仕事を避けることはできないということ、そのような仕事はほとんど無意識のうちに行われるかもしれないが、必ずしなければならないこと、そしてもし原則《オルガノン》の助力を拒むならば、その結果は芳しくないこと、こうしたことはミルやその他の人々によって十分に論証されてきた。こうした議論は、反対論者によって正しく取り組まれてこなかったように思われるが、私は自分なりのやり方で再述してみようと思う。

第一の反対は、主としてコントとその信奉者によって主張された。我々がコントの天才に負っている主な恩恵の一つは、社会現象がいかに複雑で、いかに相互に錯綜しており、いかに変化しやすいものであるかを、明確かつ力強く示してくれた点にある。それゆえコントは社会現象の一部を別個に研究することには反対し、とりわけ、同時代のイギリスの経済学者を激しく非難した。

このことは、一部には、大陸におけるイギリス学派の信奉者たちが、彼らの教条主義《ドグマティズム》を誇張した事実によって説明がつく。コントの議論は、経済学の教義《ドグマ》に対する反対論としては、疑いもなく妥当なものである。しかし、社会現象が複雑で錯綜しているからといって、適切な場面で経済学の原則《オルガノン》の助けを借りない理由にはならない。逆に、複雑だからこそ経済学の助けがますます必要となるのである。

統一社会科学が他よりも高い権威をもっていると主張しても無駄である。もしそのようなものが存在するのであれば、経済学は喜んでその庇護下に入るであろう。しかしそんなものは存在しないし、これから生まれてくるという兆候もない。それを空しく待っていても何の役にも立たない。我々は、いまある手段で、できることをしなければならない。

我々が社会問題を全体として取り扱うためにもっている唯一の手段は、常識による判断である。現在のところ、また、この先長い将来にわたって、常識は最後の裁定者でなければならない。経済理論は、常識を最高権威の座から追い払うことを要求するものではないし、また、常識的判断による仕事の仕方や順序にさえ干渉しようとするものではない。その仕事の一部を手助けしようとするだけである。常識は、複雑な問題を全体として取り扱うことはしない。その最初のステップは、問題をいくつかの部分に分解することである。それから個別の問題を一つずつ吟味し、最後にまとめて結論を導き出す。コントが無視したと思われる事実は、人間にはこれ以外の研究方法はないということである。複雑な問題をその構成要素に分解する場合、形式的分析に比べて常識は、秩序立ってはいないが、完全さにおいては劣るものではない。このように分解されると、しかるべき準備があれば、個々の要素は特別な科学的原則《オルガノン》による取り扱いに、足掛かりを提供する。

ほとんどすべての重要な社会問題において、これらの構成要素の一つは、一般に貨幣価格をもつ行為と犠牲とに関係している。この種の考察は、ほとんどつねに最も困難なものの一つであって、素朴な常識が最も誤りに陥りやすい考察である。しかし幸いにして、それは、科学的な取り扱いに最も確実な足掛かりを与えるような考察である。経済学の原則《オルガノン》は、何世代にもわたる人間の最高の天才の多くが蓄積された力を結集したものである。それは作用する動機を分析し、分類し、その相互関係を解明する方法を示してくれる。また、そのようにして体系的・組織的な推論方法を導入することによって、問題のこの側面を、他のほとんどいかなる側面よりも、力強く確実に取り扱うことができるようになる。それは、もしそのような助力がなかったならば、おそらくすべての中で最も扱いにくい側面だったであろう。経済学の原則《オルガノン》は、自身の仕事をなし終えた後は背後に退き、最終的な決定の責任を常識に委ねる。他の種類の知識の邪魔をしたり、押しのけたりせず、常識が他の利用可能な知識を活用することを妨げず、決して邪魔はしない。助けることのできる場面では助け、それ以外のところでは沈黙を守る。

ときに経済学者が、いわば経済学の権威によって、実際的な判断を下すことがあるのは事実である。しかしそのような決定は、ほとんどつねに否定的なものか、批判的なものにすぎない。それは、提案された計画は予期した結果をもたらさないだろうという趣旨のものである。それはあたかも、技師が、ある種の運河の水門はその目的に適さないと権威をもって語るのと同様である。しかし、経済学者は、技師がパナマ運河の最良のルートはどれであるかを決定できないのと同じように、とるべき最良の進路を述べることはできない。

確かに、経済学者が他の市民と同じように、様々な実際上の問題の最善の解決策について自身の判断を述べることはあるかもしれない。それはちょうど、技師がパナマ運河の資金調達の正しい方法について自分の意見を述べることがあり得るのと同様である。しかし、そのような場合、その助言は、それを与える個人の権威によるものにすぎず、科学の名において語っているわけではない。経済学者は特に注意してこのことを明確にしておかなければならない。なぜなら、経済学の領域《スコープ》について多くの誤解が存在し、また、実際問題に関して、経済学のために不当な権威がしばしば要求されてきたからである。

第二の反対論は、現代の「現実派」ないしは歴史学派の経済学者の極端な一派から提起されたものである。

この学派の偉大な指導者が、経済上の習慣《ハビット》や制度の歴史を解明する上で築きあげてきた業績の重要性は、どれだけ評価しても過大評価にはならないほどである。それは我々の時代の主要な業績の一つであり、世界の富に対して最高の価値を付加したものである。それは我々の思想《アイデア》を広め、我々自身についての知識を増やし、いわば神の世界統治の中心計画の理解を助ける上で、他の何にもまして大きな貢献をしてきた。それらの研究は、ある広範な一般化に直接導き、それは広範囲に及ぶ光で我々の進路を明るく照らし、そして経済問題の一般的な意義についての我々の観念をより明瞭で正確なものにしてくれた。

しかし、それらは我々の時代の個々の経済問題に直接光を投げかけるものではない。それらは経済学の原則《オルガノン》を使用せずに我々を助けてくれるものではない。むしろあらゆる段階で経済学の原則の助けを利用するものである。その偉大な業績によって歴史学派を著名にした人々は、経済理論の助けをなしで済まそうと試みたことはなかった。もっとも、彼らの中のある者の著作においては非論理的な推論の断片がところどころに見られ、彼らの経済理論研究はかなり不注意であることを露呈してはいるが。

しかし不幸なことに、彼らはしばしば経済理論について少々軽蔑的に語っており、彼らのそうした言葉は、前世代のリカード学派の指導者たちの不注意な言葉がそうであったように、この科学の取り巻きたちによって取り上げられ、誇張され、曲解された。三〇年前、経済学上の確かな業績もなく、またその本質的な困難について全く知らない多くの人々が、少数のありふれた公式によって、最も複雑な問題を解決できると自信たっぷりに宣言した。今日では、それと同類の人々が、反対方向にまた別の近道を提唱している。彼らは、あらゆる理論を放棄して、我々の経済上の困難の解決を直接事実の教えに求めよと主張している。以上が第二の反対論である。

それに対する回答は、事実それ自体は何も語らないということである。諸原因の作用を観察することで直接何かが発見されることはなく、時間の流れが発見されるだけである。ある出来事が、別の出来事の後に生じたのか、それとも同時に起こったのかを発見することはできるかもしれない。しかしそれは、全く同じ一連の事実がもう一度全く同じように起きる場合を除けば、何ら助言を与えることにはならない。そして実生活では、そのような繰り返しが起こることは決してない。物理学の実験室以外ではそんなことは起こらないのである。歴史は繰り返さない。経済問題や他の社会問題において、いかなる出来事も、別の出来事の正確な先例であったことはない。人間生活の様相は非常に多様であり、どんな出来事も数多くの諸原因の複雑に絡み合った結果であるため、過去が未来に対して単純かつ直接的な光明を投げかけることはあり得ない。

それゆえ、歴史上のある出来事がこれこれの教訓を与えている、と言われるとき、そこには演繹的推論の要素が導入されているのであって、そのことを頑固に無視すればするほど、誤りに陥りやすくなる。というのは、こうした議論は、その出来事が起こったときに存在していた一連の諸条件の中から少数の条件を選び出し、無意識にではないとしても、暗黙のうちに、それ以外の条件は無関係であると想定しているからである。この想定は正当なこともあるかもしれないが、しばしばそうでないことが明らかになっている。より広い経験を積み、より注意深く研究していれば、その出来事の原因とされるものは、他の原因の助けがなければ、その出来事を引き起こすことはできなかった、ということが明らかにされる場合がしばしばある。あるいは、その原因はおそらくその出来事の発生を妨げていたのであり、それにもかかわらずその出来事が起こったのは、注意していなかった他の原因のせいである、ということが明らかになる場合さえある。

経済史において、同一の出来事が異なる著者によって正反対の理論を支持するために用いられるのは、主としてこの理由による。どちらの側も完全に誠実であって、双方とも真実を、それも偽りのない真実を語りたいと思っているのかもしれない。しかし、同一の事実を異なった方法で分類し、真実の中の異なる部分を強調することによって、彼らは正反対の結論を提示するのである。例えば、アメリカの保護貿易論者と自由貿易論者との論争において、同一の統計が、関税の引き上げが一般的繁栄を増大させることを証明するためにも一般的繁栄を損なうことを証明するためにも用いられた。これを調べてみると、彼らの意見が分かれた主な原因は、関税を変更してからその最大の効果が現れるまでの間に経過する期間について、異なる長さを考えているという点にあることがわかる(6)。ある論者は、別の論者が数年前に実施された関税引き上げの効果の一部であると主張する結果を、最近の関税引き下げによるものであると主張している。双方ともに有能な弁護人が主張したとしても、特別の知識をもたない人々にとっては、これらの事実からいかなる教訓を導き出すべきかを確認することは困難である。その理由は、一つには、双方ともに論争に熱中するあまり、その論争の範囲外に存在する原因を考慮しないことがあり得るからである。そしてこのことは事実であったように思われる。双方によって関税の変更に帰されている結果の多くが、主として関税とは何の関係もない原因に基づくものであったということは、十分あり得る。

また、イギリスの産業において支払われる賃金に関する争議において、その多くは、不況期や時間外労働に対する手当、高い収入と出来高賃金による過労その他に対する考慮に依存していることがわかる。我々は、いわば事実を反対尋問し、論者が看過したかもしれない諸原因を自ら示唆し、そしてそれらの諸原因の作用を研究し得るのでなければ、論者の言うがままに翻弄されてしまう。

そのような論争の経験を積むことで、事実が推論によって吟味され解釈されるまでは、事実から何かを学ぶことはできないということが明らかになる。また、経験が教えてくれるのは、あらゆる理論家の中で最も無謀で信用できない者は、事実と数字に語らせると公言する者であり、そうした事実や数字を選び出し、分類し、「このあとに、ゆえにこのために（post hoc ergo propter hoc）」［時間的な前後関係を論理的な因果関係と取り違える誤り］という議論を示唆する際に、おそらくは無意識のうちに自らが演じた役割を背後に隠す者である、ということである。

過去あるいは現在に関する経済的な事実を安全に解釈するためには、我々は、それぞれの原因からいかなる種類の結果が予期されるか、また、それらの結果が互いにどのように結びつく傾向があるか、を知らなければならない。これは経済学の研究によって得られる知識である。他方、この

〔経済学という〕科学の成長自体が、この知識の助けによって事実を注意深く研究することに、主として依存している。

この目的のためには、一つの原因の作用を別のものから分離することが必要である。それは、いかなる場合にも困難な仕事であり、三つのよく知られた科学的方法の一つによらない限り、ほとんど不可能である。第一の方法は、多くの異なる環境の中で作用しており、かつ、そのすべてにおいて同じ結果を生み出すような、同一の原因を見出す方法である。第二の方法は、あらゆる場合に作用する、一つを除いた他のすべての原因の諸結果がすでに発見されており、それらを全体の結果から差し引くことによって、その一つの原因の結果を決定する方法である。第三の方法は、最も単純であるが、頻繁には適用できない。それは、他のすべての点では相互に類似しているが、ある一つの原因が一方のケースでは存在するが他方のケースでは存在しない、という二つのケースを見出す方法である。そして二つのケースに光を当て、いわば互いに見比べることで、その原因の結果が判明する。(7)

これらの方法はいずれも、広範な知識がなければ安全に用いることはできない。年代記作者や旅行者が我々に語る事実の細い糸では、この目的のためには全く不十分である。我々は、莫大な量の事実に接近することができ、それらの事実を相互に比較し、相互に解釈することで、いわば反対尋問ができるのでなければならない。

遠い過去に関してこのことを行うのは、不可能ではないにしても、困難であることを認めなければならない。というのは、古い時代の社会史および経済史は、政治史とは立場が異なるからである。古い時代を扱う政治史は、現代を扱う政治史と比べると若干の優位性をもっている。後世の人々は、例えばビスマルク公の政策について、我々よりもよく理解するであろう。なぜなら彼らは、現在は秘密にされている文書を閲覧できるであろうからである。しかし、我々があらゆる印刷物を後世に遺すとしても、後世の人々は、現在［一八八五年］の経済的な事実に関して論争となっている問題を、我々と同じくらいうまく解決することはできないであろう。そして、遠い過去の経済的な事実に関して我々がもっている情報は、きわめてわずかであり、矛盾したものであるため、もし現在の社会的事実に関する論争上の言明に対して我々が適用するのと同じ鋭い批判にさらされると、その多くは崩壊するであろう。

さらに、いま一つの困難がある。我々の現在の経済状態は、以前に存在したものとは全く異なっている。多くの種類の取引において、全世界は一つの市場になっており、各国の主要な商人たちは、毎日、他のあらゆる国の商人がその日なにをしているかを知っており、それに従って自分の方針を決めている。ある産業では、多くの地域の労使間の交渉が、まとめて一室で行われる。また、あらゆる変化の中で最も重要なものは、労働者階級の指導者の多くが、広範で洞察力のある政策を遂行するのに必要な知識、機転《リソース》、自制心、そして威厳を備えていることである。これに匹敵する事例を古い時代に求めるならば、非常に不完全ではあるが、中世ヨーロッパの商業都市がそれにあたる。そこではなにもかもが自由で、今日では印刷機や電信で行われていることが、口頭でできた。

経済史の研究は、古い学派の狭隘な教義《テネット》のいくつかを粉砕するのに役立った。また、人間性に本来備わっているものと考えられていた習慣や制度が、比較的最近になって発展したものであることを証明するのに役立った。またそれは、現代の東洋諸国の諸問題に強い光を投げかけた。しかし他方、経済学は東洋に関する現代の諸観察を用いて過去の経済を説明する上で、これまで多くの貢献をしてきたし、これからも一層多くの貢献をしていくものと確信している。特に、あたかも望遠鏡でみると星雲がばらばらになるのと同様に、経済的慣習と呼ばれるものを分解し説明するものと思われる。

ある制度《アレンジメント》が慣習に起因すると述べることは、その原因について何も知らないと述べるのとほとんど変わらない。経済的慣習のほとんどは、我々に十分な知識がありさえすれば、測定可能な諸動機がゆるやかに均衡しているところに帰着するように思う。インドのような国においてさえ、需要と供給の動機の相対的地位が変化し、それらを安定的な均衡に導く価値が、慣習が認める価値から遠く離れた場合には、どんな慣習であっても長く維持されることはないであろう。

経済状態が一世代のあいだにほとんど変化しないところでは、様々なものの相対価値は、現代の経済学者が正常状態と呼ぶ状態にとどまっていて、ほとんど動かないように見えるかもしれない。

それはあたかも、腕時計の短針を少しのあいだ眺めても、動いていないように見えるのと同様である。しかし、もし経済的動機がある一方向に強く作用するならば、慣習は、その形式は保持するとしても、内容は変化し、実質的には崩壊するであろう。

例えば、東洋においては、土地の分割所有制が実際に存在している場合を別として、地代がリカード的水準から長期にわたって大きく離れることはほとんどないと思う(8)。そのように見える場合がしばしばあるが、調べてみると、準封建的な税であるアブワブの調整によって、実際にはその近くに引き戻されることが一般にわかるであろう。他の場合には、調整は、商品の名称を変更せず、その性質をわずかに変更することによって行われる。実際、インドのある地方で農夫が主に購入したものの価格を詳しく調べた結果、彼らはイングランド南部の農業労働者に比べて、固定的な慣習は少ないという結論に達した。経済学者は、発展途上国における競争の作用——私はこれを測定可能な動機の均衡作用と呼びたい——を過大評価してきた、としばしば言われる。しかし私の見解は、以下のように変わりつつある。すなわち、多くの場合、競争の作用は過小評価されてきたが、しかし、競争の作用が途上国でも我々の場合と同じ外形をとると仮定したり、それを扱う我々自身の方法が途上国にもそのまま適用できると仮定した点では間違っていた。

我々は、現代のインドの事実について反対尋問をすることができる。そしてこれらの事実を研究している我々の科学が、中世の経済史について今日では理解できないことの多くを説明する解決策を徐々に生み出すであろうと信じている。

経済学者は事実に対して貪欲でなければならないが、単なる事実だけで満足してはならない。歴史学派の偉大な思想家たちに対しては限りない感謝を捧げなければならないが、過去が現在の問題に直接投げかけるといわれる光明に対しては、懐疑的でなければならない。経済学者は原因が単独で、または結合されて作用する仕方を学ぶために、事実をよく調べ、経済理論の原則《オルガノン》を構築するためにこの知識を適用し、社会問題の経済的側面を処理するためにこの論理を援用するという、より骨の折れる計画をしっかりと固持しなければならない。彼は事実の光に照らして研究をするが、その光とは直接投げかけられるものではなく、科学によって反射され凝縮されたものである。

経済学の前途に横たわる仕事がこのようなものであるとして、それに対するケンブリッジ〔大学〕の関係について考えてみたい。事実についてのより広範でより科学的な知識が求められている。現代の経済問題をより良く分析し、その解決により役立つような、より強力でより完全な原則《オルガノン》が求められる。そのような論理を正しく発展させ、適用することが、我々にいま最も必要とされている。そのためには、訓練された科学的叡智の総力を結集する必要がある。これまで経済学のために雄弁と博学が惜しげもなく使われてきた。それはそれで結構であるが、今日最も必要とされているのは、数多くの結合された原因の結合された作用を解明し分析するために、頭脳を冷静かつ明晰に保つ能力である。例外的な天才は考慮の外におくとして、この能力は、より進んだ科学において厳しい研究過程を経てきた人々を除いては滅多に見出されないものである。ケンブリッジ〔大学〕は、世界中の他のいかなる大学にもまして、そのような人材を数多く擁している。しかし、悲しいかな、そのような課題に取り組もうとする人は、ごくわずかしかいない。

このことの理由は、一部には、経済学が非常に重要な役割を果たしている唯一のカリキュラムが、道徳科学の優等卒業試験《トライポス》であるという点にある。そして最も高度で難解な経済学の研究に適した人々の多くは、この優等卒業試験の入口にある形而上学の研究に興味を示さない。経済学は、人間の動機に関する科学である。そして、〔カリキュラム編成の上で〕何らかのグループ分けが必要であるため、他の道徳科学と一緒にするより他に、良い方法がなかったのである。その成果で検証すると、道徳科学の優等卒業試験は立派なものである。その人数比からみて、世界におけるケンブリッジ〔大学〕の名声と権威を高めた人々を、他分野よりもはるかに多く擁していると言ってもよい。道徳科学の優等卒業試験が経済学のためになしとげたことは、その成果の中で最小のものでは決してなかった。しかし、道徳科学全体に対しては興味も時間ももち合わせていないが、経済学がいま切望している訓練された科学的精神をもっているという人々に対して、私は訴えてはいけないだろうか。そのような人々の蓄積された力を活用し、彼らの一般的訓練に経済学の原則《オルガノン》の知識をつけ加え、そして今日の経済的害悪を改善することがどこまで可能であるかを研究する偉大な仕事に参加してくれるよう、要請してはいけないだろうか。

というのは、この仕事は急を要するものだからである。これまで物質的な富は研究者《アカデミック・マインド》にとってわずかな魅力しかもたなかった。最も優秀な人材は、老いも若きも、彼らのなし得る最善の仕事をすることに喜びを見出しており、それに伴う金銭的報酬の多寡についてはほとんど頓着しなかった。彼らは洗練された文化的な生活を送ることが保証されると、余分な富を追求する人々に対しては、正当で高貴な軽蔑の念を抱き、富やそれに関連するすべてのものに対して、哲学的無関心の態度に陥ることがしばしばあった。しかし、これは大きな害をもたらす誤りであった。

なぜこれほど多くの人々の生活が、汚さとみすぼらしさと惨めさにつきまとわれているのだろうか。なぜこれほど多くの人々がやつれた顔をして卑屈な精神状態でいるのだろうか。主な理由は、十分な富が存在しないからである。また、存在する富が適切に分配されず、適切に用いられないからである。過密状態の住居に住むことによってひき起こされる身体的苦痛や健康障害については多くのことが語られてきたが、それに起因する精神的・道徳的な不健康は、さらに大きな弊害である。より良い部屋と食事、それほどきつくない仕事とより多くの余暇を得るならば、国民の大多数は、今日送らなければならない生活とは全く異なる、はるかに高級ではるかに高貴な生活を送る力をもつであろう。

ギリシア人が驚くべき偉業を達成した原因の一つは、彼らがその時代の問題に取り組んだ率直さにあったことは、しばしば観察されてきた。今日ほど大きな社会問題が山積みになっている時代はかつてなかった。これらの問題は、我々の最高の頭脳が最善の努力を傾けるに値するものである。大学生の大多数が自分の生きている時代の問題を明確に考えるようになり、それを研究するならば、彼らはその個人的影響力によってどれほど大きな力を集めることができるか、考えて欲しい。そのとき彼らは貧困を生み出さずに不幸を救済する上で、賢明で積極的な役割を果たすかもしれない。また、人々が自ら学び、より高みに達し、能率的な生産者になるだけでなく、美しいものすべてについてより多くの知識と関心をもったより賢明な消費者になるのを助ける上でも、同様の役割を果たすかもしれない。

そして最後に、もしより多くの大学生がここでの生活を、実業界でより高い地位につくための準備と考えるならば、ビジネスの風潮にどんな変化をもたらすだろうか。会計事務所や工場や作業場に、公正で高貴な感情が導入されるかもしれない。その場合、弱々しい慈悲心が感情を感傷に変え、破滅を招き、見栄えのよい企業は財務的には不健全なことが多いといった一般的偏見を高めるような危険はないであろう。もし我々の大学に、ビジネスに対する共感がもっとあれば、慈悲深いイングランドが、工場生活をより快適で美しいものにする道を開拓する仕事の、これほど多くを他国に委ねてはおかなかったであろう(9)。

物質的手段の欠乏によって、人間らしい生活を送る機会から誰一人締め出されるべきではない、と声高に叫ぶことを、熱烈な社会主義者や無知な雄弁家に委ねておかなければならない必要がどこにあろうか。この問題の議論に全力で取り組んでいる人々のうち、大半は、彼らが取り除きたいと願う害悪をしばしば増大させてしまうような、性急に思いついた計画を提案してしまう。その理由は、彼らは困難で複雑な問題を考え抜く訓練を受けていないためである。そのような訓練〔の場〕は世界でもきわめて稀少なものであり、ケンブリッジ〔大学〕においてのみ豊かに存在している。確かに、ケンブリッジの偉大な科学力は、社会問題に対しても無関心ではない。しかし、問題を素人的な流儀で処理することに満足しており、他の研究で行っているほどの真剣さで取り組んでいるわけではない。

　これは、一つには、経済学がまだきわめて幼稚な段階にあって、教えるべきものをほとんどもっていないことに起因するのかもしれない。しかし、それゆえにまた、科学的方法をすでに習得した人々は、経済学を速やかに学ぶことができるのであり、それを学んだ暁には、解決すべき問題の真の性質について、ごくわずかの努力でいかに多くの洞察を得たか、驚くであろう。

　強き人間の偉大な母であるケンブリッジが世界に送り出す人物は、冷静な頭脳《クールヘッズ》と《・バット・》温かい心《ウォームハーツ》をもって、自分の周りの社会的苦悩に立ち向かうために、その全力の少なくとも一部を喜んで捧げようとし、また、洗練された高尚な生活に必要な物質的手段をすべての人に提供することはどこまで可能であるかを明らかにするために、できることをやり遂げるまでは満足しないと決心している者であるが、こうした人々をたくさん育てるため、私の貧しい才能と限られた力でできることを可能な限りやりたい、というのが、私が胸に抱いている願いにして、最高の努力である。

**注**

（1）フォーセット教授の後任として、一八八五年にケンブリッジ大学教授に選ばれた後、マーシャルの行った教授就任講演。

（2）それらは現在では正常《ノーマル》と呼ばれている。アダム・スミスはそれを自然的《ナチュラル》と呼んだ。しかし、スミスは自然に関する一八世紀の形而上学的な観点から完全に解放されていたわけではない。この点に関しては、フランスの同時代の人々よりもはるかに先を行っていたが、直接法で表現された因果的自然法則と、命令法で表現された倫理法則とをいつも完全に区別していたわけではなかった。

（3）おそらく、経済学の多くの研究者は、純粋に抽象的な理論を何らかの形で作り出そうという野心を抱いてきた。ミルは、『経済学の方法』に関する論文を書いたとき（一八二九年）、そのような野心を抱いた。しかし彼が『経済学原理　社会哲学に対する若干の応用』［*Principles of Political Economy with some of their applications to Social Philosophy.* (1848)］を書くようになったときには、そうした野心を捨て去っていた。ミルの経済学《ポリティカル・エコノミー》という言葉の用法には、最後まで、ある一貫性のなさが残っていた。しかし経済問題を研究する方法についてのミルの見解は、単なる抽象論という狭い範囲に限定されず、最終的には非常に広範なものとなった。彼が実践したことも広範囲にわたっていたが、それ以上に広範なものであった。経済問題をできるだけ広範な基礎に立って取り扱おうとして、イングランドやドイツの新しい学派が書いた多くのものは、すでにミルが先鞭をつけていた（特に『論理学』［*A System of Logic.* (1843)］第六編と、コントについての書評を見よ）。しかしミルはまた、困難な諸問題に自ら取り組んだことのない方法論者が、今日でもなおしばしば見逃している諸困難を指摘した。ウォーカー氏［Francis Amasa Walker（一八四〇～一八九七）アメリカの経済学者。マサチューセッツ工科大学の学長やアメリカ経済学会初代会長を務めた。］は、彼の称賛すべき『経済学』［*Political Economy.* (1883)］第一九節で、ミルの『経済学原理』の正式な書名《フル・タイトル》を引用しつつ、方法に関するミルの論文から短い抜粋をしているが、私には、それが誤解を招く恐れがあるように思われる。ウォーカー氏は、それがケアンズの学説《ドクトリン》に比べて狭く、かつ哲学的でないと示唆しているが、私の考えでは、それはケアンズ説を包摂し、より広範な哲学的洞察を示しているように思われる。

（4）『論理学』第六編第九章第三節。

（5）『政治哲学・道徳哲学論集』［*Essays in Political and Moral Philosophy.* (1879)］一～八頁。

（6）特にグロスヴェナー［William Mason Grosvenor（一八三五～一九〇〇）］の「保護貿易は保護に役立つか」、およびケアリー［Henry Charles Carey（一七九三～一八七九）アメリカの経済学者。］の『社会科学原理』［*Principles of Social Science.* (1858-1859)］の対応する部分を参照。

（7）ラスパイレス［Ernst Louis Etienne Laspeyres（一八三四～一九一三）ドイツの経済学者。ラスパイレス指数で知られる。］教授の短いが素晴らしい論文「講談社会主義者と統計学会。国民経済学的統計および統計的国民経済学の創設に寄せて」と比較せよ。

（8）分割所有制は、単独所有制と同様、リカードの理論の範囲内にある。ケルト人やインド人の土地を取り扱う際に、我々が犯す主な過ちは、それにリカード地代論を適用することであった、としばしば言われる。我々がこの種の過ちを犯したことは疑いないが、我々の主たる過ちは、経済的なものというよりは法律的なものであって、分割所有制の事実を認めることを拒否した点にあると思われる。

(9) ピジョン〔Daniel Pidgeon〕の『旧世界の問題と新世界の解答』〔*Old-World Questions and New-World Answers.* (1884)〕と比較せよ。

# 第二章　経済学者の旧世代と新世代(1)――一八九七年

新しいケンブリッジ経済クラブの第一回の会合が開催されるにあたって、私はそこで講演をする栄誉を与えられた。その招待を受けるにあたって、私に最もふさわしい論題はおそらく、引退の近づきつつある経済学者の旧世代の仕事と、このクラブの会員の大多数が属している次世代の前途に横たわっていると思われる仕事との関係についてではないかと考えた。それゆえ私は、一九世紀の旧世代の経済学者が、新世代の二〇世紀の経済学者のために準備したものについての評価を諸君に披露しよう。その評価は断片的で不完全であるに違いない。テーマが大きく、今晩ここで議論するには時間が足りないという制約もあるが、それ以上に、私自身の主観からくる制約が大きい。なぜならば、現在の状況を見渡し、将来を予測しようと努めるときほど、自身の先入観《バイアス》によって課される足枷から逃れるのが困難なことはないからである。

私がはじめて経済学に触れたのは、今からちょうど三〇年前であったが、経済学は今日よりも自信に満ちていた。その理由は、一部には、経済学がそれほど盛んでなかったからである。経済学の一般的命題および一般的原理は大胆かつ独断的であった。ともかく、〔ドーバー〕海峡のこちら側にとどまっている限りではそうであった。そうした命題や原理のいくつかは、他国、とりわけフランスでは栄えていた。しかし、それらの大部分は船に弱く、他国で遭遇すると、船酔いから回復していない者のように憔悴していた。そしてイングランドにおいてさえ、力強さを失いつつあった。それらの衰退は疑いもなく学問的な批判によって促進されたが、その批判の究極の源はドイツ新歴史学派に求められるべきである。しかし、おそらくこれらの批判でさえ、西洋世界全体を通じて起こりつつあった社会の経済構造および政治思想の基調《トーン》や性質《テンパー》の急速な変化に比べれば、その影響は軽微であった。他方、イングランド自身に関する限りでは、以前から、アメリカのみならずアジアやアフリカにおける行政官や実業家の経験が、経済的諸力ならびにその他の社会的諸力の作用について、より広い視野を示唆しつつあった。イギリス人は外国人の科学的研究よりも自分たちの経験から影響を受けることの方が多いという考えは、イギリスの思想と活動の一般的歴史に合致している。

こうした経験は、リチャード・ジョーンズ〔Richard Jones（一七九〇〜一八五五）イギリス歴史学派の経済学者。リカード経済学を批判した。〕の著作の中に早期に実を結んだ。彼が一八三三年にインドの士官候補生に次のように述べたことは注目に値する。

真に総合的な原理に到達するためには、事実についての総合的な視野をもたなければならない。それとは違う方法で一般的原理を急ごしらえし、限られた観察で満足するならば、二つのことが起こるであろう。第一に、我々が一般的原理と呼ぶものは、何ら一般性などもっていないことがわかるであろう。そして我々が命題は普遍的に正しいと宣言しながら出発するとしても、歩みを一歩進めるごとに、その命題が誤っていることを頻繁に告白せざるを得なくなるであろう。第二に、我々は、事実を総合的に観察することによって原理へと前進していく人々が必然的にその途上で出会うような、大量の有用な知識を見落としてしまうであろう。

リチャード・ジョーンズは、学説《ドクトリン》や教義《ドグマ》の普遍性と、分析的な概念や観念の普遍性との近代的な区別を十分に理解していなかった。彼自身の立場にも欠陥があった。しかし彼は、その時代に望まれていたことをまさに述べたのであって、彼の影響は、世間ではほとんど話題にならなかったが、一八五九年に彼の著作〔*Literary Remains, Consisting of Lectures and Tracts on Political Economy, of the Late.*〕がヒューウェル博士〔William Whewell（一七九四〜一八六六）イギリスの科学哲学者。科学者（scientist）という言葉を生み出したことで知られる。〕によって刊行された後、経済学の真剣な研究をはじめたイギリス人の心を大きく捉えた。

こうして一般的経済原理は、もはやそれを支持する先入観をもたず、おそらくは多少なりともそれに偏見を抱いている法廷で、自らの存在を正当化しなければならなかった。その結果、それらの原理から尊大なところは減り、自らの限界を進んで認めるようになった。トリマー夫人［Sarah Trimmer（一七四一〜一八一〇）イギリスの児童文学者。］やマーセット夫人［Jane Haldimand Marcet（一七六九〜一八五八）古典派経済学の解説書『経済学対話』（一八一六）が人気を博した。］、あるいはマーティノー女史［Harriet Martineau（一八〇二〜一八七六）マーセット夫人に影響を受け、『経済学実例集』（一八三二〜一八三四）を発表した。］のような人々が、経済学の原理を問答書《カテキズム》や単純な物語に仕立て上げ、良い評判を博するようなことはなくなるであろう。教養ある女性家庭教師は、こうした教材を使って、彼女の周囲に集まってくる子供たちに経済的真理がいかなるものであるかわかりやすく説明していたし、また、政治家や商人のもとに送って、いかにして経済政策の正しい道を選び、間違った道を避けるかについて教えようとしたのである。現実の問題を、一般的学説に訴えることによって即座に解決することなどできないということは、今や性急な人々にとってすら、明らかである。なぜならば、考慮しなければならない事柄がきわめて多く、それらの多くのものについての我々の知識はあまりにも少ないため、一般的学説は、きちんとした証明をするための確固たる手がかりを提供してくれないからである。多くのことについて推測に頼らざるを得ず、また多くのことを、厳密な論理の筋に沿った推論よりもむしろ常識によって決めざるを得ない。

経済学における科学的機構《マシーナリー》の完成度が高まっていくと、常識が果たす責任は小さくなるどころか、逆に大きくなる。というのは、常識は経済学者が扱わなければならない問題を拡張しかつ深化させ、また、その最終的決定にあたっては、結局のところ、主として自分の実際的な直観に頼らざるを得ないからである。他方、一般的原理や一般的命題が前線を退いたことで、その真の権威は低下するどころか増大した。それらはもはや獅子王のように大きな戦斧を振ったり大声で雄叫びを上げることはしない。現代の将軍のように、背後に控えている。しかし、それらは以前よりも大きな軍勢を統率しているのである。それらは思想に対して、はるかに遠大で強力な影響を及ぼしている。そして思想は世界の進路をますます左右するようになっている。

というのは、経済学における知識の進歩により、他の場合と同様、自然の事実は従来考えられていたよりもずっと多様かつ複雑であることが明らかになったからである。我々が経済生活・社会生活の基本的諸力について知れば知るほど、それらはより多様に見えてくると推測する者もいる。しかしそのような推測は、同じ方向で社会科学の少し先を行っている物理学の経験を無視している。物理学の教訓からすると、自然現象の多様性や複雑性に関する知識が増えても、それを説明するために必要な原理の数は減少する場合が多い。少数の単純な原因が果てしなく多様な結果を生み出し得ること、また、そうした力の一つに小さな変化が起こったり、あるいは他の力との結合方法がわずかに変化することで、結果が見る影もなく変わってしまう可能性があること、これらも物理学が学んだことである。軽率な観察者には一見、まったく別物に見えるようなもの同士のあいだに、本質的な真の共通性を発見することは、物理学の主要課題の一つであると長らく認識されてきた。

それゆえ、基本的諸力が作用する特定の状況を十分に調査せずに、その単なる知識だけで結果を予測することはできない。こうした状況のわずかな変化が、基本的諸力の作用を見る影もなく変えてしまうかもしれない。これらの基本的諸力についての知識が増えることで、特定の事実の研究は抑制されるどころか刺激されるように思われる。これは実際に起こったことである。ニュートンの引力の法則は、天体観測の仕事を刺激した。ダーウィン〔Charles Robert Darwin（一八〇九～一八八二）。イギリスの生物学者・地質学者。自然選択説を唱え、『種の起源』を著した。〕の生存競争の法則の発展はおそらく、これまでの何にもまして、特定事実の注意深く正確な研究に対して大きな刺激を与えた。それだけではない。なぜならば、単純で基本的な原理がある知的集団でかなり強い影響力をもつと、その知識が組織化される以前に比べて、すべての新事実は示唆を与えるより大きな機会を得るからである。レントゲン光線は、すでに名声を獲得している一般的諸原理を修正する傾向があるために、思想およびさらなる観察に対して一層の刺激を与えつつある。

一九世紀が終わりに近づくにつれて、物理学の研究者の場合と同様に、経済学者のあいだでも、自然の姿の無限の多様性と複雑性は、それを支配する原理の驚くべき潜在的単純さと両立するものであることを認める機運が高まりつつある。特殊なものの追求はますます熱心に行われるようになっているが、それを一般的諸原理の研究と切り離して行うという、かつて多少なりとも存在していた傾向は今ではほとんど姿を消した。今や誰もが認めることであるが、一組の事実から別の一組の事実へと向かう推論は、直感的なものであれ形式的なものであれ、一つではなく二つのプロセスを含んでいる。すなわち、特殊なものから一般的な命題や思想へと上昇する経路と、後者から他の特殊なものへと下降する経路の二つである。我々の研究主題がいかに単純なものであっても、一般的なものを介さずにある特定の事実から他の特定の事実を推論することはほとんど不可能である。社会生活の複雑な問題においては、そのような推論は決してできない。

こうした進歩と並行して、過去の経済学者の部分的な思想を解釈する技能も向上している。彼らの多くは注意深い観察の習慣をもった、真に先見の明のある人々であり、彼らが言わんとしたことの大部分は、その限界の範囲内では、真実であったことがわかってきた。もっとも、彼らが言ったことは、彼らが無意識のうちに当然のこととしていた潜在的な前提を我々が補わない限り、彼らが頭の中で考えていたことを必ずしも十分に我々に伝えるものではない。我々はもはや以前と全く同じ類の教えを彼らに求めてはいないが、我々がいま求めているものを彼らから得つつある。

さらなる進歩として、経済学において我々は主に人間性のある特殊な側面を強調するが、我々が取り扱うのは人間性全体であると認識している。ここから言えるのは、我々が過去の歴史に基づいて議論する限り、それは全体としての歴史でなければならないということである。我々は経済史以上のものを、すなわち、経済制度や慣習、賃金および物価の歴史、また、貿易や金融の歴史以上のものを必要としている。我々は人間そのものの歴史を必要とし、それに貢献するような経済史を必要としている。一例を挙げると、社会主義の歴史は大きな価値をもっているが、しかしそれは通常考えられているような類のものではない。現代の諸問題に対して特別な推理が引き出せるような個々の出来事の記録としては、ほとんど役に立たない。なぜなら、今日の社会主義の問題は、昔のそれとは全く異なるからである。改革の力、変化に抵抗する力、同じ国民の様々な業種間・階級間の関係、さらに各国民間の経済的関係、これらはすべて異なっている。社会改良の問題の実態も変化し、取り組むべき機構《マシーナリー》もすっかり変化した。遠い昔に行われた特定の社会実験の成功や失敗が、今日試みられる実験に対して特別役に立つようには思われない。しかし、過去におけるそのような実験は、人間性に光を投じるものである。そのような実験の歴史は、人間性についての静学のみならず、動学にも光を投げかける。それは人間性がかつてどのようなものであったかを示すだけでなく、どのように発展してきたかをも示す傾向がある。それゆえ、将来における人間性の発展の方向と速度を評価する上で我々を大いに助けてくれる。とりわけ、我々が社会改良に対する大胆な最新の計画を考察するときに、最も理解しておく必要のある人間性の側面についてそうである。

社会科学、あるいは理路整然とした人類史――この二つは同じものであるが――は、ある根本的統一に向かって歩を進めつつある。それはちょうど物理学、あるいは同じことであるが理路整然とした自然現象史によって行われつつあることと同様である。物理学は、分子の運動を支配する諸力の中に隠された統一を求めている。社会科学は人間性の諸力の中にその統一を求めている。すべての歴史はそのような方向に向かっている。将来に関する予測や指針はすべてそこから始まる。

ときに歴史の断片にすぎないものを表すのに歴史という名称が不当にも用いられていることがあるが、それに文句を言う必要はない。人間の歴史を構成する複雑に絡み合った複合体の中から、少数の際立った糸が選ばれ手繰り寄せられてきた。そして政治制度の相関関係、および政治上の出来事に向けた多くの進歩が行われてきた。政治史の分野は他の分野に比べてはるかに進んでいる。なぜなら、それ自体が重要であり、また、明確でイメージが湧きやすく、一般の興味を惹くものであり、それに関する記録が豊富に存在するからである。それはまた、人間性の発展に光を投げかける。このようにして政治史は、それが記録する特定の出来事を通じてだけでなく、経済史の糸を手繰る上でも大きな助けになる。政治史はすでに非常に大きな進歩を遂げており、この理由だけをとってみても、将来の経済学者はかつての「古典派」経済学者よりも自らの研究に関してはるかに大きな権威をもつであろう。彼らはまた、物理学に対して大きな貢献をし、社会科学のある限られた側面に採用されつつあるような諸観念に多くを負うことであろう。

昔の経済学者たちは、傾向の研究を偏愛しながらも、彼らが本当は物理学の相次ぐ大成功の基礎にあった知識への習熟を獲得しようと研究していたのだということを、おそらくは十分には認識していなかった。しかし、傾向を推測するために特定の事実を研究しているとき、彼らは、特殊から特殊へと移行するためには、直接移るのではなく一般を経由しなければならないという、すでに述べた重要な規則《グレイト・カノン》に従っていたのである。また彼らは、特殊な自然事実の主な重要性は、それが自然のプロセスに投げかける光によるという第二の重要な規則にも従っていた。換言すれば、我々は「在るもの」から「成りつつあるもの」を、存在から生成を学ばなければならないという規則である。

経済学者は最近、物理学から若干の簡潔にして力強い用語を借りることによって、物理学にますます接近している。そうした用語によって物理学は長年にわたって、日常の言葉で説明するよりもはるかに容易かつ正確に、自然の傾向を叙述し説明してきた。経済学者が直面している事実として、ほとんどすべての現代の知識の基礎には傾向の研究があり、それは様々な事物の非常に小さい変化のあいだの関係の研究という形を多少なりとも装っている。このような研究は、鋭敏な人であれば一般人でもやっているが、知らずにやっていることかもしれない。科学者はこの研究を自覚的に行っている。もっとも、科学者も一般聴衆に語る際には、自分が行ったことを、簡潔さと明瞭さでは劣っても、より親しみやすい言葉にうまく包むかもしれないが。

新しい方法によるこの仕事は、まだ完成には程遠い。若い世代が為すべきことが数多く残されている。しかしすでに仕事は始まっている。多くの人々がこの動きを懐疑の目で見ていることは、諸君にとって妨げになるものではなく、むしろ追い風ですらある。彼らの批判は、諸君が現実の知識と観察から逸脱しないように、物質世界の事実や諸力と精神世界《モラル・ワールド》のそれらとのあいだの特徴の違いを忘れないよう、注意を促す助けとなるであろう。

次に、あまり技術的でない分析の側面に移ろう。一般的に言って、一九世紀は経済学の質的分析においては大きな成果をあげたが、それ以上のことを成し遂げてはいない。量的分析の必要性は感じられていたし、とるべき方法についての大まかな予備的調査は行われた。しかしその実現は諸君の手に委ねられている。「質的」分析および「量的」分析とは化学から借りた用語である。化学は存在している事物を研究する科学であり、その成長を研究するものではない。それゆえ、これらの用語は我々が欲するものと正確に合致するわけではないが、それでも役に立つに違いない。質的分析は製鉄業者に対して、鉱石の中に若干の硫黄が存在することを教えるが、その鉱石を精錬する価値があるかどうか、またあるとして、どんなプロセスで精錬するかの判断には役立たない。そのような目的には量的分析が必要である。量的分析は、その鉱石の中にどれだけの硫黄が含まれているかを教える。経済学においても同じである。すべての出来事に数多くの効果がある。良いものもあれば悪いものもある。永続的な効果もあれば、すぐに消え去るものもある。多くのものに影響するものもあれば、一部にしか影響しないものもある。累積的に成長するものもあれば、反作用を起こすものもある。単なる質的分析では、経済的な力が組み合わさった結果、どのような傾向を生み出すのかわからない。こちらでは利益が出て、あちらでは損失を出すことがわかるかもしれないが、その利益が損失を上回るものであるかどうか、損失が出ているにもかかわらず利益を追求すべきかどうかは示してくれない。しかし実際に行動するためには、こうした決定をしなければならないのである。様々な利益や損失を同じ基準で測れないとか、互いに比較することができないと言っても無益である。問題に対して、何らかの慎重な決定が行われるか、あるいは行われ得る前に、損益は互いに比較しなければならないし、実際にされているからである。

もちろん、法律上の義務は越えてはならない境界を定める。ちょうどチェスでキングが盤面の右端にある場合にはそこから右に動けないのと同様である。しかしチェスのルールがある特定の動きを認めていないという事実があっても、それはチェスがルールに則したある手筋と別の手筋との有利さを比較したり、駒一つの価値と盤面の形成が良くなることの価値とを比較考量するゲームであるということを否定するものではない。駒《ピース》と位置《ポジション》とは論理的には全く性質の異なるものであるが、これらを互いに比較できない人はチェスのプレイヤーにはなれないであろう。そして実際にはいかなる政治家も実行せず、いかなる経済学者も勧めないような事柄が存在するが、政治家の行動や経済学者の助言は、――論理的には次元の異なる数多くの事柄からなる――様々な利益の相対的重要性に関して得られる正確な評価に基づくものでなければならない。

ここで、二つの事柄を区別しておかなければならない。肉体的、精神的および道徳的な福祉に関連する様々な事柄に対して人々が実際に認めている相対的重要性と、我々が哲学者や道徳家として、これらの事柄に人々が認めるべきであると考える相対的重要性との区別である。倫理的本能と哲学は、どのような目的が追求されるのにふさわしいかを決定する上での最高権威である。しかし過去の事実を研究し、将来の構想を考案する上で、我々の第一の関心事は、人々がこれまで欲してきたもの、そして現在も欲しているものである。そして後の段階において、我々は、将来に人々がおそらく何を欲するように導かれ得るかについて考察することもできよう。彼らの評価はたいてい愚かで近視眼的で、ときには卑しく不道徳ですらある。我々が哲学者であるべく努めるならば、この規則に例外の余地はない。我々は、まったく異なるやり方を望むかもしれない。自身にも他者にもより良いやり方を熱心に勧めるかもしれない。しかし我々はあるがままの人間を研究しなければならない。非現実的な世界が存在するとか、存在すべきであるとしてそれを描いたり、そのための計画を立ててはならない。そのようなやり方は社会的狂気につながる。熱い願望は失敗し、やがては冷たい反動に導くものである。経済学者としての我々の第一の義務は、あるがままの世界について、筋の通った目録《カタログ》を作ることである。社会的な出来事の中でいかなる力が最も強いかに関する判断を、いかなる力が最強であるべきかという我々の意見によって歪めてはならない。二〇世紀の経済学者の前途に横たわる仕事の主要部分は、そうした判断を——より良くとは言わないまでも（そのようなことは不可能である）——これまで行われてきたものに比べていくらかでもましになるように行うことである。

昔の経済学者も、物事の真の全体像《パースペクティヴ》、正しい関係《プロポーション》を明らかにすることを自らの特別な義務と考えた場合には、実際に量的分析を意図していた。一般の人々は、たまたま明るい光があたっており、単純で手近にあるという理由で主として「見えるもの」に注意を向ける傾向があった。これに対して彼らは、離れており不明瞭であるために「見えないもの」を強調した。彼らは押しが強く騒々しい少数者の要求に対し、寡黙で我慢強い多数者の利害を守ろうとした。実際、フォートリー［Samuel Fortrey（一六二二〜一六八一）重商主義時代のイギリスの著述家。小冊子『イギリスの利益と改善』で知られる。］が二世紀以上も前に言っているように

> 私的利益はしばしば公共の利益にとって障害となる。なぜなら、一個人が損失を被るような事柄においては、公共の利益を妨げるような努力がなされるからである。そこから、公共善のための努力に不成功《イル・サクセス》が伴うようになる。なぜなら、公共善は、それを実行する人はその恩恵をほとんど受けない《リモート》が、それに反対する人はよく知っており確実に被害を受けるため、一般に冷ややかに遂行されるからである。多くの人々の気持ちを左右するのは理性よりも利害である。

経済的な論争において、押しが強く騒々しい少数者というのはしばしば生産者集団である。彼らは自分たちの主張をうまく表現できるし、その言い分を通すために多大な精力と資金を動員できる。

経済学者が一般に消費者の側に立ち、生産者に対峙するという伝統はここから生まれた。経済学者は、ある特定産業の生産物を消費するもの言わぬ《アンヴォーカル》多数者を、自らの産業の利益のために発言《スピーク》する口うるさい少数者から守ろうとする。

量を正しく把握することの困難を表す良い例として、最近時々提唱される逆の主張がある。すなわち、消費者の利益は実際には生産者の利益よりも重要性が小さいというのである。生産者は多数であり消費者は少数だからというのがその理由である。この場合、消費者と生産者という言葉が再び不自然な《フォースト》、昔とは異なる意味で用いられている。もちろん、誰もが消費者であり、誰もが生産者（ないしは生産者の扶養家族）である。なぜなら、所得は生産に参加する労働から、もしくは生産に関与する何かを所有することからのみ生じ得るからである。しかし、消費者が少数であり生産者が多数であると言われる場合、消費者というのはその所得から大口の消費ができる人々であり、生産者というのは一般に賃金のために働く人々であると考えられている。そう解釈する場合、経済学者はこの主張を真剣にかつ同情を込めて取り扱わなければならない。東洋のタペストリーを売る行商人《ベンダー》の話――これは全く事実無根とも思われない――が一つの例を与えてくれる。行商人が言うには、彼が高い価格を要求する理由として、その刺繍はきわめてきめ細かく、その一枚を生産するために一〇人もの人間が視力を失い、さらに多くの人間が障害を負ったというのである。この例では、裕福な消費者の気まぐれ、あるいは芸術的渇望が生産者の福祉よりも重く見られたというわけだ。もっと身近な別の例として、労働時間が長すぎたり、労働条件が健康に悪い産業を挙げることもできるだろう。そのような社会的不調和の例は、経済学者が認めなければならない事実である。それは自然法則の結果であり、それに対抗する手助けをするのは経済学者の仕事である。

しかしこれらは例外的な事例である。私は、労働者の利害が消費者の利害であるよりもむしろ生産者の利害であるという主張は、その言葉が用いられている限定的で人為的な意味においてすら、ほとんど真ではないと信じている。問題は相対量に関するものである。この問題が誤解されているのは、一部には、人々がその量を探し出す正しい方向を知らないためである。

例えば、労働者が自らを消費者と考えている場合、彼らが正しい方向で考えていることはほとんどない。彼らは自分たちが食物や衣服の消費者であることは知っている。しかし彼らは自分たちが鉄のような財の消費者であるとは考えていない。彼らは鉄の価格を、主にそれを購入する鉄道会社や船舶会社、その他の資本家の関心事であると考えている。しかし実際には、鉄が安いと、他の誰と比べた場合とも同様に、労働者にとっても少なくとも大きな利益である。それは、彼の賃金の購買力が増加する主たる原因であり、その購買力の増加は、彼の労働の価格が維持されているあいだに、食物や衣服の価格が下落することから生じる。誰でも経済的進歩が彼にもたらした大きな利益を当然のことと考えがちである。そしてそこから生じた些細な損害を耐えがたい苦痛と考えがちである。こうして物事を誤った形《プロポーション》で見てしまいやすい。しかし進歩というのは当たり前のことではない。それは努力の結果である。もし過去五〇年間に蒸気機関や製鉄業に何の改良もなかったとすれば、イギリス人の賃金の購買力は今日よりもはるかに低かったであろう。どれくらい低かったかはわからないが、おそらく三〇パーセントか四〇パーセントは低かったのではないかと私は推測している。この問題における数量のあるものはつねに多少なりとも推測的にならざるを得ないが、他のものについてはかなりの確実性をもって算出できるであろう。

そのような仕事はアカデミックな経済学者の仕事である。なぜなら、経済学者は、注意深く解釈した場合に数字が示唆する結論について、憚られるような階級的・個人的利害を何ももっていないからである。彼は、多数の人間の福祉は少数の人間の福祉よりも重要であるという労働者階級の前提を承認する。彼は、市場においては多数の貧困者の差し迫った必要よりも少数の富裕者の快適さの方が優先されることがあるという事実が生み出す幻想の誤りを見抜くよう特別に訓練されている。経済学者は、来たるべき世代においては過去の世代以上に、多数者自身の善のために多数者に反対すべき機会が生じた場合には、清廉潔白に勇気を振り絞らなければならない。例えば彼は、誤って生活賃金《リビング・ウェイジ》と呼ばれている高い最低賃金を特定産業で保証するために人々が採用しようとしている方法を分析しなければならない。そしてそうした方法のうちどれが、全体として労働者にとって利益よりも損失をもたらす間接的効果をもつかを説明しなければならない。

生活賃金を求める世論にはいまや市場からも賛成の声があがっている。こうした声をあげているのは港湾労働者や炭鉱作業員たちである。また、紡績工やガラス職人、また資本家的書籍販売業者も声をあげている。彼らは互いに強化しあっているようにみえる。なぜなら、最も通俗的に提唱されている手段がもし一般に追求されると、おそらくすべての人が貧しくなるであろうということが普通の人々にはわからないからである。生活賃金を求めるこの運動の根底には重大な原理が存在していることは事実である。経済学者は過去においてそのために戦ってきたし、諸君の後継者もまたそのために戦う必要があるかもしれない。しかし、まさに諸君が仕事に着手しようとしている今は、生活賃金を求める運動はあまりにも人気が高まっているため、そのメリットについてあれこれ考える必要性は小さくなり、むしろ損失と利益との相対量に関してその運動の潜在的な前提を分析する必要性が高まっている。純粋科学のある教授が言ったことがある。「この分野の発見はカネになる。だからこれは金儲けをしたい人々にまかせよう」と。この言葉をもじって《パロディ》次のように言ってみてもよいかもしれない。すなわち、「生活賃金の学説は人気がある。だからこれは政治屋《ポリティシャンズ》にまかせ、我々はそれを批判する側にまわろう」と。

また、諸君はすでに人気を博している運動に対しては態度を保留しつつ、流行している予言に対しても批判的であろうとするだろう。例えば、団体交渉は分配と交換の主たる裁定者として、個人間交渉にとって代わろうとしていると一般に主張されるようになっている。実際にそうなのかもしれないが、しかしこの種の予測というものは、頻繁に行われるわりに、的中するケースはずっと少ないのである。諸君は、団体交渉が示す大きく人目を惹く外見が、どの程度まで確固たる基礎に基づいているのか、どの程度まで空虚なものなのかを検討する必要があるだろう。団体交渉が古い社会的不和を減少させる傾向があることを軽視せず、それと団体交渉が導入するかもしれない新しい不和とを対比させるであろう。なぜなら、明らかに団体交渉の場合、個人にとっての利益と損失をバランスさせる限界まで働いたり売ったりさせることはなく、恣意的にではないとしても、個人でやる場合の損益バランスとは異なるところで働いたり売ったりさせる傾向があるからである。諸君は歴史に目を向け、団体交渉というものがいかに念入りに考案され外見上は強固なものに見える場合でも、その多くは蜂の巣のように脆いものであったということを知る必要があるだろう。一人の人間が、別の人間が喜んで支払おうとする価格であるものを売ろうとするとき、国王や議会、トラストや労働組合の役員たちの禁止にもかかわらず、両者が何とかしてうまくやる抜け道の膨大なネットワークを監視する必要がある。おそらく、諸君は団体交渉が私の予想以上に大きな力をもち、私が想定していないようなやり方で機能するところを目にするかもしれない。過去の経験は将来を予言するものではない。しかしそれは団体交渉の最も華々しい形態の信頼性《ソリディティ》に関して、若干の疑念を抱くことを正当化する。

これらの最後に述べた意見は、来たるべき世代が主に直面することになる諸問題の性質を予測することが困難であることを示している。しかしこの困難を示すいま一つの例を考えてみよう。主な関心は、自然の治癒力が作用する仕方に関して、過去の経験が我々に試みるよう促す推測にある。なぜなら、社会生活においては、物質生活《フィジカル・ライフ》におけるように、自然は古い救済策を修正して古い弊害の新しい展開に対処させるからである。私は、諸君の時代が従来に比べてこうした治癒力がもっと活発になるのを目にするかもしれない一つの方向について、推測を試みてみよう。

周知のように、個別企業の規模は増大傾向にあり、その結果、事業上の権限と責任とが企業のオーナーから雇われ経営者《サラリード・マニジャーズ》や職員へと移転している。このことは、平均的な人々の倫理観や正直さに大きな進歩がなかったならば、不可能だったであろう。なぜならば、一七世紀や一八世紀になってもなお、大貿易会社の崩壊は、主に職員の汚職と身勝手さの結果だったからである。しかし、当時機会に恵まれなかった人々には一般的であったように、顕著な不正行為に対して超然としていた人々でさえ、より微妙な誘惑、特に慣れ親しんだ道を静かに歩み、新しい取り組みに伴う困難や気苦労を避けることによって、安易な生活を選ぶという誘惑には屈しやすい。

そしてこの企業規模増大の傾向は、産業界にますます著しい不調和をもたらす。企業のオーナーが何らかの変更について熟考している場合、彼は自身の利害から、その変更が企業にもたらすと思われる全利益と、全損失と比較考量する。しかし雇われ経営者や職員の私的利益は全く別の方面にある。なぜなら、新しい実験を試みる困難は主として彼自身にふりかかってくるからである。もし失敗すれば多くの非難を受けなければならないであろう。そして成功した場合、利益のきわめてわずかな部分が彼の取り分になるだけである。それゆえ、彼にとって最も抵抗が少なく、最も快適で、最もリスクの小さい道は、自分では改良のための努力をしないというものである。そして他人によって提案された改良案については、疑う余地なく成功することがはっきりするまでは、試みないもっともらしい言い訳を見つけることになる。

もしこれが事のすべてであるならば、近代的な変化が小企業との競争において大企業に与える新しい利益はすべて、社会的進歩にとって危険の源となるであろう。なぜなら、小企業と比べた場合の大企業の経済というのはほとんどが内輪《プライベート・コンサーン》のものであって、それ以上の果実を生まないからである。しかし、方法の改良は最初の発生元から全国へ、全世界へと広がっていく。その改善の結果として発明者が受け取る私的利益は、社会的利益の一〇〇分の一になることも滅多になく、ときには一〇〇万分の一以下の場合すらある。それゆえ、社会的有機体《ソーシャル・オーガニズム》が硬化していく強い傾向は、面倒な新しい取り組みを避けようとする官僚的習慣の結果とも考えられる。新しい取り組みの主な利益は重荷を担わなかった人間に帰属するであろう。しかしこうした傾向は、少なくとも部分的には、様々な力によって弱められている。産業規模の増大により、科学的方法が経験的方法にとって代わりつつある。科学技術の基礎は主に研究室での活動によって生み出され、こうした研究に対して柔軟で進取の気性《エンタープライジング・マインズ》に富む人材が数多く育ちつつある。彼らも多少は金銭的期待によって動かされるが、それ以上に知的野心、他の科学者の共感を得ることに刺激されて行動する。この一般的な活性化に加え、企業経営のより実際的な側面で停滞を救済する上で、それと幾分類似した特別な力が働いている。ビジネス・エキスパートたちは、専門誌《スペシャリスト・ジャーナルズ》に寄稿したりそれを読んだり、会議を開いたり、その他の方法で相互に意見交換するといった習慣をますます身につけつつある。改良を試みる仕事は昔から感謝されないものである。それは結局うまくいかないかもしれないし、上司も一般大衆も無関心であるかもしれないが、そういう仕事も問題の技術的困難をよく知っている批判的で鑑識眼のある人間の評価を受ける場合には、新しい形をとる。どれほど重要な改良であっても、金銭上の利益を生むにはわずかに及ばないような状態が何年も続くことがしばしばある。しかし右に述べたような鑑識眼のある人間は、たとえ金銭的にはまだものになっていなくても、また、たとえ製造業者が採算上この改良の採用を見送ったとしても、その巧妙で大胆な努力を称賛するであろう。近年の専門家同士の相互交流は、実業界にもたらされた大きな向上の一部を担っている。純粋科学は長らく、成功を収めた研究に対して、数こそ少ないもののそれにふさわしい人々から与えられる称賛によって報いられてきた。そのような称賛は一種の報酬である。それは、現在および将来の他のあらゆる報酬と同様に、我々の性格の中で最高のものではない要素に訴える。一部にはその理由のため、その効果のほどは確実に信用できる。しかしそれは単に報酬であるばかりではなく、一種の共感《シンパシー》でもある。共感は、その中に何ら浅ましさを含まず、人間性全体を通じて確実に作用する堅固で強力な力である。この種の力が、私的な物質的利益――それはある面においては大企業、とりわけ公的統制の下にある大企業の成長によって弱められつつある――を追求する粗野な力にどの程度まで取って代わるかを研究し、可能な限り正確な数値を出すこと、来たるべき世代の経済学者にとって、これほど急を要し、かつおそらくは楽しい仕事は他にあるまい。

私は諸君の忍耐につけ込んであまりにも長い時間、話し込んでしまった。話そうとしていた内容のほんの輪郭に触れたにすぎないが、ここでそろそろ結論を述べねばならない。要約すると次のようになる。いま過ぎ去ろうとしつつある世代のあいだに、多くの国々の多くの研究者によって疑いの余地のないほど明らかにされたことは、経済学の真の帰納的研究は、事実の根底に横たわる思想《アイデア》――一時的・局所的なものもあれば、普遍的・永久的なものもある――を発見する目的で事実を探求し整理することだということである。また、経済学の真の分析的な研究は、歴史家や同時代の観察者によって集められ整理された事実に潜む思想を探求することであるということも同様である。それぞれの研究は互いに補完的である。それらのあいだには競争も対立もない。経済学の真の研究者は、ときには帰納的方法を、ときには分析的方法を用い、そしてほとんどつねに両方を同時に用いる。研究者によって比重の置き方に違いはある。それはあたかも、食べるのが好きな人もいれば、飲むのが好きな人もいるのと同様である。しかし誰であっても、飢えたときには食べねばならないし、渇いたときには飲まねばならない。

今日過ぎ去りつつある経済学者の世代は、方法に関する論争に取り組み、そうした論争は消滅した。事実の研究と思想の研究とのあいだに調和が成立した。それは人間の解釈にも事実の解釈にも普遍的な精神《カソリック・スピリット》が必要であることを示した。質的分析の主要部分の完成に向けて多くのことを成し遂げたが、量的分析のもつ困難について正面《クローズ・クオーターズ》から取り組むところまではいっていない。その建設的な仕事の価値を評価するには時期尚早である。しかしいずれにせよ、次世代の経済学者のより大きくより強力で建設的な仕事ために、下地は整った。おそらく、人々が一世紀後になって回顧するとき、彼らが成し遂げたことに対してよりも、諸君のためにお膳立てをしたというはるかに重要な仕事に対して、高い評価をくだすかもしれない。

社会的目的に関する問題は、時代ごとに新しい形をとる。しかしどんな形態の根底にも横たわっている一つの基本的な原理がある。進歩は主として、人間性の単に最高の力であるだけでなく、最強の力を、社会的利益の増進のためにどの程度まで利用できるかに依存する、という原理である。社会的利益というものが本当は何であるのかについては若干の疑問がある。しかしそれは我々の基本原理の基礎を損なうほどのものではない。なぜなら、社会的利益とは、自尊心を支え希望によって支えられるものであるがゆえに、主として陰鬱さ《ウィズアウト・ポール》を伴わない幸福を生む能力の健全な行使および発展の中にあるという点については、基本的なところで合意が存在するからである。公共の利益のための仕事をそれ自体楽しいものにすることの勝利に比べれば、また、贅沢な支出によって力を誇示するのではなく、別の方法であらゆる階級の人々を大きな努力に対して刺激することの勝利に比べれば、溶鉱炉の中の排ガスを活用することなど比較にならない。我々は優れた仕事と新鮮な創意を、それを真に理解する人々の共感と評価のあたたかい息吹によって育てていく必要がある。また我々は、消費者を力づけ、消費のために生産する人々の最善の資質を呼び起こす方向に消費を向ける必要がある。

古代および中世の世界における文芸の全盛期に、他の世代はこのことを多少とも成功裏に行う方法を思いついていた。しかし彼らの目標は視野が狭く、幸運な少数者の福祉に限られていた。今日過ぎ去りつつある社会科学の研究者の世代は、この問題をより広い基礎に立って取り扱おうと努力してきた。諸君の世代は、より多くの知識とより多くの資源をもってこの仕事を継続していくことを求められている。諸君の歴史の知識、とりわけ同時代の歴史の知識、分析能力および量的測定能力、想像力と直感、本能と共感、これらを適用して、それ自体が喜びであり、また喜びの源泉である人間生活をつくり出すために、人間の努力の産物である今日の浪費を活用するという偉大な仕事に取り組むことを求められている。将来においては、過去の場合と同様に、すべてのものの主たる梃となるのは希望である。自分自身のための希望であり、大切な人々にとっての希望である。諸君の世代は過ぎ去った世代よりも優れている。ちょうど過ぎ去った世代がその前の世代よりも優れていたのと同様である。今世紀のはじめまでは下層階級と呼ばれていた人々の家庭にも、希望の活力を伝える力と機会とが、ますます増加している。

諸君の世代は、過去のいかなる世代にもまして、快活な、しかし批判的かつ分析的な心構えで、協同と共感の力――大企業の専門職員のあいだに力強く作用しはじめたものとして先ほど言及したもの――がどの程度まで一般の人々のあいだに広がるかを研究することを求められている。また、欠乏による強制というきびしいやり方で追いやるのではなく、良い羊飼いが羊を導くように、人々をより高い努力に向かわせることがいかにして可能か。少数者が開拓した秩序に多数者が従わなければならないという古い学説を廃棄することがどこまで可能か。こうしたことを研究することを求められているのである。諸君の世代は、人間は生まれながらにして平等ではなく、人為的に平等にすることもできないということを認めるであろう。高貴ではないある種の仕事が行われなければならないことも認めるであろう。しかし、ますます増大する知識と世界の物質的資源を活用してそのような仕事を狭い範囲に限定し、生活のそれ自体が卑しいすべての条件を根絶する努力をするであろう。人間の生活条件に突然の改善は期待できない。なぜなら、生活が人間を形づくるのと同様に、人間が生活を形づくるのであり、人間自身は急には変われないものだからである。しかし、高貴な生活をする機会が万人の手に届くという遠大な目標に向けて、人類は着実に歩みを進めるであろう。

## 注

（1）一八九六年一〇月二九日、イングランド、ケンブリッジにおいて行われた講演。『クォータリー・ジャーナル・オブ・エコノミクス』一八九七年一月号から再録。

# 第三章　労働者階級の将来(1)――一八七三年

ミル氏は、彼が行ってきた最良の仕事のほとんどについて、夫人［Harriet Taylor Mill（一八〇七～一八五八）夫ジョン・テイラーと死別した後、一八五一年にミルと再婚。］から助力を受けたというが、それについて彼の『自伝』の中で、これまで知られていた以上に詳しい説明を行っている。この事実は大きな価値をもっている。というのは、一つには、ミル氏自身の声によって、今や我々は、女性のもつ鋭い洞察力を、私的な問題だけでなく公的な問題に対しても、男性を物質的に支援できるように訓練できないかという問題の重要性に、目覚めつつあるからである。彼は次のように述べている。「思索《スペキュレイション》の大胆さ、実際的判断の慎重さ、そして人間社会における緊急事態に原理を適用するあらゆる問題において、私は彼女の教え子であった」。この点についてミルが述べている例はすべて、もし我々が、人為的な慣習で女性の精神を包み込んでいた産着を脱がし、世界に対する女性の義務を女性らしく遂行する自由を与えるならば、我々の進歩がいかに促進されるかを示している。女性の思考がもつ力強い活力の自由な作用と、労働者階級の向上とのあいだに密接な関連があることは、あらゆる歴史が証言しているが、次の文章は、その一つの際立った例証である。

『経済学原理』の中で、他のどの章にもまして世論に大きな影響を及ぼした章は「労働者階級の将来の見通し《プロバブル・フューチャー》について」〔第七版第四編第七章〕についての章であったが、これは完全に妻に負っている。同書の最初の草稿にはこの章は存在していなかった。妻は、そのような章が必要であること、そして、それが欠けている本は著しく不完全であることを指摘した。私がこの章を書くことになったのは、彼女が原因である。そしてその章の比較的概論的《ジェネラル》な部分、すなわち、労働者階級にふさわしい状態に関する二つの対立する理論を述べてそれを議論している箇所は、完全に妻の考えを解説したものであり、しばしば彼女の口から発せられた言葉そのものであった。

他にも、ミル夫人と同じようなことを語っている女性はいるかもしれない。しかし、様々な理由により、彼女たちの言葉は、ほとんど語られなかったも同然であった。この話題について〔ミル夫人という〕一人の女性が語ったことが無駄にならなかったのは幸いである。

今晩、私がとりあげる問題は、方向性としてはミル夫妻が追求したものから大きく離れるものではないが、完全に一致することは稀であろう。もし我々が以下の問題について正しく分析しようとするならば徹底的に調査しなければならない問題の一部について、概略を説明しよう。その問題とは、労働者階級の改善には越えられない限界があるかどうか。また、若い頃の教育とその後の職業に関して、我々が今日紳士にふさわしいと習慣的にみなしているものに近いものを、一握りの人々だけでなく大勢の人々に与えるには世界の資源は十分ではないというのは真実であるか、という問題である。

強い希望を抱きつつも、不安を拭えない利己的でない男女がたくさんいる。時々、労働者についての驚くべき、しかし信頼できる報告書が届く。彼らは、増加した賃金の使い道を誤り、飲み食いの快楽、そしてギャンブル狂《スポーティング・マン》と呼ばれる哀れな人間《クリーチャー》を生む娯楽、こうしたもの以外にはほとんど関心を示さないというのである。時折、使用人が、彼らが勝ち得た地位の改善を利用して、意地の悪い浅はかな振る舞いをしたり、彼らが仕えている人々の利益に対してこれ見よがしの無関心さをみせることがある。こうして、疑うことを好まない人々も、次のような疑惑に悩まされる。すなわち、大量の、厳しく粗雑《コース》でさえある手仕事が、必ずしも現在ほど行われる必要はないのではないか。非常に高い教養は、そのような仕事をしなければならない人を、その仕事に不適切にしてしまわないかどうか。彼らがそうした仕事から逃れられない以上、その仕事をすることは不幸なことなのではないか。そうした労働者の知的育成を、一定限度を超えて進めようとする試みは、ほとんど失敗に終わるのではないか。仮に成功したとしても、不幸なことになるのではないか。我々が見たり聞いたりするのは、こうした恐ろしい境界は紙一重であり、それほど遠い世界の話ではないということを意味しているのではないか。

我々の今晩の議題は、こうした疑問を解決できるかどうか、ということである。この問題は、すべての人が完全に平等であるかどうか、ということではない。万人が平等ということはまずないであろう。そうではなく、労働者と紳士とのあいだの正式な区別がなくなり、少なくとも職業においてはすべての人が紳士であるというところまで、ゆっくりとではあっても着実に進歩し続けるかどうか、ということである。私は、そうなる可能性はあるし、そうなるであろうと考えている。

まず初めに、紳士の職業と労働者の職業とのあいだに、慣習的に確立されている区別が、本当に意味していることは何なのかを明らかにしよう。こうした慣習は語源的には擁護できないが、これより適切な言葉はまだ存在しない。そのような区別は、確立されてはいるものの、定義することが非常に難しい。労働者階級の進歩がそれを除去することにかかっているような特別な環境は何であるかについて、混乱に陥らないようにするには、最も容易に思いつく説明のいくつかを、はっきりと除外しなければならない。

労働者階級とは何者であろうか。もちろん、働く人すべてを指すわけではない。なぜなら、すべての人間は、どれだけ裕福であっても、健康で誠実《トゥルー》であるならば、一生懸命働くものだからである。また、労働者階級とは、自分の手で作ったものを売ることで生活している人すべてを指すわけでもない。なぜなら、最も崇高な彫刻家もそうするからである。報酬のために勤務したり服従する人すべてを指すわけでもない。なぜなら、陸軍将校も報酬のために勤務し、絶対的服従をするからである。報酬のために不愉快な任務を遂行する人すべてを指すわけでもない。なぜなら、外科医は最も不快な任務を遂行することで支払いを受けるからである。薄給で懸命に働く人すべてでさえない。高い教養を備えた女性家庭教師の仕事はつらく、薄給だからである。では労働者階級とはどんな人々なのだろうか。

我々は、ある人が労働者階級に属するというとき、彼の労働がその仕事に対して及ぼす影響より、彼の労働が彼自身に対して及ぼす影響を考えているのではないだろうか。もしある人の日々の仕事が彼の性格に教養と洗練を与える傾向をもっているならば、その個人がたまたまいかに粗野な人間であったとしても、その職業は紳士の職業であると言わないだろうか。もしある人の日々の仕事が彼の性格を乱暴で粗野にする傾向があるならば、その個人がたまたまいかに洗練された人間であったとしても、彼は労働者階級に属すると言わないだろうか。

教養を高め性格を洗練させる職業の特徴について、より綿密に検討する必要がある。そうした職業には、様々な種類の知的な能力や活動が要求される。多くの人々と交際を続ける能力が必要である。また、少なくとも表面上は、些細な点についても他人の感情を速やかにおもんぱかり、人を苦しめたり苛立たせるようなつまらない言動を注意して避ける、優しい習慣が必要である。こうした資質は成功を収める上でも必要であり、それゆえ、若い頃の注意深く長期にわたる教育によって培われる。それは、修練によって、また同じような資質をもち交際を求める人々との交流によって、生涯を通じて育てられ、改善されていく。人間の思いやりは、人生について多くのことを知り、知ったものに興味をもつように適応することで、大きくなっていく。広範囲にわたる娯楽を嗜み、それぞれの知的エネルギー、芸術家の知見、遠近の人間への仲間意識、こうしたものを新しく楽しめるようになり、粗野な喜びを求める願望からますます遠ざかっていく。富は不可欠ではないが、しばしばその助けとなる。どんな人の胸中にも、何かしらの追従精神があると言われている。おそらくその通りであろう。しかし、我々がある人を、単にその人がもっているものを理由に尊敬するということは、一般にそうだと考えられがちである程度の半分にも満たないであろう。我々は、自覚している以上に、彼がどんな人であるか、をはるかに考えているのである。高所得の職業に就くために必要な資質、あるいは、どんな職業であれ成功を収める資質は、一般に、ある程度称賛に値する。富は一般に、若い頃の教養教育、そして生涯を通じての広範な関心と洗練された交友関係を伴う。そして資質に対してそのような影響を及ぼすところにこそ、富の主な魅力がある。もし裕福な人間に対して払われる敬意が一般に、富に対する直接の崇拝であるというのが本当ならば、世界の将来は現在よりも暗いものとなるであろうし、今夜議論する予定のテーマも違った扱いが必要となるであろう。

しかしながら、我々が紳士の職業と呼んでいる職業が、勤務中および余暇のあいだに、訓練や交際によって直接間接に資質を高め能力を磨いていると述べるだけでは十分ではない。我々はまた、そのような職業は、我々が労働者階級の運命を検討する際に我々の注意をひく悪影響を、ほとんど完全に排除するということも述べねばならない。

ここで一息ついて、中間に位置する階級に注目しなければならない。その職業が、向上と洗練をもたらす影響も、そうでない影響も及ぼす階級である。彫刻家は、そのノミで作り出す作品で祖国の名声を高め、物質的・精神的な贅沢の中で暮らすが、明らかに彼は専門による紳士である。芸術の階級を下に降っていくと、素晴らしい彫刻で我々の公共の建築物を飾る、素晴らしく腕の立つ高給取りの職人《アーティザン》にたどり着く。しかしそこから、肉体を酷使するが頭脳はほとんど使わず、明快な指示に従ってブロックを丸くしたり四角くする普通の石工《メイスン》に至るまでには、いま一つの長い道程がある。では我々が労働者に最初に出会うのは、どの段階であろうか。我々がそれをどの点であると明言できない、すなわち、その連鎖は完全に連続しており、切れ目がないということは、重要かつ有望な事実である。熟練労働と未熟練労働のあいだの区別は幾分、軽蔑的にみられる傾向がある。しかし、重い肉体労働をせず、主にその熟練と頭脳に対して支払いを受ける職人は、より貧しい同業者に比べて、自らの運命について、最高の土地貴族と同等の優越感を抱いているという事実は残る。そして彼らは正しい。なぜならば、彼らの運命は、精神において、そして誠実さ《トゥルース》において、紳士たる機会を提供するからである。この時代にとっては非常に名誉なことだが、彼らの多くは着実に紳士になりつつある。彼らは上を目指して着実に努力している。若い頃により高級でより進歩的な準備をし、自分のための時間と余暇を尊重することを学び、それを単なる賃金や物質的快適さの増大よりも重要だと考えることを学び、独立心、男らしい自尊心、それゆえ、他者に対する礼儀正しい敬意を、着実にはぐくみつつある。彼らは市民としての公私の義務を受け入れつつある。自分たちが人間であって、生産機械ではないという真実を把握しつつある。彼らは着実に紳士になりつつある。そう、着実に。我々はやがて「着実にかつ急速に」と言えるようになることを願っているが、現状でも、状況はそれほど悲観的なものではない。

しかし、未熟練労働者の運命が示す、より暗い光景に目を転じよう。長時間にわたる厳しく頭を使わない労苦《トイル》を終え、体は疲れ切り、頭はぼんやりした状態で狭い家に帰る大多数の人々のことを考えてみよう。彼らがいつも厳しい肉体労働を一日に八時間、一〇時間、ないしは一二時間もこなしているという事実に我々はなじんでしまっているため、それが世界の道徳的・精神的歴史をいかに支配しているかを我々はほとんど理解できない。我々は、肉体労働が人間の成長を妨げる影響が、いかに繊細で広範囲にわたり、かつ強力であるかをほとんど理解していない。

おそらく我々の中には、激しい持続的な肉体の酷使が何を意味するのか、ほとんど理解していない人もいる。徒歩の旅行の際、そうした疲労を経験したことのある人もいるであろう。新鮮な空気や珍しい景色によって元気づけられるし、そんなときほど軽い本や新聞がありがたく感じられることはない。しかし、すっかり疲れ切ったときに、本当に難しい研究をしようとしたことがあるだろうか。私は、かつてアルプス山脈で三日間、非常に厳しい登山をした後に、一日だけ休息をとっていた哲学書を読もうとしたときのことを覚えている。体調は良かった。肉体的疲労以外の疲労は自覚していなかった。しかし難しい思考が必要な場面になると、私の頭はどうしても働かなくなってしまったのである。非常に腹立たしいことではあったが、どうしようもなかった。自分の力の限界以上の積荷を乗せられた馬は、しばしば脚を地面にしっかりとつけ、後ずさり《バック》する。これはまさに、そのときの私の精神状態である。私は参ってしまった。同じような状況では、他の人も同様に参ってしまうということがわかった。たとえ研究慣れしている本職の研究者でさえ、そうなのである。生理学者に言わせれば、それは当然のことである。肉体を酷使するとしばらく貧血状態になり、脳に栄養が行きわたらない。そして脳が活発でないときには、ものを考えることができない。

では、疲れた労働者が余暇を自己改善のために活用できないのは不思議なことだろうか。彼にとって、読書はしばしば苦痛である。ならば、学習の喜びによって疲労を克服するように彼を駆り立てることなど、どうしてできようか。生まれつき耳が聞こえない人は音楽の喜びを知らないが、それを知る人々のあいだで生活し、それが存在することを信じている。しかし貧しい労働者は、知識の喜び《ジョイ》、芸術の喜び《デライト》に気がつかずに一生を終えるかもしれない。多くの人々とともに、物事について考えたり感じたりできることが、いかに素晴らしいことであるかに気がつかないかもしれない。それでも、彼が全く恵まれていないとは言えないかもしれない。健康で幸せな家庭で、のどかな夕べを過ごし、人間に与えられる最高の幸福のいくつかを手にするかもしれない。しかし、悲しいかな、教育を受けていなければ、非常に健やかな家庭をもつことなどありそうもないのである。

重労働に関して、いま一つの恐るべき事実が存在する。肉体の疲労は、最も極端な形態においては、人間を破滅に追いやる健康不安《フィジカル・アンレスト》や渇望を引き起こす。身体の回復力の限度を超えるほどの力を日々の仕事で消耗するような職業においては、それゆえ、つねに不規則になりがちな仕事においては、家庭の喜びはパブの粗野な快楽に勝てない、という確かな証拠が存在する。人は、クラブにおけるのと同様に、パブにおいても、家庭の喜びをうまく補完し、彼を堕落させるのではなく高めてくれるような社交の喜びを求めるかもしれない。その可能性はあるが、しかしもし彼の労苦が激しく、頭脳が鈍くなっているならば、飲酒や下品な悪戯や大騒ぎといった、より粗野な快楽ばかりを求めがちである。我々は、鉱山労働者の過酷な仕事がどれほど粗野な態度を生み出すかについて聞き及んでいるが、彼らのあいだでも、肉体労働が過酷であればあるほど、精神状態もより悪い。例えば、鉄鉱労働者は炭鉱作業員よりも上の集団《レース》である。そしてそのような人々が、高賃金を主に、アルコールを酒気に変換する炉として自分の身体を用いる機会を与えてくれるもの、と評価していることが本当だったとしても、単に彼らに罵声を浴びせるだけというのは、いささか卑しむべき気晴らしではないだろうか。このようなものが存在しなければならないのか、という問題を提起する方が、より有益ではないだろうか。

存在してはならない、と我々が確信している事柄がいくつかある。一八六六年のある議会の委員会は、世界がそのような人々に与えてきた訓練について、またそのような人々を生み出してきた訓練について、報告している。報告が語るところによると、八歳にも満たない少年少女が朝の五時から夜の八時まで、煉瓦工場でぞっとするような労役を課せられている。彼らの顔はやつれ、手足は労働により不恰好にゆがみ、身体は泥だらけ、そしてその精神は卑猥さに満ちている。その通りである。しかし、そのような卑猥さよりももっと悪いことがある。絶望である。「最悪の特徴は、煉瓦工が自分自身に絶望していることである」と言われる。彼らの一人が語った言葉が引用されている。「煉瓦工に希望をもたせて改善を試みるなんて、悪魔を改心させるのと同じようなもんですぜ、旦那」。このような状況は存在すべきではないが、事態は今日（一八七三年）でも同じくらい悪い。労働者階級の向上は不可能であると論じられる際、これらの事態が、その言葉や行為が右で引用されたような人間を生み出してきたのである。

重労働が極端に長く続けられる光景は、おそるべきものである。では軽い労働であれば、どれだけ長時間続けても無害ということがあり得るだろうか。いま一つの光景を見てみよう。針仕事の女性の古い哀しい光景である。

仕事、仕事、仕事
　うんざりするチャイムが鳴ってから次のチャイムまで
仕事、仕事、仕事
　囚人が罪のために働くように
結合し、ガセットをつけ、縫い合わせ、
　縫い合わせ、ガセットをつけ、結合する
心臓は病み、脳は麻痺し、
　手は疲れ果てる
仕事、仕事、仕事
　どんよりした一二月の光の中で
そして仕事、仕事、仕事
　暖かく、晴れた日にも
軒の下には

卵を抱く燕
明るい背中を見せるかのように
　春の到来とともに私をからかう
ああ、黄花九輪桜やサクラソウの芳香の
　息吹を吸い込むためだけに
頭上にひろがる空
　そして足元の芝生
ほんのひとときのあいだだけでも
　かつての気分を味わうために
私が欠乏の悲哀を知る前の
　食事を犠牲にした散歩
ああ、ほんのひとときのあいだだけでも
　どれだけ短くても、休息を
愛や希望に恵まれた余暇ではなく
　ただ嘆きのための時間
わずかな涙が私の心を和らげる

しかしそれが許されるのは塩辛いベッドの中だけ
涙をこらえなければ
針や糸の妨げになるといけないから

「心臓は病み、脳は麻痺する。愛や希望に恵まれた余暇ではなく、ただ嘆きのための時間」。確かに、これをみれば、労働がいかに「労働者階級」を抑圧するかがわかる。人間は生きるために働くべきである。人間の肉体的、道徳的、そして精神的生活は、労働によって強化され、満たされるべきである。しかし、もし人間の内面生活が労働によってほとんど押しつぶされてしまうなら、どうだろうか。労働者という言葉が、未熟練労働者、すなわち、程度の差こそあれ、耐え忍ばねばならない重荷である労働のため以外の生活をほとんど許されない職業を指すのに用いられる場合、この言葉はおそるべき真実を示唆してはいないだろうか。

古代人は、自然が奴隷制を定めたと論じた。奴隷なしでは世界は発展できず、誰一人として文化的活動のための時間をもてず、市民の義務を果たすことができない、と。我々はこうした信念から脱却した。我々は、奴隷制が根づいた国々において、道徳生活の活力がいかに枯渇してきたかを知った。しかし我々の思想は、若い頃からこのかた、古い時代の信念とさほど変わらない異教的《ペイガン》な信念――大勢の人々が、他の人々に洗練と奢侈の手段を与えはするが、彼ら自身には精神的成長の機会をほとんど与えない、うんざりする骨折り仕事をしなければならないのは、自然の命令であるという信念――によって支配されている。世界が他の信念から脱却したように、この信念から脱却するのは不可能だろうか。それは可能であるかもしれないし、可能であろう。

もし少々型破り《ライセンス》を許されるなら、狭義の労働者階級の運命に特徴的な状況を取り除く途上に横たわる困難がいかに誇張されていたかが容易にわかるであろう。そのような状況が取り除かれた国の状態を想像してみよう。そのような国には物質的・道徳的繁栄を破滅させる種は含まれておらず、活気があり、健康な生活に満ちていることがわかれば、我々は大きな進歩を遂げたといえよう。

描かれるべき光景は、何人かの社会主義者たちが我々に示したものと多くの点で類似しているだろう。彼らは、すべての人間が自分たちと同じようにどこまでも無私無欲の美徳を備えていると考え、無謀にも、つねに不十分であり、往々にして有害である方法を提案した。無謀というのは、彼らの精神は未熟であり、その魂は目的の偉大さの意識の虜になっているからである。それゆえ、彼らの評判《メモリーズ》は、ごく少数を除いたすべての人々の物笑いの種となっている。しかし、その少数の中には、おそらく、彼らの信仰の荒々しくも深遠な美しさを辛抱強く研究してきた人間が皆含まれている。社会主義者の計画は、誰もが自分の仕事を自分で選び、仕事の対価として受け取る報酬は自由競争によって決定される、という現在の体制を転覆させようというものであった。彼らの計画は失敗した。

しかし、そのような転覆は我々が描こうとしている国には不要である。必要なことは、そのような国においては、誰一人として、人を紳士以外のものにする傾向のある職業に就くことはないという点だけである。

今日では、紳士が競争価格での報酬のために不快な肉体労働をしているのを目にする。彼らの仕事には精神の修養も含まれており、彼らを取り巻く人間関係も洗練されていることは事実である。しかし、脳はつねに全力で活動することはできないため、こうした人間関係が維持される限り、知的能力にとって直接の修練とならないような不快な肉体労働であっても、我々の新しい社会から排除する必要がないことは明らかである。そのような仕事を適量こなすことは、洗練と相容れないものではない。病院の仕事に携わる淑女は誰でもそのような労働をしなければならない。彼女はそうした仕事が必要であることを理解しており、それに尻込みしない。尻込みするようでは淑女とはいえないからである。教養ある男性がそのような仕事を報酬のためにすすんで引き受けようとしないのは事実である。なぜなら、概して彼は、知的能力の訓練を生かした仕事をすることで、より高い報酬を得られるからである。また、同僚の教養がないことから、思わぬ不快感を味わったり、社会的地位を失うことがあるからである。しかし、我々が想定する国の状況の定義からして、そのような抑止的な動機は存在しないであろう。そのような国においても若干の未熟練労働は必要であるが、その一部を引き受ける教養ある人間は、そうした労働にも高賃金が支払われることに気づく。なぜなら、報酬が高くなければ誰もそのような仕事を引き受けないからである。同僚が自分と同じくらい洗練されており、同じ立場に置かれているため、社会的な不快感を被ることはないであろう。我々には健康のため、毎日一、二時間程度の運動が必要であるが、そのあいだ、精神は休息している。そして一般に、そうした仕事をさらにあと数時間行っても、実際、さほど害にはならないであろう。

我々が心に描く国がスタートするための条件はどのようなものであるかは、かなり明確である。それは以下のようなものとなろう。すなわち、その国は、かなりの富をもち、異常に大きな人口を抱えることがない。すべての人が、若いうちに徹底的な長期にわたる教育を受ける。昼間に肉体労働をやりすぎて、夜には知的・芸術的楽しみのための時間も能力もほとんど残らないというようなことがあってはならない。個人を粗野で洗練されない状態にしてしまう要素が何もないため、社会がそうなることもないであろう。例外的な腫瘍は、どんな社会にもつきものである。しかし、例外に属さない人々は皆、生まれてからずっと、これまで見てきたような、現在のところ紳士の職業の特徴となっている様々な影響に取り巻かれていることであろう。紳士でない人々は皆、自身が責めを負うことになろう。これが、我々が心に描く国が最初に考察した時点で置かれている状況である。こうした状況を維持することができるかどうか検討しなければならない。これを維持する上で、存在すると考えられる障害について検討してみよう。

第一に、肉体労働の時間を現在よりも大幅に減らすと、その国の産業に必要なものが充足できなくなり、国富を維持できないと主張されるかもしれない。このような反論は、我々がよく把握している困難の一例である。周知のように、科学的進歩と発明は、過去一世紀のあいだに労働効率を著しく増大させた。農業においてさえ、労働による収穫は大幅に増加した。もし農家が今でも獲得できるわずかな知識を入手すれば、イングランド程度の人口密度の国で消費される全農産物を国内で生産できるであろうし、それには現在必要とされているよりずっと少ない労働で十分であろう。綿工場を例にとろう。機械を製造し、稼働させる費用を考慮する必要があるが、機械があれば、それを使うことで、手で行う場合の三〇〇〇倍以上の速度で糸を紡ぐことができる。このような数字を目にした上で、もし我々の日々の労働時間が半分になったら世界の資源が不足するとか、我々の祖先が十分な生活の糧《サブシスタンス》を獲得していたなどと信じることができるだろうか。蒸気機関が発明される以前に暮らし、栄えていた人々について、我々が聞かされてきた説明は、神話にすぎないという結論に追いやられるべきではないと言えるだろうか。しかし、さらに考えると、我々の新しい社会から唯一締め出される労働は、精神の成長を阻害し、人々が古く狭隘な思想と感情の習慣から抜け出すことを妨げ、より多くの知識、より高尚な嗜好、そしてより包括的な関心を獲得することを妨げていた労働のみである。今日、怠惰の原因となっているのは、ほとんどがそのような阻害である。そのような阻害を取り除き、労働を適切に活かせば、精力的に能力を行使することがすべての人にとって主目的となるであろう。人口一人あたり行われる労働の総量は、現在よりも多くなるであろう。

しかし物質的富の増加に直接ささげられるのはそのごく一部であり、はるかに多くの労働は、この目的のために間接的に役立つであろう。知識は力なり、である。そして人間は知識を獲得するであろう。発明は増加し、容易に応用されるであろう。すべての労働は熟練労働となり、熟練を必要としない仕事に就かせることに対しては、何のプレミアムも存在しないであろう。自然の力を人間の役に立つように活かす仕事は、現在とは比較にならないほど増えるであろう。人間の筋力と自然の諸力とのあいだで雇用を求める競争においては、勝利は後者のものとなるであろう。この競争は長きにわたって維持されてきたが、その理由は、自然と戦うことにのみ適した単なる筋力の供給が有り余っていたのに対し、自然を管理するのに適した技能の供給は非常に稀少であったためである。我々が今日もっている不完全な機械でさえ、一〔重量〕ポンドの石炭で、一〇〇ポンドの重量を一万二〇〇〇フィートも持ち上げることができることを想起されたい。一人の人間が泥まみれになって丸一日働いても、必死に引いたり押したり、切ったり叩いたりしても、機械には敵わないことを想起されたい。通常の潮の干満によって水が一平方マイルの貯水池に入ったり出たりするのであるが、機械の出来が悪いためにその力の一〇分の九は無駄になってしまうとしても、それは一日に一〇万人の人間の筋肉労働に匹敵する仕事をすることを想起されたい。

しかし、第二に、労働時間の短縮はその国の外国貿易を破滅させると言われるかもしれない。最近でさえ、そのような学説が公人の発言によって支持されるかもしれない。しかしそれは間違った考えである。それは、いやしくもこの主題について考えたことのある人なら否定することなど思いもよらない命題――ユークリッド幾何学と同じくらい定着し、厳密に証明されている命題――と矛盾する。その命題とは、低賃金は、すべての職業で共通であるならば、ある国が他国よりも安売りすることを可能にするものではない、というものである。高賃金や短時間労働も、すべての産業に共通であれば、〔それが原因で〕ある国が〔他国から〕安売りにあうこともあり得ない。ただし、それらがいくつかの産業に限定されている場合には、もちろん、特定の産業で安売りにあうことはある。

しかしながら、高賃金や短時間労働は、ある種の危険を招くかもしれない。もしそれによって利潤率が低下するならば、資本は流出しかねない。しかし、我々が描いている国は、そのような危険には特に耐性がある。まず、そうした国の労働者は高度な技能をもっている。一日の労働時間を所与とすると、高度な技能をもった労働者を確保するためであれば、資本家はほとんどどんな賃金でも支払うということは、イングランドおよび全世界の製造業の進歩の歴史が証明している。しかしそのような労働者は、一部にはその熟練ゆえに、また一部にはその熟練の結果、一般に、一労働日にあまり長時間働くことはない。そして疲れを知らない機械が稼働していない時間中、資本家は損失を被っているのである。我々の社会においては、労働時間は非常に短くすべきではあるが、機械の稼働時間も同様に短くしなければならないということはない。「シフト制」の労働制度を全面的に採用する上で存在している障害は、労働者の無知蒙昧な身勝手さによる部分もあれば、不注意でいいかげんな機械の扱いによる部分もあるが、一番大きな問題は、現在の労働時間では、非常に朝早くから仕事を始めなければならないシフト、非常に夜遅くまで仕事をしなければならないシフトが存在しているという事実にある。しかし、我々の新しい社会においてはそのような障害は存在しないであろう。一般に、一人の人間が一日に六時間以上、肉体労働を行うことはないであろう。したがって、ある人は午前六時から九時半までと、午後二時から四時半まで、別の人は午前一〇時から午後一時半までと、午後五時から七時半まで、といった具合になるであろう。きつい仕事の場合は、三組の労働者がそれぞれ四時間ずつ働くことも考えられる。というのは、教養ある人間は、報酬がいくらであれ、頭がぼんやりするほど長時間、疲労の大きい肉体労働を続けることに同意すると想定してはならないからである。彼の過酷な労働に対しては高い報酬が支払われるであろう。必要であれば、軽い労働を数時間追加することで所得を増やそうとするかもしれない。

しかし、我々の架空の国から資本が流出することはないと思われる、いま一つの特別な理由がある。すべての産業は、資本家に雇われてその下で働く労働者とともに、部分的には資本家によっても指揮されている。しかし、多くの産業では、ミル夫妻が予言したように、生産は主として「労働者たちのあいだで、平等な条件で、作業を続けるための資本を共同所有し、彼ら自身が選出し罷免権をもつ支配人の下で働く協同《アソシエイション》」によって遂行されていることであろう。そのような協同はこれまでも試みられてきたが、滅多に成功しなかったと言われるであろう。しかし、実際にはそういった試みがなされたことはないのである。実際に試みられたのは、相対的に言えば、教養のない人々のあいだにおける協同であって、広範囲に及ぶ複雑な事業に必要な財務上の計算さえできない人々の協同であった。試みるべきなのは、今日の製造業者と同じくらい高度に教育を受けた人々のあいだの協同である。そのような協同がうまくいかないということはあり得ないであろう。そして、そうした協同に属する資本が流出するという危険はないであろう。

また、我々がずっと想定してきたような高水準の教育を維持することは不可能である、という反論が出されるかもしれない。子供に対する義務を顧みない両親もいると言われるかもしれない。未熟練労働者階級が再び成長し、苦しい仕事を得るために競争し、賃金をもっと稼いで肉体的享楽に耽るためには自らの文化的手段を犠牲にすることも厭わないかもしれない。先のことを考えずに結婚し、〔子供ができて〕頭数《ポピュレイション》が増えると生活手段を圧迫し、高い教育を与えることはますます困難となり、社会は現在とあまり変わらない状態――結婚前に子供の肉体的・精神的養育に必要なものを予測する義務をまったく無視し、それによって、自然の痛ましくも容赦のない手が、惨めな大人に成長する前に幼い命を奪ってしまう状態《スィン・アウト》〔一九世紀前半のイギリスの工業都市における幼児死亡率は五〇パーセントを超えていたとも言われている。〕――になるまで退化するであろう。これは最も恐るべき危険ではあるが、しかしこのような危険でさえ、見かけほど大きなものではない。教養ある人間は、子供に対する義務について高い意識をもっているだけでなく、もし彼が失敗すれば被るであろう社会的零落についても非常に敏感である。社会もまた、そのような失敗の社会的危険について著しく敏感になり、国家に対する反逆罪の一つとして罰するであろう。教育は間違いなく維持されるであろう。すべての人間は、結婚する前に、家族をきちんと教育するための費用を準備するであろう。この支出を逃れようとしても、できないであろう。それゆえ、人口は適切な範囲内にとどまるであろう。我々が描いた国の持続的かつ漸進的な繁栄のために必要な条件はすべて満たされるであろう。富は物質的にも精神的にも成長するであろう。精力的な知的能力は継続的活動を伴う。最良の意味における労働、すなわち健康で精力的な能力の行使は、人生の目的であり、人生そのものである。そしてこの意味では、すべての人間が現在よりも完全な労働者になるであろう。しかし人々はもはや、より高次の活力を鈍らせてしまうほど肉体労働を続けることはしないであろう。生活を破壊するような悪い意味での労働は誤りとみなされるであろう。人々の活力は持続的に増大し、世代を重ねるごとに、すべての人が職業においては紳士であるということがより完璧にあてはまるようになるであろう。

一国におけるそのような社会状態は、ひとたび達成されると、ずっと維持されるであろう。そのような国は、他のいかなる国にもまして、活力が完全に満たされる条件を備えている。すると、そのような条件の達成に向けた動きはどれも、活力を備えていると考えるのが妥当ではなかろうか。周囲を見渡すと、我々はそのような達成に向けてゆっくりとではあっても、着実に動いているのがわかるであろう。すべての社会階層が向上しつつある。全体として、彼らは先祖よりも優れており、洗練されている。彼らは熱意において劣ることなく、より強固な忍耐力を備えている。一世代前の大衆暴動を伴った無知な犯罪についての記録を読み、それから今日の人々が願望を表明する秩序ある会合を見るがよい。我々イギリス国民はこれまでも道徳力《モラル・ストレンクス》の一般的基礎を決して欠いてはいなかったが、今日では、教育の手助けによって、その道徳力は新たな息吹を吹き込まれた。綿花飢饉〔アメリカ南北戦争の際、南部からイギリスへの綿花の輸出が激減したことで、ランカシャーの綿業は大きな打撃を受けた。〕の際のランカシャーの職人たちの高邁な行為を見るがよい。昔の無知な時代であったなら、不可避の事態に対して暴力闘争に出たことであろう。しかし今日では、知識が彼らを抑制し、彼らは静かな節操をもってそれに耐えたのである。いやそればかりではない。〔アメリカ南北戦争の〕北軍は彼らの生計の手段である綿花を破壊していたが、奴隷制反対の闘争に対する彼らの忠誠は堅く、決して怯まなかった。彼らがリンカーン大統領に送った共感の呼びかけに対する大統領の返答をきいてもらいたい。「現在のような状況下にあって、この問題に対する諸君の断固とした発言は、歴史上、類を見ない崇高で称賛に値する英雄的行為の一例であるとみなさざるを得ない」。

そんなわけで、世界中のあらゆる時代において、人々は、地域的・部分的退化について語る刺激的な物語を楽しんできた。しかし、もし歴史の広範な事実に目を向けるならば、我々は進歩を見出す。職人の進歩については、いかにすべての人が成長しつつあるか、中でも若干の人々は、いかに言葉の真の意味で紳士になりつつあるか、すでに述べてきたところである。中にはこれを、男性向けの服飾商や仕立て屋の安っぽい勝利を見せつけるため、めかしこんで歩き回る機械になるのが関の山だと受け止める者も、わずかながらいるかもしれない。しかし、多くの職人は、その技巧の称賛に対して、誇らしい関心をもつ芸術家になりつつある。彼らは真の市民であり、礼儀正しく温厚で思慮深く、有能で自立した人間である。より無学な労働者にしても、飲酒や粗野な道楽にふける彼らの習慣についてなされる説明を相殺する何かがある。そのような習慣は、少し前までは地方の大地主のあいだにもよく見られたものである。しかし地方の大地主は、自らの内により良いものの種を内包しており、新しい時代がより広くてより高等な興味を喚起したとき、彼らは古ぼけた狭隘な関心を捨て去ったのである。我々の炭鉱作業員たちでさえ、同じことを行いつつある。情報に通じた公平な人々による一連の報告書が示すところによると、全体として、彼らの欠点は減少し、その美徳は向上している。最近の議会の委員会は、さらなる改善の堅固な基礎が住居の改善に負うところがいかに大きいか、また彼らが自分の家庭に誇りをもちそれを愛することをいかに学びつつあるか、を示している。

では、我々の進歩の速度にはいかなる限界が存在するだろうか。我々の妨げとなるのはどのようなものであろうか。歴史が示すところでは、単純な作業の積み重ねによって、素晴らしい大建造物を短期間に建設することができる。二世紀前、イングランドは製造品と引き換えに原材料を輸出していた。イングランドには機械に関する技術がなく、工学上の困難を克服するために外国人を次々と招き入れた。一世紀前には、スコットランドの低地地方の農業は、ヨーロッパのどの地域にもまして絶望的にひどい状況であるように思われたが、今日では世界の模範《モデル・スクール》となっている。中世においてヨーロッパ全土を啓蒙した輝かしい芸術の繁栄は、主にイタリアやオランダの交易都市の粗野で教養のない人々から発生したのである。だとすれば、我々の労働者階級がもっている活力が、ひとたび正しい方向に向けられたとき、急速かつ目覚ましい進歩をもたらさないと、どうして言えようか。

悲しいことに、一つの大きな障害がある。我々の増加した知識を活用する最初の用途の一つは、当然ながら、大勢の人々を病気や欠乏から救い出すことである。ほんの数年前までは、そのために多くの人々が命を落としていた。知識の向上の結果、人口は急速に増加しつつある。すべての父親は、子供に対して自分よりもより多くのものを与え、より幸福でより良い人生を用意してやる義務を負うという真実は、いまだ理解されていない。彼らの言葉を借りるならば、「ぞんざいに《エニハウ》」育てられてきた人々は、自分たちの子供も「どうにかして《エニハウ》」育つことで満足してしまう。こうして、雇われるために差し出せるものとしては自分の手以外に何もなく、それを出し惜しみせずに差し出してしまう未熟練労働者の絶え間ない供給が維持されるのである。食糧を求める競争が進歩のすぐあとに迫り、ひっきりなしに進歩の邪魔をする。最初の最も困難な第一歩は、こうした競争から解放されることである。それは困難ではあるが、不可能ではない。我々が自分たちの水準を向上させることをせずに、労働者に向かって水準の向上を呼び掛けても無駄であろう。我々を笑うかにらみつけるのが関の山である。しかしすべての人間に同じ基準をあてはめることにしよう。次のような行動原理を我々すべてにあてはめよう。すなわち、貨幣を借りた人は利子をつけて返済しなければならないのと同様に、人は自分の子供に、自分が受けたよりも良い教育、より徹底的な教育を与えなければならない、という原理である。人はこれを行う義務を負う。多くの人々は、しなければならないことよりもさらに多くのことを行うものと期待してもよいであろう。

　社会がしなければならないこととは何であろうか。いかなる子供も無教育なまま大人になったり、人間扱いされず生産を行う機械としか見なされないということがないように、配慮しなければならない。このような子供は思考力、嗜好、感受性、関心、目的、いずれをとっても、またある程度まではおそらく徳においても低俗で劣っており、あらゆる面で隣人を堕落させる。〔社会は〕子供たちが向上への第一歩を歩むことを強制し、また手助けしなければならない。そして彼らが望むならば、向上への多くのステップを進めることを手助けしなければならない。人間の知性の成長、その精神的修養が人生の目標であり、物質的富、家屋や馬、カーペット、フランス流の料理場などは単なる手段にすぎないとすれば、国民の教育のための一時的な金銭上の損失に反対などできるだろうか。

子供たちを学校に通うよう強制できないならば、その大多数を、野蛮で堕落せざるをえないような無学な人生から抜け出させてやることもできないのはきわめて明白である。教育委員会だけが、両親が教育を拒んでいる子供たちをこのような破滅から救うことができることは否定できない。少なくとも我々の街には有志の人々だけでは到底手に負えないほどの多くの子供たちがいることも否定できない。聖書の教えを実践することに非常に熱心であるにもかかわらず、電信に資本を投資して成功した国家が人間に資本を投資することには難色を示す人々が国中至る所にいるのには驚きである。彼らはほんのわずかな金額を「向う見ずに使わないように」強く戒めがちな人々である。そのような人々には、一貫性を保つために、削除修正版の聖書を教えることをすすめたい。物質的富は人間の教養や内面的精神生活の育成に比べれば重要ではない、と書いてあるページをすべて聖書から破り捨てたらよかろう。そうすれば大変な仕事もなくなり、教えなければならないページもぐっと減るであろう。

しかし実のところ、公私の活動によって人々の文化水準を向上させるのに全力を注ぐような国は、精神的幸福だけでなく、物質的幸福も得られることであろう。一般に、教育を受けた人間とそうでない人間とでは、労働の価値の差は、教育費の差に比べて何倍も大きい。血統の良い馬とそうでない馬の行う仕事の価値の差が、それを育てる費用の差よりもはるかに大きければ、血統の良い馬がそうでない馬を駆逐することには何の疑いもない。しかし、個人では、子供を教育することから得られる利益、また、教育を受けた労働者の集団が無学な労働者の集団に取って代わる方向への一歩を踏み出す利益のすべてを受け取ることはできない。ところが、もし国家がこれに取り組むならば、その利益を得られるであろう。もし我々すべてが一緒にこれに取り組むならば、皆が一緒に利益を得られるであろう。我々が描いてきた状況――達成は困難でも、維持は容易な状況であり、すべての人間の精力と活動が十分に発展した状況であり、人々が今日よりもたくさん働く状況――を達成する上での障害はすべて取り除かれるであろう。古き良き言葉を借りるならば、彼らの行う労働のほとんどは、好きで行う労働となるであろう。報酬のために行うかどうかは問わず、その能力を訓練し育成するものとなろう。人間のより高尚な資質を自由に育てる機会をほとんど残さないような過酷な肉体労働、これだけはなくなるであろう。労働者階級がそのような度を超えた労働を強制される人々であるとすれば、労働者階級というものは廃止されていることであろう。

## 注

(1) 一八七三年一一月二五日にケンブリッジ大学の「リフォーム・クラブ」の懇談会で朗読され、その後まもなく私的回覧のために印刷された論文。若気の至りで楽観的すぎるところもあるが、修正や変更は一切加えずに再録した。その中の少数の節については、現在も刊行中の拙著に含まれている(一九二三年頃の手書原稿の脚注)。

# 第四章　公正な賃金(1)――一八八七年

ここでは「報酬《リミュネレイション》」という言葉を広義に用い、ある職業で支払われる貨幣だけでなく、その純利益全体に相当する貨幣を含めるものとする。完全に公正《フェア》な報酬というのは非現実的なユートピアであるが、それはどの程度まで想像できることか、またどの程度まで達成可能かを、社会主義者とともに解明しようという試みには、学ぶべきことがたくさんある。しかし実際には、社会主義者の計画は、それがいやしくも現実的な主張であれば、どれも妥協を伴っていることは明らかである。彼らも、現行の体制と比べて物質的報酬への依存を減らし、義務感への依存を高めようとはするが、勤勉な活動を引き出すインセンティブとしての物質的報酬を完全になくそうとまではしない。しかし、この妥協ゆえに、そのような計画を、論理的に考え抜かれた完全に公正な報酬と主張することはできない。

それゆえ、公正さは完全なものではあり得ず、程度の問題にならざるを得ない。楽しい空想にすぎないような目的のためにすら、我々は富の分配における公平《エクイティ》の観念を慎重に定義しなければならない。それには産業の方法、生活習慣、実現可能な理想を発見しようとしている人々の性格を考慮する必要がある。そして我々が実施案を構築する際には、さらに多くのことを考えなければならない。激しい衝動、闘争本能、生まれつきの身勝手さ、こういったものによる人々の対立の興奮があっても受け入れられるように、問題の実情にあわせて調整しなければならない。

これらの厳しい制約のもとで、「公正な賃金」について何か有用な定義が存在する余地があるかどうか自体、一つの問題であるかもしれない。しかしこの言葉はいつも実業界で用いられているし、雇用主も被雇用者もしばしば口にする。そしてほとんどの場合、よく使われる言葉には実質的な意味がある。もっとも、それを言い表すのは困難なこともあるが。この言葉を使う人々は、その内容を説明するよう迫られると、しばしば、吟味に耐えられないような説明をする。しかし内容をしばらく議論した後には、彼らの心の中に潜んでいた意味が浮かび上がってくる。「公正な一日の仕事に対しては公正な一日分の賃金」が支払われるべきであるという観念の基礎には、誰であれ、住んでいる地域における職種の標準的な能率の水準を満たしており、誠実に努力している人であれば、その職種や地域における相場に見合った支払いを受けるべきである、という考え方がある。それによって彼は階層に見合った生活水準を維持できる。そしてさらに、公正についての一般的な観念は、この賃金がしぶらずに支払われるべきであること、賃金を獲得するための闘争に時間をとられるべきでないこと、そして間接的な方法で絶えず賃金を下げようとする試みに悩まされるべきでないこと、を要求する。この原則は、環境の変化によって賃金をいずれかの方向に変化させる必要があると認められる場合には修正される。またこの原則は、慣例的な賃金があまりにも低く、それでは健康な生活を維持できないような針仕事の女性にはあてはまらないかもしれない。しかしこの原則は、通常の生活においては概ね受け入れられており、これに沿った行動がとられている。

例えば、大工が小屋《ボックス》を建てる場合、あるいは測量技師が土地の図面を作成する場合、もし彼が事前の交渉をせずに、我々の無知につけ込んで彼らがもっている何らかの優位性を利用して利益を得ようとしないならば、すなわち、もし彼がその業界に通じている人に対して請求できると期待する価格に近い価格を我々に請求するならば、彼の行為は公正であるとみなされる。ここで我々は、大工の労働のどれだけ分が、測量技師の労働一時間分と同じ支払いを受けるべきであるかについて、絶対的な公正の基準に照らして決めようとしているのではない。両者の通常の時給には大きな差があるが、我々は、そのような大きな不平等を許容する社会システムが望み得る最善のものであるか否かを問題にしているわけでもない。現行の社会システムをあるがままに受け止め、その上で、我々が論じている人々が、制度がうまく機能するようにその役割を果たしているかどうかを知りたいのである。

測量技師の平均的な報酬は、一方では測量技師の仕事に対する需要によって制約されるが、それは主にその仕事に必要とされる知識と技能を習得する難しさとそれにかかる費用によって決まる。十分な人数の人々に、測量技師になりたいと思わせるのに必要な収入が、測量技師の稼得として「正常な」水準である。この正常な水準には、それが絶対的に正しい水準であると言い切れる資格《クレイム》はない。それは特定の時と場所におけるものごとの状況に照らした相対的なものである。

十分な素質をもつ人々全員に、より地位の高い業種に必要とされる訓練を受ける機会を与えるといった、現行の社会制度に対するほんのわずかな簡単な改良によってさえ、大工と測量技師の正常な稼得の格差ははるかに小さくなるであろう。しかし現状をあるがままに認識しなければならない。現状では、どの業種においても、その仕事の価値について目が利く人から安定して雇用を得ることを期待できる価格が、よく見かける正常水準である。相場を知らず、わざわざ値切る手間をかけない顧客に対しても、つねにこれに近い価格を請求する測量技師や大工は、公正に商売をしているといえる。

同様に、公正な雇用主は、大工に対する支払いを取り決める際、値切ろうとしたり間接的な優位を活用しようとせず、ともあれ通常の状況では、その大工の仕事に対する「正常」な報酬であると考えている額を、すなわち、もしその大工が彼のために働くことを拒否するならば、同等の質の同じ量の仕事に対して結局は支払わなければならないと予想する金額を、すぐに提示する。他方、もし雇用主が自分の会社を有能で精力的な経営によってではなく、労働者に対して競合他社よりも安い賃金を支払うことによって利益を上げようとするならば、そのやり方は公正ではない。また、もし雇用主が個々の労働者の困窮につけ込んだり、労働者がおそらく他所で行われていることを知らないことを利用したり、いろいろな場面で労働者を騙し、それによって同業他社が全額を素直に支払うことを困難にするならば、そのやり方は公正ではない。悪質な雇用主がこのような不公正をはたらくからこそ、労働組合が必要となり、またそれに力を与えるのである。悪質な雇用主が存在しなければ、労働組合の最も有能なメンバーの多くは、組織をすっかり廃止してしまうことはないにせよ、精神における最も闘争的な面を出さずに済ませられることを嬉しく思うであろう。実際は、彼らは自他に大きな犠牲を払いながらも、全体としては、個々の雇用主が不公正な形で個々の労働者の弱みにつけ込むことをかなりよく阻止できている。

ここで我々はもっぱら狭い意味での「公正」という言葉にのみ関心をもっているが、仕事に対する公正な支払いについての我々の探求の出発点は、思い出せる限りでの――あるいはもしその業種が近年、様変わりしたというのであれば、もっと短い期間に――支払われた賃金の平均水準に見出されるかもしれない。しかしこの平均水準を見つけることはしばしば非常に困難である。それゆえ実際上は、その代わりとして、その業種が正常状態にあったと一般に同意が得られる年度に実際に支払われた水準をとるのが最善である。こうすれば、ほぼ同じ結果が得られるし、より明確で論争も招きにくい。そこで出発点として、そのとき〔賃金が〕公正水準であった、あるいは経済学の用語を使うなら、正常水準であったと仮定する。すなわち、同等の困難と不快さを備え、同等の才能と、同等の費用のかかる訓練を必要とする他の業種の仕事に対する平均的な支払い水準と同じくらいであったと仮定する。この年をその業種における正常な年と認めるならば、その業種におけるその年の利潤もまた正常であったと認めることを意味する。能力の差、あるいは運不運の差により、非常に高い利潤を獲得した雇用主もいれば、資本を失いつつある雇用主もいたかもしれない。しかし平均すれば、このような標準的な年においては、彼らの純収入から支払われる資本に対する利子や会社を経営する自らの労働に対する稼得は、同等の困難と不快さを備え、同等の才能と、同等の費用のかかる訓練を必要とする他の業種の仕事と同じくらいの水準になると考えられる。

## 1　一般的な経済状態が急速に変化している時期の諸問題

もちろん、事業《トレイド》の方向性が変わればこの出発点にも大きな変更《ディパーチャー》が必要となるかもしれない。数多くの異なる種類の変化がある。漸進的に、長い時間をかけて一つの方向にゆっくりと作用する変化もある。例えば、新興産業では、本質的には同等の困難を備えた他の業種に比べ、最初はより高い正常賃金が支払われる。新興産業の仕事はなじみがないため困難である。次第によく知られるようになるにつれ、非常に多くの人がその業種のために育成され、その賃金はより低い水準にゆっくりと低下していく。あるいは機械の改良によって、仕事がよりスムーズになり、手がかからなくなると、表向きは同じ仕事でも要求される負担は小さくなり、――同じ緊張を伴う仕事に対する支払いは同じであるか、上昇する場合もあるが――名目賃金は低下するかもしれない。また、貴金属供給の変化の結果、あるいは銀行業や一般企業の仕事の量や性格の漸進的変化の結果、貨幣の一般購買力の平均水準がゆるやかに上昇あるいは下落しているかもしれない。これらはすべてゆるやかな変化である。事例の事実関係については議論があるかもしれないが、ひとたびはっきりと確認されたなら、進む方向は一般に明らかである。他の人々が貧しいのに、一握りの人々が裕福でいる権利については様々な疑問があろうが、それらはさておき、こうした変化を十分に反映することが「公正」である。なぜなら、それらには非常に強力な自然の力が働いており、それらに長期間にわたって逆らい続けることはできないからである。そしてより厳しい取引の結合手段――雇用主と被雇用者のあいだの、あるいはその両者と商品の買い手とのあいだの公然の、あるいは秘められた闘争を伴う手段――に訴えない限り、短期的にすら抵抗を続けることはできない。他の戦争と同様、産業上の戦争も、大きな浪費を伴うものであり、勝者に何かしらの利益がもたらされるとしても、それは敗者が失うものよりもはるかに小さいのである。それゆえ、抵抗しがたい変化に反対して戦争という手段をとる側は、一般に、無分別であるだけでなく、不公正でもある。

しかしながら、ある傾向がどれほど抗しがたいものであるか、また、現在ある方向に作用している原因が反対方向に作用している他の原因によってどこまで圧倒されるようになるかを知ることは、しばしば困難である。事業のリスクを引き受けることは雇用主の仕事の一部であるという前提のため、短期間しか続かないかもしれない経営状況の改善の利益を労働者《メン》に対してどれだけ速やかに、そしてどの程度まで譲ることが公正であるかを知ることは非常に困難である。また、一時的にすぎないかもしれない経営状況の悪化に対応するため、どれだけ速やかに、そしてどの程度まで、労働者に賃金の切り下げを要求することが公正であるかを知ることは非常に困難である。

通常は、商品に対する需要が改善すれば、そこから得られる最初の利益は雇用主のものである。しかし彼らは価格が高いあいだに産出量を増やすことを望み、高い利潤を得られるうちに得ようとする。それゆえ彼らはまもなく追加の労働を求めて互いに競争をはじめる。このことは賃金を引き上げ、利益のいくらかを被雇用者に譲り渡す傾向がある。こうした移転が完全に中断されることはめったにないが、雇用主が結託することによって遅らせられるかもしれないし、被雇用者の共同作戦によって早められるかもしれない。一般に、そのようなケースでは雇用主は、彼らの新しい利潤の大部分を、被雇用者が必然的に浪費を伴う戦闘的な手段で奪おうと実力行使に出る前に、より高い賃金として支給するのが公正というものであろう。〔公正に反するやり方は〕たとえ一時的には成功したとしても、争いの精神に火をつけ、追加的な労働供給がその産業に流入する妨げとなるであろう。利潤の一部を被雇用者に差し出すことを拒否することから得られる純利益はおそらく小さなものであるが、被雇用者にとっての純損失は大となるであろう。〔雇用主の〕そのようなやり方は不公正であろう。公正さは被雇用者の側にも同様の節度を要求する。もし彼らが、雇用主が最高の収穫を期待できる時期に、雇用主にごくわずかの利潤しか残さないほど高い賃金を要求するならば、資本家たちはそのような産業への参入を思いとどまるであろう。すでにその産業に従事している人々でさえ、不況の最初の波が到来すると、倒産はしないまでも、業績が悪化しはじめれば、多くは撤退するであろう。そうなると労働者たちは仕事を見つけるのが困難となり、最初はうまくいったとしても、おそらく、行き過ぎた要求によって獲得したすべてのものよりも多くのものを失うことになるであろう。被雇用者の純利益は――あるとしても――ごくわずかであり、純損失はきわめて大きなものとなる。彼らの要求は不公正なのである。

景気が悪化したとき、最初の損失は雇用主に降りかかる。一般に、物価は賃金が上がる前に上昇し、賃金が下がる前に下落する。双方の義務は逆になる。被雇用者は、雇用主が譲歩を求めて闘争しなくても済むように、〔賃下げを受け入れる形で〕若干の譲歩をすることが公正である。そして雇用者が要求してよいのはどうしても必要な賃下げだけであり、それ以外の理由で被雇用者を苦しめその多くを仕事から放りだしてしまうような大幅な賃下げは不公正である。なぜなら、そのような極端な要求は、一時的にうまくいった場合でさえ、被雇用者に与える純損失に比べれば、きわめてわずかな純利益しかもたらさないからである。

ときには戦術的理由から、いずれかの側が、得られると期待しているよりも多くのものを最初に要求することもあるだろう。しかし、これは抑圧された産業上の戦争状態においては不可避であるかもしれないが、共通の利益を損なうものである。戦争においてはあらゆることが公正であるとでも言うのであればともかく、これは産業平和の観点からすれば不公正である。

そのような観点からすれば、違反すれば重い罰則を適用する条件で重要な時間契約を結んだ矢先に、被雇用者が雇用主に賃上げを要求するのは不公正である。雇用者が、被雇用者が非正規の雇用しか得られず、お金に困っている事実につけ込んで、必要以上に安い賃金で働かせる手段としてこれを利用することは不公正である。

これらは不公正な事例の典型である。他にも卑劣な行為がたくさん存在し、最高の基準の利他心にしたがって行動する雇用主であれば避けられるその他の行為が存在する。しかし、これらについては今ここで直接扱うことはしない。いま目の前にある問題は、雇用主と被雇用者のあいだの友好的で正直な関係が、どの程度まで、産業上の戦争の主な原因である不公正な取引、およびその疑惑のある取引を取り除くことができるかという狭く限られた問いである。

## 2　調停委員会

最善の方法は調停である。雇用者と被雇用者の代表者が全面的に率直な態度で時々会合を開く。自分勝手な議論の類はすべて避け、いずれの側も相手の立場に立って考え、そのような観点からみて理不尽と思われる要求をしないように注意する。

彼らには二種類の課題がある。第一に、彼らはいわば水平的に考え《ムーブ》る。すなわち、彼らは異なる種類の仕事を同じ時点で比較する。鉱業においては、異なる種類の石炭に対して、また同じ石炭の異なる炭層に対してさえ、異なった〔賃金〕水準が定められなければならない。他方、業種によっては、例えばメリヤス業では、多くの種類の仕事に対して価格の合意が必要となる。中でも最も複雑な問題は、製造業者によって設備の状態が異なる場合がしばしばあり、この違いについても配慮が必要となるケースである。最新の改良をすべて反映している工場において公正な〔賃金〕水準は、旧式の機械しかなく、整備のよくない工場においては公正でないかもしれない。これらの細部の事情は複雑ではあるが、しかし、価格をこのように水平的に平等化するのは比較的容易である。双方が率直で温和な気質を備えていれば、しばしば驚くほど早く合意が得られる。標準的な仕事の対価――日払いであれ出来高払いであれ――を標準的水準の上下に動かす必要がある場合、そして計算が水平的にではなく垂直的に行われねばならない場合には、困難ははるかに大きい。

労働者の賃金が通常水準よりも一時的に高くなることの恩恵は、同じだけ通常水準よりも下がることから被る損害に比べれば小さいため、賃金の変動幅は、雇用主の全体としての利潤の変動よりも小さくなければならない。しかし専門化した労働者とそうでない労働者とである程度差をつけた方がよいかもしれない。鉱山の経営状況が悪化したとき、熟練炭鉱作業員は大きな損失を被らずに他の仕事に転職することはできない。また、炭鉱作業員の仕事に大きな需要があるときでも、彼らの数を急に増やすことはできない。地上で働く労働者や他の人々に比べ、彼らの運命は鉱業と深く結びついている。それゆえ、地下で働く労働者の賃金が、「地上で働く労働者《サーフェス・メン》」の賃金に比べて、鉱業の〔業績の〕変動により密接に連動することは、健全な原理にも合致する。次に、勤め先の企業の幸運や不運を労働者に負担させることは、そうするという特別な契約をしているのでない限り、公正ではない。利潤を分配する協定は、うまくいっているときには関係者すべてにとって利益となる。しかしそのような協定を結ぶことは困難であるし、それを維持することはさらに困難である。それには雇用主と被雇用者のあいだに、お互いに対する十分な知識と強い信頼が必要である。それらは本質的に個別に議論すべき事柄であって、通例、非常に広い範囲の問題を扱わねばならない調停委員会が管理すべき問題ではない。

一般的に言えば、調停委員会は個々の雇用主の利潤には無関係である。しかし全体としての雇用主の利潤には大いに関係がある。なぜなら、それはその産業の繁栄と困窮を測る主な尺度だからである。双方に十分な信頼関係がある場合には、利潤の大まかな使い道を被雇用者に説明することも可能であるかもしれない。しかしながら、せいぜいできることは、彼らによって任命された保険数理士《アクチュアリィ》にその企業の関連する帳簿を調べさせ、財が売れた平均価格を、また場合によってはその他いくつかの一般的な事実を確かめさせるくらいである。もちろん、これにより得られた他の知識については秘密を厳守するという約束のもとで、である。これらの結果は保険数理士から委員会に伝えられ、賃金の調停の基礎とされる。なぜなら、それらは同程度に明確で利用しやすい他のどんな資料よりも、雇用主と被雇用者のあいだで分け合うことのできる共通の純基金の総額を示しているからである。

ある会合で合意された協定が、短期的なものとして意図されており、産業を取り巻く状況が変化した際にはただちに改訂されるよう意図されている場合には、細部の扱いはかなり自由にできるかもしれない。多くのことがある程度、一般的な印象によって決定されるかもしれない。明確な数値データから厳密な演算プロセスによって計算する必要はない。雇用主や被雇用者、あるいはその集団を著しく圧迫するような特殊事情に配慮されるかもしれない。とりわけ、不規則な雇用と低賃金が被雇用者とその家族に大きな苦痛を与えている場合には、雇用主は、進んで積立金に手をつけ、現行の物価に照らしてもし永続的な協定の基礎として採用されればやがて雇用主を破産させかねないような賃金であっても、しばらくは許容するかもしれない。会合が頻繁に開かれ、率直かつ思いやりをもってすすめられるなら、将来のことはわからないにしても、何の不安も生じないかもしれない。必要な状況になればいつでも、相手方から公正な譲歩が行われることを双方が知っていることは、その変更がどのようなものであるかを知っているのと同じくらい、望ましいことである。そしてこの計画は、対抗馬である「〔賃金〕スライド制《スライディング・スケイル》」——物価が上下に変動した場合、賃金が連動して一定幅で上下することをあらかじめ決めておく制度——と比べて融通が利くのが大きな利点である。

これらの利点は、委員会が対象としている地域が狭い場合には非常に重要である。なぜなら、その場合、会合を頻繁に行っても大きな費用はかからないし、時間の損失もないからである。代表者たちは、状況の変化に対して地域の人々がどう考えているかをすぐに確かめることができる。しかし、委員会が対象としている地域が非常に広い場合には、一般的な規則に基づいて進めざるを得ない。代表者たちは、率直かつ公正に振る舞う権限は与えられているが、気前よく振る舞う権限まで与えられていることは滅多にない。それゆえ、委員会の会合を頻繁に開いて融通が利くようになったところで、大して役には立たないであろう。我々の現在の社会状況のもとでは、広範な地域にわたる価格表を定めるには、よく練られた〔賃金〕スライド制が達成可能な最善の手段であるように思われる。

例えば石炭鉱業のような若干の産業においては、原材料に対する支出はきわめて小さく、雇用主の流動資本のほとんどは、賃金と、おそらくは石炭の埋蔵されている地層の土地所有者への「鉱山使用料《ロイヤリティズ》」に費やされる。したがって、生産物価格は、その産業の繁栄を表す単純で最良の指標である。それゆえ炭鉱業における賃金を、ある固定額に石炭価格の一定割合を上乗せした水準に定めることは、通常行われているし、申し分のないやり方でもある。雇用主の利潤ないしは純収入は、当然ながらその総収入よりも変動が大きい。それらは概して、石炭価格に連動して変化する。それゆえ、この計画は、利潤が増えるときには賃金も上がり、利潤が減るときには賃金も下がることを保証しているし、また保証すべきである。しかし賃金の変動幅はより小さく、上がる場合は利潤ほどは上がらないし、下がる場合も利潤ほどは下がらない。製鉄業では原料費の比重が大きく、おそらくその〔賃金〕スライド制の最も単純なやり方は、ある品質の鉄一トンの価格がその製造に使われる石炭と鉄鉱石の価格の合計を上回る額に基づいて定める、という方法であろう。ただ石炭や鉄鉱石の価格はしばしば鉄の価格と非常によく似た動きをするので、単純に鉄だけの価格に基づくスライド制計画も悪くはないであろう。しかし繊維産業やその他いくつかの産業においては、原材料の価格は、アメリカやオーストラリアの気候のような多様な諸原因に依存しており、基準は、完成品の価格ではなく、完成品の価格がその原材料の価格を超過する額でなければならない。

もちろん、長期間にわたって持続することを意図されている取り決め《アレンジメント》を貨幣で表現するのは適切ではない。なぜなら、貨幣の購買力はたえず変化しているからである。景気《トレイド》が良く、物価が高いときには、雇用主の固定費の負担は軽く、気軽に借り入れを行う。景気が悪く、その結果物価が下落するときには、固定費の負担は重くなり、債務の返済を求められれば、彼の財をかなり犠牲にしなければならない。購買力の完全な基準というものは考えられない。完全に近い基準でさえ、つくるのは不可能である。しかし政府が、貨幣の価値よりもはるかに変動の少ない購買力の単位《ユニット》〔これについては本書第九章の「一般物価の変動に対する救済策」を参照〕の貨幣価値を時々発表するのは容易いことである。

私は、政府はそれを行うべきであると考えている。そしてその場合、ほとんどすべての賃金の取り決め、とりわけすべての〔賃金〕スライド制は、その単位に基づいて行われるべきである。これにより、賃金も利潤も一挙により安定的となり、同時に雇用も安定性を増すであろう。賃金について特別な単位を定めるならば、おそらくもっと改善されるであろう。それは一般的な単位に基礎を置くべきであるが、主に労働者階級が利用する商品の価格により大きなウエイトを置く点で、一般的な単位とは異なっている。しかしながら、この種の議論の詳細は漸進的かつ暫定的に調整するのがよい。実際、そうした仕事は、政府ではなく調停委員会が、政府の提供するデータを利用し、産業や地域に特有の事情を考慮しながら行うのがおそらく最善であろう。

ここまでは、なにもかもが順調にいくと仮定してきた。しかし、たとえ調停委員会の双方が率直に、できるだけ相手の立場に立って考えようという誠意を見せている場合でさえ、議論によっては解決できない意見の相違が存在するかもしれない。これ以上説明しても意見の根深い対立を際立たせるにすぎない段階にきているかもしれない。それゆえ、いくつかの点については独立した仲裁者に委ねる準備がつねに必要である。しかしここにジレンマがある。仲裁者がその産業とつながりがある場合、係争中の問題には何ら個人的利害がないとしても、ある種のバイアスがかかりがちである。逆に、仲裁者がその産業について何も知らなければ、状況を説明するのに多大な時間がかかるし、説明したところで結局、問題を正しく理解できないかもしれない。いずれの弊害がより大きいかについては、たくさんの議論が行われてきた。相互のあいだに信頼があり、関係が良好で、党派的な偏見も強くない場合には、すでにその産業のことを理解しており、部外者よりも迅速かつ詳細に裁決を下すことのできる仲裁者が最善であるかもしれない。しかし、すでに怒りや嫉妬の感情が渦巻いており、不公正の原因を相手のせいにしている状況では、仲裁者が問題を迅速に理解し、細部をすっかり把握できることよりも、偏見をもたずに問題を裁いてくれるとわかることの方が重要である。

仲裁者の行動は、ある点では、問題が提示される状況に依存する。ときには、いずれの側も一方的な陳述をせず――もっと重要なことであるが、いずれの側も、弱みや恐怖を露呈して相手の攻勢に拍車をかけることをおそれて譲歩を拒否するほど相手に不信感をもっているのでない場合には

――真実がただちに仲裁者に提示されることもある。またときには、仲裁者は経済的諸力の一般的傾向だけを基準として何が公正かを判断すべきであり、いずれかの側がどの程度まで臨戦態勢を整えているかを考慮する必要はない。敵対的感情がすでに渦巻いている場合には、指導者たちは、従業員たちが激しいストライキやロックアウトによって得られるよりもはるかに悪い条件の裁定を出しても、それが受け入れられると請け合えないかもしれない。その場合、仲裁者は双方の戦闘力をある程度考慮せざるを得ない。実際的な判断の必要性から、さもなければ行っていた判断に比べて、絶対的な公正さの基準からはさらに遠ざかってしまうことを余儀なくされるかもしれない。そのような場合であっても、仲裁者はいずれかの側が行った陳述が一方的なものであることを考慮し、多かれ少なかれ法廷の流儀に従って調査しなければならない。この調査方法は煩わしく時間もかかるため、いつも頼りにするわけにはいかないが、典型的な事例において徹底的に遂行するならば、その最終的な裁定は非常に広範に波及するかもしれない。すなわち、「この裁定のおかげで」他の数多くの紛争が私的な会話や調停委員会によって迅速かつ平穏に解決され、時間と骨折りの甲斐があったということになるかもしれない。

仲裁者は、はじめから当該の産業について知識がある場合でさえ、健全な精神を備え、その産業の特殊部門に関する価格表の最初の草案を作成する小委員会を任命できる調停委員会ほどには容易に詳細な価格表を作成できない。それゆえ、細部が非常に多岐にわたる場合には、調停以外の方法では解決の見込みがないように思われる。労働組合は、労働者同士が互いに知り合い信頼関係を築き、有能な代表を選び、腹をくくって彼らの決定に従うよう習慣づけるくらいしか、活動の余地はない。しかし、これが最も重要なことであり、賃金に対する直接的影響とは別に、同じ産業に属するメンバーが相いに知り合い信頼関係を築き、ともに行動し、有能な人物の指導のもとで広範で将来を見据えた政策の問題を議論するよう指導することによって、労働組合は計り知れない貢献を行っている。

仲裁者が決定にあたって考慮しなければならない要素は、人生と同じくらい多方面にわたる。しかしそれでもその仕事の基礎に据えられるべき一つの一般的な原理が存在する。昔の経済学者が言ったように、仲裁者は自然に従わなければならない。すなわち、自然にもたらされたであろう調整と著しく異なるような調整を、人為的な手段によって行ってはならない。なぜなら、そんなことをすれば、彼の仕事は自然の諸力と激しく対立することになり、破壊されてしまうからである。彼は「レニー［John Rennie（一七六一～一八二一）イギリスの技術者。数々の運河や橋、ドックの設計に携わった。］の例にならう必要がある。レニーは、プリマス海峡に防波堤を築く際に、まず波の自然の作用がその上に石の土手を作り出す傾斜地を発見しようとした。それからそのような傾斜地ができるように水中に石を投げ入れた。波の力が彼の仕事を転覆させてしまうのではなく、力を合わせ、それを増強するように仕向けたのである。彼が自然を制御できたのは、自然の法則に従いながら、その力を誘導したからである。これは、産業上の調停や仲裁の仕事においても適切なやり方である。

もちろん、各種労働の賃金がその周囲を変動するような正常価値が存在する。この正常価値は文明の発展と発明の進展につれて変化し、人間の習慣や性格の変化とともに変化する。しかし、特定の場所と時代においては、ある産業の賃金と別の産業の賃金との一般的関係は、様々な諸原因によって決定される。賃金をそうした自然水準よりも大幅に高く、あるいは大幅に低く保とうという試みは、必ず自然の諸力の強い抵抗にあい、失敗に終わるであろう。

そのような裁定は、景気が良いときには賃金を引き上げ、景気が悪いときには賃金を引き下げる自然の法則に従うべきである。しかし労働の賃金の変動は本来、多くの財の価格変動ほどには激しくない。そして賃金の変動は労働者の生活に有害な不確実性をもたらすため、調停者と仲裁者は、いずれかの側が拒否したりはぐらかしたりする強い誘因を与えないような安全なやり方で、賃金の変動をできるだけ小さくすることを目指すべきである。一方の側が、ストライキやロックアウトによって獲得できると信じるだけの十分な理由のある条件に比べて、はるかに劣る条件しか認めないような裁定は、長い目で見ればほとんどつねに惨事を招くものである。

調停や仲裁が、労働者のなかでも最も虚弱で無知な層にそれなりの賃金を確保するという点では無力であるのは事実である。「悪徳雇用主《セーター》」であっても、若干の者がやっているように、自分でも一生懸命働き、並程度の所得しか稼いでいない雇用主が、その業種がなんとか払える最大限の賃金を迅速に物惜しみせずに支払っている場合、これを不公正と言うことはできない。にもかかわらず、彼が公正な賃金を支払っていると言えるほど大胆な人はほとんどいない。実のところ、この困難の根底にあるのは、ビジネスの方法というよりは、最も広い意味での教育の方法である。生産に問題があるが、それは人間の生産の問題である。こうした弊害に対する究極的な救済策は、大衆に高等教育を施すことである。学校の勉強は基礎としては有益であるが、それだけでは効果が小さい。労働組合は幅広い問題に目を向けさせることによって、労働者の知性を高める。調停委員会は、優れた共同組合運動とともに、労働者の教育を支援する。それらは労働者に、ビジネスの現実の諸問題に関する知識を与えつつある。もし労働者に優れた素質があるとすれば、世界の生産を組織するという高度な仕事をできるようになるためには、そうした知識こそが必要である。こうした力をもつ層が増えると、被雇用者を必要とする雇用主の競争が増加し、社会の仕事を組織する人々に労働者階級が支払わなければならない代価も少なくなる。さらに、最高の仕事に見合う天性の才能をもたない普通の労働者の知性を高めるものなら何であれ、家計所得の支出の仕方に関する、また子供に対する両親の責任についての、世間一般の論調を改善する。

しかしながら、最下層の労働者を助けるには調停以外の制度を探さなければならないとはいえ、前述のように、調停制度は、全体としての労働者階級を向上させるには強力な手段である。雇用主を向上させる手段としても、劣らず強力である。委員会における率直で自由な交流により、雇用主は自分たちのビジネスの人間的側面に目を向け、彼らにとってはゲームの一手にすぎないものが、多くの家族の将来全体に影響するかもしれない――〔雇用主次第で労働者は〕生き生きとした幸福な生活を送れるようになるかもしれないし、不快で成長不良の虚弱状態に追い込まれるかもしれない――ことに気づくようになる。

こうして雇用主が得た知識と同情は、ビジネスに従事していない富裕層の知識と同情をも誘発し、彼らの正義感を高め、富の責任について自覚させる。

これらはすべて向上に向けた歩みである。革命のような速さはない。しかし、革命は時に前進した以上に急速に、かつ元の地点以上に後退してしまうこともあるが、このような歩みは着実に前進するのである。

**注**

（1）本章はL・L・プライス氏［Langford Lovell Frederick Rice Price（一八六二～一九五〇）イギリスの経済学者。マーシャルのオクスフォード時代の教え子。］の『産業平和』［*Industrial Peace.*］（一八八七年）に寄せた序文を再録したものである。

# 第五章　経済騎士道の社会的可能性(1)——一九〇七年

1　この三〇年のあいだに、様々な学派の経済思想は、方法論および学説の原理に関して急速に意見が一致しつつある。

経済問題は今世紀においては過去に比べて生活や思想に大きな役割を果たすようになっている。そのことを示す兆候は数多くあるが、本日、王立経済学会の主催で開催された会議も、その一つである。いまや世界中のどこの議会も、会期の半ば以上を経済問題に費やしている。おそらく他のどんな重大問題といえども、定期刊行物や一般書の刊行にこれほど多くの仕事を提供しているものはないであろう。大学は、経済問題にますます関心を示すようになっている。とりわけ、合衆国、ドイツ、および我が国においてはそうである。潤沢な資金を与えられている合衆国では、経済学の教授が三二五人もいると言われている。しかし、我が国においては、マンチェスター、バーミンガム、そしてロンドンを除けば、ほとんどすべての大学で、経済学部は資金不足のため、非常に不利な状況に置かれている。

最近、経済学は、特に分析的な側面で、大きな進歩を遂げた。方法に関する論争はほぼ終息した。すべての研究者はシュモラー［Gustav von Schmoller（一八三八〜一九一七）ドイツの経済学者。ドイツ新歴史学派の中心人物。メンガーと方法論争を繰り広げた。］の金言、すなわち、分析と事実の探求は、歩行における右足と左足のようなものであって、片方だけではほとんど役に立たないが、両方揃うことで力強いものとなる、という立場を承認している。

また、化学との類推によって定性分析と呼ばれるものが、経済学で大きな役割を演じてきた。すなわち、様々な経済的諸力が生み出す傾向のある変化の性質と方向に関しては、一般的な合意が得られている。もちろん、意見の相違は今でも存在する。論争においては、小さな相違点が根本的な一致点を覆い隠し、一般大衆によって過大視される傾向がある。しかし今日では、経済学上の論争において、基本的問題に関しては、対立する真剣な研究者同士のあいだで相互に意見の一致がみられる場合がほとんどである。それは、注意深い研究をせずに意見を形成する味方同士のあいだでみられる意見の一致よりも大きな一致である。

様々な経済的諸力の相対的強さの定量的決定に関しては、進歩が著しく遅れている。より高度でより困難な研究は、綿密で現実に即した統計が徐々に発展するのを待たねばならない。新しい生産調査は、やがて数多くの必要な事実の一つを提供してくれるかもしれない。しかしそのためには大きな技術的困難を克服しなければならず、普通の経営者は自分の事業内容を公開することを好まないため、その困難はますます増大している。

## 2　社会的理想や経済的努力の究極の目標についても、同じように意見が一致するようになってきているが、その一致の程度はそれほど完全ではない。

しかし、こうした厳しい問題から離れ、おそらくこの愉快な場によりふさわしい問題に移ろう。それは、現代の経済学者がまさに緊急に考察することを求められている問題でもある。我々すべての経済学研究の理想であり究極の目標は、これまでも熱心な議論の対象になってきたが、それほど慎重で徹底的な研究の対象にはされてこなかった。そこで、世界でますます増大しつつある資源を社会的福祉のために有効活用する上で、経済学の研究に何ができるか、今晩、私は諸君に考えてもらいたい。

我々が富を生産する方法については誇るべき理由が数多くあるが、富を活用する方法についてはそうではない、とよく言われる。労働者階級でさえ、ほとんど役に立たないものをたくさん買い、中には害を及ぼすようなものを買ってしまうことすらある。富裕階級は、彼らの幸福やより高水準の福祉にはほとんど貢献しないが、社会的地位を維持するために必要と考えられるものに、莫大な金額を支出している。年収五万ポンドの人は、その年収が一〇〇〇ポンドしかなかった場合に比べて、段違いにずっと幸せな生活を送っていそうだ、と断言する人はほとんどいないであろう。しかし、年収一〇〇〇ポンド［イギリスで一九〇九年に年収七〇〇ポンド以上を得ていたのは二八万世帯にすぎず、人口の上位三パーセントに相当するという。長島伸一『世紀末までの大英帝国』（法政大学出版局、一九八七年）二五八～二六〇頁。］の所得層の社会的地位から年収五万ポンドの所得層の社会的地位に登り詰めることは、ほとんどすべての男性、およびその妻にとって、限りない喜びの源泉である。しかし、そのような満足は、純粋な社会的利益ではない。なぜなら、その過程で追い抜かれる多くの男性とその妻の悔しさに相当するものを、差し引かなければならないからである。もちろん、重い責任を負って頭脳を酷使する人々は、未熟練労働、あるいは熟練労働でさえもがその効率性を維持するのに十分であるよりも、大きな部屋、静謐さ、軽くて消化のよい食事を必要とし、そしておそらくは気分の一新、他の安楽を必要とする。そして、より高い社会的見地からすると、そのような人が、責任ある仕事に対して「効率性を保つために必要な額」以下に支出を切り詰めることは、不経済であろう。こうした支出に加えて、健全な類の堅実で質素な娯楽にかなりの額が費やされる。この種の支出で中程度の所得のほとんど全部、あるいは莫大な所得のかなりの部分を使い尽してしまうのでない限り、これを非難するのはよほど禁欲的な人くらいであろう。これら二種類の支出が、富裕層によって行われていることに留意しなければならない。また、彼らの総所得のうち一億ないし二億ポンドが毎年、資本に投下され、それによって自然が我々のために働く従順で効率的なしもべとなっていることも考慮しなければならない。しかしまだなお、社会の進歩にほとんど貢献せず、かつ、それで社会における名誉や地位、影響力を買えるという点を除けば、何ら大きく実質的な利益を支出者に与えることのないような多額の支出が存在している。

いまや思慮深い人々のあいだでは、とりわけ経済学者のあいだでは、次の点で概ね意見が一致している。すなわち、もし社会がそうした名誉、地位、および影響力を、それほど闇雲でも浪費的でもない方法で与えることができるならば、また同時に、もし自由企業の最も有力な実業家が現状から得ている刺激をすべて維持できるならば、そのようにして自由になった資金は、多くの人々がより高水準の生活、そしてより大きくより多様な知的・芸術的活動を行う新しい可能性を開いてくれるであろう。

この観点から社会的浪費とみなされる私的支出の額については、意見が一致するようには思われない。人によってはそれを年間四億ないし五億ポンドと見積もるかもしれない。しかし、さしあたりは、その金額を徴収される人に大きな苦痛を与えることなく、社会的用途に向けられる額が少なくとも一億ないし二億ポンドあれば十分である。もっとも、それには富裕者の隣人たちも同じような立場に置かれ、実用性がほとんどない贅沢品や慣習的な「身分に見合った必需品《フォー・ソーシャル・プロスペリティ》」をもたないからといって、不快なことを言われないようにすることが前提である。

3　土地からの収穫逓減法則がイギリスの人口に加えている圧力が一時的に止まっているため、現世代には社会改良を行う特別な好機であり、またそれを実行する責任がある。

陸海運のコストの低下は、過去三〇年間において世界の陸地の大部分が開拓されたことと相まって、西洋諸国全体で、とりわけイギリスにおいて、過去に例を見ないほど、また、将来においてもおそらくはないと思われるほど、財で測った賃金の購買力を上昇させた。今日、イギリスでは収穫逓減法則はほとんど作用していない。しかし一世代か二世代後には、イギリスおよび世界のほぼ全域で、再び強力な影響を及ぼすようになるかもしれない。現在、イギリスでは賃金は、人口増加率や生活手段に対する圧力からごくわずかな影響しか受けていない。賃金が今以上のペースで急速に上昇することを妨げているのは、広大な国土をもち、鉄道、建設、鉱山開発、および新しい農地への投資からきわめて高い収益をあげている国々が、資本需要でイギリス企業を凌駕しているという事実による。それにもかかわらず、生産・輸送技術の進歩はイギリスを急速に繁栄させてきた。しかし世界は実際には非常に小さな場所であり、過去三〇～四〇年にわたって行われてきたような速度で、今後何十年も豊かな新資源を開発できる余地はもはや存在しない。新興国が自国の産出する食糧やその他の原料の大部分を自ら必要とするようになった暁には、輸送の改良はあまり役に立たないであろう。そうなった後は、収穫逓減法則の圧力には、生産のさらなる改善によってしか対抗できないが、生産の改善自体もまた、やがて収穫逓減を示し始めることになる。それゆえ、前世代におけるイギリスの社会的進歩の速度は偉大なものではあったが、我々はそれで満足してはならない。経済的な恩寵《グレイス》があるいまのうちに、我々には一層の進歩をなし遂げる差し迫った義務がある。なぜなら、そのような恵まれた状況は今世紀の終わりを待たずして終焉を迎えるかもしれないからである。(2)

4　現在の経済状態に固有の弊害を誇張することは、長い目で見れば進歩を遅らせることになる。

現在の社会状態を激しく非難することに、病的とは言わないまでも、喜びを感じるタイプの人々がいるが、このことは今も昔も変わらない。彼らの努力は一時的な熱狂を引き起こすかもしれない。それは熱狂が続く限り、活発なものであろう。しかしほとんどつねに、それらは公共の利益のための地道な仕事から活力をそらすことになるのであって、長い目で見れば有害である。いくつかの点について考察してみよう。

第一に、増大しつつある富の用途は、その大部分が、下劣でも身勝手でもないということには注意しておいてよい。人々が「従事している」様々な職業――すなわち利潤、俸給、賃金を得るための労働――のあいだでの分配状況の変化をみると、物質的な快楽や贅沢品を供給する人々が著しく増えているわけではない。一方、病気を検査し、その苦痛を和らげるために、あるいは人々の知的・芸術的能力を発展させるために、政府に雇われて、あるいは自分で開業して働いている人々は、著しく増えている。改良された機械を活用できる職業において、各労働者の生産性が上昇したことは、こうした対照がみられることを部分的に説明するが、そのすべてを説明するものではない。また、もし現世代が、しばしば言われるほど利己的であるならば、生活や労働の状態を改善するための公的資金は主に、投票所で自分の意思を強制できる人々の利益を増やすために支出されているに違いない。しかし事実は反対で、公的資金は主に女性や子供の利益のために費やされている［イギリスで女性に選挙権が与えられるのは一九一八年以降である］。またその間、若年層の賃金は女性よりも急速に、また女性の賃金は男性よりも急速に上昇した。さらに現代では、地方税《レイト》、国税《タックス》ともに、貧困者が富裕者よりも、所得のより大きな割合を支払わされるとか、また、大蔵省が貧困者の無知や病気や苦しみを減らすよりも、富裕者に気前よく閑職を与えることに金銭を惜しまないといった、古いしきたり《ルール》は廃止されている。

いま一つの誇張は、イギリスの人口の三分の一は飢餓の瀬戸際にいるというチャールズ・ブース氏［Charles Booth（一八四〇～一九一六）イギリスの社会問題を研究し、貧困調査を行った。］の統計を不注意に読むことから生じている。ブース氏は、ロンドンに住む一〇〇万の住民は貧困者であると評価しているが、それは、家計の総所得が年間を通じて、週二一シリング、すなわち年間五四ポンド一二シリング［一ポンド＝二〇シリング］を超えない層に属しているという意味である。今日、二一シリングというと、良質の小麦四分の三ブッシェル、あるいは二四ペックの価格である［ママ。イギリスでは一ブッシェルは約三六リットル、一ペックは約九リットルであり、これでは計算が合わない」。ところが中世の初期からごく最近に至るまでの記録された歴史を通じて、イギリスの労働者の平均賃金は、週あたり小麦――それもしばしばかび臭い小麦――六ペック以下であった。かなりの期間にわたって九ペックを超えることはなかった。あらゆるドイツ人がイングランドに関して確実に知っている数少ない事柄の一つは、ロンドンには一〇〇万の人々が飢餓の瀬戸際の極貧状態で生活しているということである、と言って良いであろう。しかし彼らは、この誤解を招きやすい見出しが、総所得が年間を通じて週二一マルク以下の家族のメンバーをすべて含んでいることを知ると、目を見張るのである。なぜなら、二一マルクでは、二一シリングよりもはるかに少量の食糧しか買えないからである。その上、ドイツ人の労働者階級の少なくとも七〇パーセントの家族は、年間一一〇〇マルク以下の所得しか得ていないからである。

現在の富の分配に関して、思慮深い人であれば抱かざるを得ない不満が、ユートピアの計画者たちによる誤った改革方法に向けられる危険がある。ユートピアの計画者たちは、明言こそしないが、もし富が平等に分配されるならば、すべての人が、現在においては労働者階級の誰一人として手の届かないような安楽、洗練、そして贅沢品でさえも手に入るようになると考えている。しかし事実は、一〇万人をゆうに超える非常に多くの裕福な熟練労働者の家族は、今でさえ、連合王国の国民所得の評価額一七億ポンドを四三〇〇万人の人口のあいだに平等に分配した場合に獲得できるであろう所得よりも、はるかに大きな所得をすでに獲得しているのである。つまり、所得の平等な分配によって彼らは損をするのである(3)。

これらの事実は、もし高尚な目的のために役立たない支出を切り詰めることができ、こうして浮いた資金を労働者階級のうちより貧しい層の福祉のために利用できるのであれば、また、すべての変化が生産に向けられる活力の源泉を著しく弱めることなく行われるならば、幸福の著しい増大と生活の著しい向上が達成できるという信念と矛盾するものではない。しかし、右に述べた事実は、富裕者の贅沢な支出を切り詰めさせ、所得を平等に分配することによって、すべての人々が、これまで労働者には知られていなかった豊かな生活を享受できる、というよく目にする主張とは合致しない。モア［Thomas More（一四七八～一五三五）イギリスの法律家。］の『ユートピア』やモリス［William Morris（一八三四～一八九六）イギリスの芸術家・デザイナー。］の『ユートピアだより《ニュース・フロム・ノーホエア》』は、憧れを刺激し、美しさに満ちているため、永久に人々の喜びの源であり続けるであろう。それらは、実行可能なものとして主張されているわけではないため、純粋な善である。しかし近年我々は、実行可能であると主張しながら、経済の現実についての十分な研究に基づかない計画から多くの被害を受けている。それらは繊細な想像力のもつ微妙な美しさを欠いており、家族生活を根底から破壊するような提案さえ行っている。家族生活とは一本の木のようなものであって、一般の人々、とりわけ労働者階級が考える美や幸福全体のうち半ば以上は、家族生活の果実と花が占めているのである。

## 5　戦争における騎士道とビジネスにおける騎士道。

現代は、しばしば言われているほどには浪費的でも過酷でもない。国民の総所得の半分よりずっと多く、おそらくは四分の三程度は、生活の方法に関して現在の限られた理解の範囲内で可能な限り効率的に、幸福と生活の向上に役立つように用いられている。たとえそうであるとしても、なお大きな改善の余地がある。ある点においては、我々は間違った方向に進もうとしているように思われる。というのは、富を誇らしいものとするために精力的に働くことよりも、富を軽蔑するような振舞いをすることの方が、自分にとっても容易だからである。しかし実際は、物質的富は必然的にほとんどすべての人の思考と関心の中に深く入り込んでいるため、もし人々《ワールド》が富を誇りとしないならば、人間は自らを尊敬することはできない。世界の真の栄光に役立とうとして、富を得るために大いに努力することは、確かに有意義である。そして歴史はこの目標のために道筋を示しているように思われる。

戦争は、ライバルを仕事や生計から蹴落とす競　争《コンペティション》よりもはるかに残酷である。しかし、戦争のまわりで騎士道が成長した。それは戦争のもつ高貴な競い合い《エミュレイティブ》の一面、ならびに美しい同情の精神というべきものすらもたらした。極楽浄土《エリュシオン》において、中世の戦士が、我々の世界から数十億マイルも離れた世界に住んでいた住人と、前世の経験を語り合っている場面を考えてみよう。その戦士は、当時の人々の主たる関心事であった戦争における騎士道について語る際には、毅然として胸を張るであろう。

現代においては、我々の思考は、産業の進歩のことで頭が一杯である。産業の進歩は、自然を従えて製造や輸送の驚くべきサービスをもたらしている。しかし、極楽浄土での話題がビジネスの新しい方法によって勝ち取った生活の向上に及んだ際に、我々は中世の騎士ほど勇敢に胸を張ることはできまい。私は、ビジネス生活の中にも潜在的な騎士道は数多く存在しており、また、もし我々がこれを探し出し、人々が中世の戦争における騎士道を讃えたのと同じように、これを讃えるとすれば、はるかに多くの騎士道が存在するであろうと示唆しておきたい。もし我々がこれを一、二世代ほど続けるならば、現世から最新のニュースを携えて来世へ赴く人々は、富の騎士道について堂々と語るようになるかもしれない。彼らは、富を生産しそれを利用するにあたって、人間性のより優れた要素を十分に訓練することによって生活の向上を達成したことを誇るかもしれない。

戦争における騎士道が、君主や国家や十字軍に対する無私の忠誠心を含むように、ビジネスにおける騎士道も公共的精神を含んでいる。しかしそれはまた、高貴で困難な事柄を、それが高貴で困難であるがゆえに行う、という喜びをも含んでいる。それはあたかも、騎士道が、まず自分自身の甲冑を造ることから始め、彼の熟練と機転、勇気と忍耐が最も厳しい試練を受けるような戦い《コンテスト》に際して、その選りすぐりの甲冑を用いるよう命じているのと同様である。ビジネスにおける騎士道は、安っぽい勝利を軽蔑し、救いの手を必要とする人々を助けることを喜ぶものである。その過程で得られる利益を見下すことはしないが、見事な戦いの戦利品、あるいは武芸大会《トーナメント》の賞品を、主にそれが証明する功績ゆえに尊重し、それが市場で貨幣によって評価される価値に対しては副次的にしか評価しないという、戦士のすぐれた自尊心を備えている。

## 6　産業において、最高に建設的な仕事に対する主な動機は、困難を克服し、誰もが認める指導者の地位を獲得しようとする騎士道的な願望である。

ビジネスのありふれた側面、そして下劣な側面にさえ、我々は注意を向けざるを得ない。不正な手段を使って裕福になったことで有名な人々がいる。しかし大多数の者は、概ね繰り返し的な性格の仕事を堅実にこなすことで、成功を収めている。そうした仕事は、高度な想像力を働かせることもなく、またおそらくは家族関係を除けば生活に何らのロマンスも伴わない。これら二種類の実業家は、通常、よく見られるタイプである。そしてもし彼が、おそらくは実業家の先祖から相続した富を美術品の購入に使って喜ぶような人物であるならば、欲深く富を追求する人々を、語気荒く分別のない言葉で激しく非難するであろう。

しかし西欧諸国においては、最も有能な人々の少なくとも半分がビジネスに従事していることは疑いない。それゆえ、人間性は救いがたいほど下劣であると信じるのでない限り、ビジネスの中にも高貴な面が少なからず存在することを期待せざるを得ない。そして適切な場所を探せば、見つかるはずである。

産業の進歩が主にその人の事業に依存しているというような実業家は、富それ自体のためというよりも、事業の成功の印として富を求める場合が多い。これは、注意深い観察者によって近年、ますます頻繁に述べられるようになっていることである。科学や文学や芸術における成功は、直接判断することができる。これらの職業に従事する人は、相当に浅ましい場合を除けば、生活に必要な程度を越えて、金銭に執着することは稀である。彼は、仕事が立派にできたことを確信したいと望むのであって、教養ある人々から月桂冠を獲得できれば、それで満足するのである。他方、もし実業家がその提案の価値《メリッツ》を、紙に書かれた予想値に応じて順位づけされ、事前に評価を決められてしまうとすれば、それはろくでもない順位である。こうした理由のため、最も有能で最高の実業家は、成功がもたらす貨幣よりも成功そのものを価値あるものと考えるのである。ある人の経歴で、詐欺を働いたり、悪意をもってライバルを破滅させたり被雇用者を抑圧したりといった疑いが全くないとすれば、その成功は、指導者の地位をはっきりと示す良い証拠である。ときとして成功は、公衆が利用できる唯一の信頼できる証拠であり、成功した人の近親者を喜ばせるものである。近親者の喜びこそは、成功に対する主たる報酬の一つである。

この階級の人々は、絶えず変化する展望を脳裏に浮かべながら生活している。それは、彼らが望む目標に到達するための様々な経路、それぞれの経路で自然に起こってくる困難、自然の抵抗に打ち克つための策、といったものに関してである。そのような想像では人々の信頼を得られない。なぜなら、自由に空想することは許されず、その力はより強い意志によって制御されるからである。最高の栄光は、非常に単純な方法によって、偉大な目的を達成することである。あまりにも単純であるため誰もそれとわからず、専門家を除いては想像もできないほどの代物である。軽率な観察者には、どれも等しく素晴らしいと思われるような実に多くの他の手段が、そのたった一つの手段のために退けられたことに気づくべくもない(4)。

7　官僚的支配の拡大によって、最も建設的なビジネスの才能に対して与えられる栄誉をますます大きなものにする必要が高まっている。というのは、官僚的支配はビジネスに適さないからである。

年間数百ポンドで雇われるような人が研究所内で行う実験は数多いが、一般に、画期的な大発明は、自分の仕事を騎士道的な愛をもって遂行する人々によって行われるものである。そうした人物の生涯の本当の意義は、生存中には認められないことが往々にしてあるが、やがては栄誉を手にすることは確実である。科学者を教育し、設備を提供し、教育やその他の労苦といった抑圧的な繰返し作業をせずに中程度の所得を確保させるためには、資金が必要である。しかし、お金でできることはそこまでである。そこから先、創造的な科学は、創造的な芸術や創造的な文学を呼び起こす力によってのみ、すなわち、騎士道的な競い合い《エミュレイション》の力によってのみ、生み出される。

化学者には、研究所内の小さなスペースがありさえすればよい。しかし、実業家の最も重要な実験の多くには、大企業の全スペース、すべての機器、そしてすべてのスタッフが彼の自由になること、しかもそれが長い年月にわたって継続的にそうなることが必要である。彼が自分の責任で仕事をしている場合には、完全に自由に精力を注ぎこむことができる。しかし、彼が官僚制のもとで働く一官吏であるならば、自由を確保することができない。しばらくのあいだは多少の自由を与えられるかもしれないが、その後は配置転換や、最初の試みで進歩の正しい道筋を探り当てることに失敗したことへの不寛容が、大きな抑制になるかもしれない。彼を縛る鎖は、まだ強く締めつける前から、彼を委縮させるのである。

この種の困難は、政府系の事業だけでなく、巨大株式会社、とりわけ、いわゆるトラストにおいても見られるものである。トラストの主要なオーナーたちは、各部門の長やその他の者たちに自由裁量を許し、競い合い《エミュレイション》が彼らの活力や企業心を鼓舞する刺激となるように、並々ならぬ考慮を払ってきたし、現在でも払い続けている。彼らの工夫は驚くほど巧妙で、近代経済史の中でも最も教訓的な挿話に数えられるものであるが、それでもごくわずかな成功を収めたにすぎない。オッサ山にペリオン山を重ね〔ギリシア神話で巨人がこの二つの山を重ねて天へ登ろうとした故事から、困難を重ねて、という意味〕、巨大企業の集合体を形成することによって得られる技術上の経済は、ほとんどつねに、期待されたほど大きなものではなかったこと、また、規模の拡大とともに人間的な要素にまつわる困難が絶えず増大していくことは、経験によってますます明らかになっているところである。若手職員に関しては、報酬や昇進の様々なやり方で多くのことができる。ベテラン職員でさえ、会議やその他の機会に彼らの新しい考えを同僚に判断させることによって、刺激を与えられる。しかし、実業界での指導的地位に騎士道的な憧れをもつ力強い人間が、自分の責任で事業上の実験に乗り出す際に吸い込む、身が引き締まるような新鮮な空気に代わる適当な代替物は、これまで発見されておらず、また今後発見されることもないであろう。

8　経済学者は一般に、民間の努力の範囲内ではカバーできない社会改良のための国家活動が活発になることを望んでいる。しかし、集産主義者が望むような国家活動の著しい拡大には反対である。

右の考察は、経済学者の大多数を「集産主義者《コレクティヴィスト》」と区別する分水嶺を示している。集産主義者とは、土地、機械およびその他すべての生産手段の所有と管理を国家に移転させようとする人々である。民衆の社会的改善を促進するために熱心に努力する者は、誰でも社会主義者《ソーシャリスト》である、としばしば言われる。すなわち、こうした仕事の多くが個人の努力によるよりも、国家によってより良く遂行されると信じている限り、その人は社会主義者だというのである。この意味では、現代のほとんどすべての経済学者は社会主義者である。この意味では私も、経済学について何も知らないうちから社会主義者であった。実際、私が四〇年前にアダム・スミスやミル、マルクス〔Karl Heinrich Marx（一八一八〜一八八三）ドイツの哲学者・経済学者・革命家。資本主義を研究し、マルクス経済学を樹立した。〕、ラッサール〔Ferdinand Lassalle（一八二五〜一八六四）ドイツの社会主義者。〕を読んだのは、社会改革において、国家やその他の機関によって実現できるものは何か、ということを知りたかったからである。それ以降、私はこの意味においてはますます確信に満ちた社会主義者として育ってきた。そして、集産主義運動を指導する多くの有能な人々が示した社会福祉に対する精力的で無私の献身を、尊敬の念をこめて見守ってきた。私は、彼らが我々を導いてくれる道の上には、ある距離まではバラの花が撒かれているであろうことを疑わない。しかし、集産主義者の支配が著しく拡大され、自由企業に残された領域があまりにも制限されるならば、官僚的手法の圧力によって、物質的富の源泉だけでなく、人間性のより高い資質の多くもまた損なわれるに違いないと確信している。〔しかし〕その人間性の資質を高めることこそ、社会的努力の主たる目標でなければならない。

集産主義の危険についてこうした考え方をする人々に対して、彼らはレッセ・フェールの泥沼に今なお溺れているのだ、と答えれば十分だとしばしば考えられている。このレッセ・フェールという言葉は曖昧であって、誤解されやすいレトリックに満ちている。この言葉の本来の意味は、ギルドやメティエは、人々がそれぞれ自分に適した職業に就くことを禁じてはならない、そして誰もが自分の仕事を選ぶ自由をもつべきである、というものであった。その後まもなく、この言葉は、政府は治安の維持に努め、それ以外の事柄については手をこまねいておとなしく《スリープ》していればよい、という意味に歪められた。

アダム・スミスの時代には政府は腐敗していた。スミスもその主な信奉者たちも、民衆の福祉のために無私の献身を行ったが、スミスが経験から学んだことは、公共の福祉のための新規事業に政府を参加させるよう勧める人々に対しては疑ってかかるべし、ということであった。なぜなら、彼らの本当の動機は一般に、自己の利益を増大させるか、自身ないしはその縁故者に、楽で報酬のよい地位を提供することであったからである。こうした事情は、その後五〇年のあいだは徐々にしか改善されなかった。しかし、正直で真の慈善事業は、幾分不格好ではあったが、真面目なヴィクトリア時代の初期に、急速に増大した。バイロン［George Gordon Byron（一七八八〜一八二四）イギリスの詩人。］よりもシェリー［Percy Bysshe Shelley（一七九二〜一八二二）イギリスの詩人。］の方が偉大であると大胆に主張した最初の一人であるJ・S・ミルは、社会主義の本質的原理の多くのものを、個性に対する揺るぎない献身および生活の機械的規制に対する憎悪と結びつけるという、記念すべき試みを行った(5)。

ミルは、その生涯を通じて、政府の誠実さ、強力さ、利他性、そしてその財力が著しく増大していくのを目にした。そして、続く一〇年ごとに、一般的福祉の促進のために政府が介入する範囲が拡張していき、ミルもそれがうまくいくと考えていたように思われる。このような改善が行われた主な原因の一つは、レッキー〔William Edward Hartpole Lecky（一八三八〜一九〇三）アイルランドの歴史家。〕が明らかにしたように、おそらくはウェスレー〔John Wesley（一七〇三〜一七九一）とその弟Charles Wesley（一七〇七〜一七八八）〕の信仰復興運動《リバイバル》に主な起源をもつ、感情の変化であった。この運動を促進した要因として、議会改革、教育の普及、国教会および非国教派教会の熱意の増大、文学作品が廉価になり改善されたこと、高潔で社会主義の不思議な預言者オーウェンに負うところの大きい協同組合の発達、スコット〔Walter Scott（一七七一〜一八三二）イギリスの詩人・作家。〕やディケンズ〔Charles John Huffam Dickens（一八一二〜一八七〇）イギリスの作家。〕、ワーズワース〔William Wordsworth（一七七〇〜一八五〇）イギリスの詩人。〕、カーライル〔Thomas Carlyle（一七九五〜一八八一）イギリスの評論家。〕やテニスン〔Alfred Tennyson（一八〇九〜一八九二）イギリスの詩人。〕、ラスキン〔John Ruskin（一八一九〜一九〇〇）イギリスの評論家。〕、ニューマン〔John Henry Newman（一八〇一〜一八九〇）イギリスの神学者。〕やモリスの著作、そしてヴィクトリア女王〔（一八一九〜一九〇一）在位一八三七〜一九〇一〕やグラッドストン〔William Ewart Gladstone（一八〇九〜一八九八）イギリスの自由党の政治家。四度にわたり首相を務めた。〕その他の公人の個人的影響などが挙げられる。

長生きしたミルの生存中よりも、彼の死後に一層、これらおよびそれに類した様々な影響が、技術進歩と相まって、政府の有効な干渉の範囲を拡大した。政府は今日では、介入が福祉をもたらすよりも害を与えかねない領域を識別するための、多くの新しい巧妙な手段をもっている。決定されたことを政府が有効に実行する力は大いに強化されたが、それは一部には、中央当局と地方当局のあいだでの力の調整と相互支援を通じてである。そして人々は今日では、統治者を統治することができ、権力や特権の階級的乱用を阻止することができる。それは普通教育がまだなく、生計を立てるのに精一杯でそれ以上の余裕がなかった時代には不可能なことであった。こうして、我々は今では多くの公共事業を安全に企画できるのであるが、それは、少し前であれば技術的にも実行できず、また、政府を牛耳っている者たちの利己的で腐敗した目的に悪用されたに違いない。しかし他方、このように政府干渉の範囲が拡大した結果、非常に多くの煩雑な新しい公共的業務が発生したため、いかなる政府といえども、おそらくはドイツ政府でさえ、政府が担うべき仕事を完全に遂行することはできないであろう。そこで、レッセ・フェールという合言葉《ウォッチワード》が新たに強調されるようになっている。すべての人が全力で働けるようにせよ。特に政府は、政府以外には効率的にできないような不可欠な仕事に専念せよ、と。

例えば、政府当局が目下の急務と感じていることは、都市を拡大するための基本計画をあらかじめ策定することである。この仕事は、次世代の健康と幸福のためには不可欠であり、当局がわずかな労力で遂行できる事業の中では、他の何にもまして重要なものである。民間の努力は、この件では無力である。そこで、私は大声で言いたい。「レッセ・フェール。すなわち、国家をしてあるがままに振る舞わせ、為すがままにさせよ」、と。国家は、隣人の家庭にいらぬ世話を焼く時間も精力ももちながら、自分の家はつねに乱雑になっているような人々の真似をしてはいけない。

さらに、議会は、本当の意味がどうみても不明瞭で、法廷で宣告されなければ明確にならないような法律を通すことをやめなければならない。なぜなら、そのような法律は、建設的な企業の妨げとなり、一回ないしはそれ以上の訴訟費用を負担できる人々に、不当な利益を与えるからである。公共当局が建築法規とその細則を制定する場合、社会的目的にとって有効であると同時に、よく考え抜かれた弾力的なものでなければならない。すなわち、当局の裁量を介さない一般的法規の自動的な適用によって、異なった条件のもとで他の建築物に対しても十分な強度を保証するような規則のために、自身の目的のために必要であるよりも強固な壁を造るようなことを誰も強制されてはならない。そのような改革には、政府予算の著しい増加は必要ない。しかし、政府がこの国の増大しつつある知性の相当部分を獲得する必要がある。そのような知性は、政府にしかできない仕事に集中的に投入されるべきであって、必要とされる社会的サービスのあいだに薄くいいかげんに振り向けられてはならない。代理人が信頼を裏切る場合、また、不正な生産者や商人が消費者を騙す場合、国家のみが適切な調査を命じることができるということ、また、国家の活動であっても、絶対的に必要でない限りは調査・仲裁という果たすべき義務を妨げることは許されない、ということを心に留めておく必要性が、今日ではかつてなかったほど高まっている。なぜなら、そのような課題は、いつでも準備万端の新聞記者を除いては、他の誰も遂行できないからである。さらに、公共サービスの清廉さを保つためには、公務員の誠実さが外部の支援をほとんど受けられないようなところで働かせることは控えるべきである。ただし、民間サービスならば一人で十分であるところに、煩雑な相互牽制が必要なために、多くの事務員が配置されているような組織は例外である。機械的な事務仕事の増大は、大企業の主な弊害の一つであり、比較的弾力的な株式会社制度のもとでも同様である。法廷での争いが避けられ、公務員のみが企業の公正さの有効な擁護者として活動できるような問題に関して、彼らがますます増大する誘惑のもとに置かれるならば、こうした事務仕事は悲しいほどに増大するであろう。

9　民間の手で経営するのに適しているが、清廉さを保つためには政府の手が必要となるような事柄に、政府企業が参入することから生じがちな反社会的影響についての若干の例証。

いくつかの例を挙げてみたい。牛乳の不注意な取扱いは、病気の油断ならない原因となるものであるが、これまで公共当局はこの点に関していくらか無頓着であった。実際これは、真に建設的な学説《ドクトリン》であるレッセ・フェールに反する一例である。政府を奮起させて本来の業務である教育を熱心に行わせ、イギリスの農民の教育水準をデンマークの標準にまで、たとえそれを超えるところまではいかないとしても、同等程度までは向上させるべきである。また、これに劣らず重要な問題として、衛生上の規制を強化させるべきである。現状では、母親が母乳《ナチュラル・フード》を与えることのできない乳児に、特に混ざり物のない牛乳を提供するために市営の貯蔵所を設けるのがよいかもしれない。しかし、そのような貯蔵所の役割は、純粋に教育的なものであって、やがては厳しい公共の監督下に置かれた啓発的で自由な協同組合に道を譲るべきである。しかし、集産主義者の大物が、民間の業者を牛乳産業から追い出すための糸口として、こうした貯蔵所を公然と宣伝している。このようなことは反社会的であると思われる。なぜならば、それは単純な事業において企業の基本的な原理を学びつつある多くの人々に対して、ふさわしい成功の道を閉ざすことになるからである。そしてそれは、市議会がなすべき仕事と、市議会が割き得る時間とのあいだの不釣り合いを著しく増大させるであろう。たとえ市議会議員が他に何もすることがなく、自分の個人的な事業のために、また、次の選挙に向けて有権者の機嫌をとるために精力を必要とすることがなかったとしても、そうである。

牛乳の供給は、比較的単純な仕事である。しかし政府が絶えざる発明と豊富な資源が必要な事業に乗り出すことは、社会の進歩にとって危険である。とりわけ、それは知らぬ間に進行するために、一層危険である。これはよく知られたことであるが、中央政府および地方政府の各部門で、数千人もの職員が、工学やその他の発展的産業に高給で雇われているにもかかわらず、何らかの重要性をもった発明が彼らによってなされたことは、きわめて稀である。その数少ない発明でさえも、そのほとんどすべては、W・H・プリース卿〔William Henry Preece（一八三四〜一九一三）イギリスの発明家。〕のように、政府の仕事に就く前に、自由企業において徹底的に訓練された人々の仕事である。政府はほとんど何物をも創造しない。もし政府の支配が一〇〇年前に民間企業の支配に取って代わっていたとすると、我々の今日の生産方法は、五〇年前のそれと同等程度の生産性にとどまっていたと思われる。そして現在のように、五〇年前の生産性のおそらく四倍から六倍も効率的になるようなことはなかったであろう。そしてその場合、この国の人口が四三〇〇万人になっていたとすると、この国の実質所得の総額は、現在の約半分となっていたであろう。それを全家庭に平等に分配した場合、平均的で健康な煉瓦職人や大工が今日稼ぐ額よりも少ないことになる。よく言われることであるが、仮に世界のすべての物質的な富が地震によって破壊されたとして、土地と知識と、次の収穫まで命をつなぐだけの食糧しか残らなかったとしても、人類は、一世代か二世代のうちに、以前とほぼ同等の繁栄を取り戻すであろう。しかし、蓄積された知識が破壊されると、物質的な富はそのまま残ったとしても、失われた繁栄を取り戻すには数千年の月日が必要となるかもしれない。

政府が集産主義の名のもとに、知識の源泉を反社会的に破壊するよう駆り立てられている一方で、公営の工学系の事業がしばしば目覚ましい躍進を遂げている。というのは、公営事業が息の根を止めつつある自由企業の最良の成果を併合してしまうからである。公営事業は、その莫大な財力によって、最新の設備を購入することができるし、少なくとも当面のあいだは、自身がその頭脳を略奪しつつあるともいえる当該事業のあるものに関しては、優位に立つことができるのである。その事業の収支は人々の注意を引き、しかも利益をあげている。公平性の観点からは、自身で発明を行えそうにない企業はどれも、他人の着想《アイデア》を利用する際には、使用料《サブシディ》を支払うべきであるという事実を、通常の観察者は無視してしまう。通常の観察者はまた、政府事業が陳腐化したときには、その収支はいつのまにかひっそりと姿を消してしまうという事実を無視する。実際、民間の事業に要求されるのと同じ完全で厳格なシステムに基づいて計算すると、排他的独占という優位をもたない政府事業が、投下資本の総額に対して相当良好な収益を生むといえるかどうか、大いに疑わしい。

政府はシェイクスピアの作品の立派な版を印刷することはできるが、それを書かせることはできない。市町村がその電燈や電力事業を誇るのを聞くと、『ハムレット』の新版を印刷したにすぎないのに、「我がハムレットの天才」を誇る人のことを思い出す。市町村の電力事業の形骸《カーカス》は当局のものであるが、その天才は自由企業のものである。

私は、市町村が、そのような事業をすべて例外なく放棄すべきであると主張しているのではない。実際、通行権の大規模な利用、とりわけ公道におけるそれが必要な場合、独占は不可避である。その場合、経営についてはともかく、所有権については、公共の手にとどめておくことが一般に、疑いもなく最善である。私はただ、絶え間ない創造と企業心が必要とされるような生産の領域に、政府の事業を新たに拡張することはすべて、ひとまずは反社会的と見なすべきであると主張しているだけである。なぜなら、それは、共同体の富の中で、比類ない重要性をもつ知識と発想《アイデア》の成長を妨げるからである。

10　まず人々の心に経済騎士道の精神が浸透するのでない限り、集産主義者の計画が完全に実行されれば、社会的な災厄が生まれるであろう。

有能で高潔な現代の集産主義の指導者たちは、初期のユートピア社会主義者や共産主義者の計画に比べて、彼らの計画がもつ技術的優位性をあまりにも強調しすぎている、と私は考えている。実際、そうした技術的優位性があることについては疑問の余地はない。初期の実験は、また、アメリカにおけるより最近の実験でさえ、田畑や工場で近代式の機械を使用することを軽蔑していた。彼らは世界の大市場から距離を置き、原始的な必要と大差ない程度の欲望を満たすのに、ほとんど原始的ともいえる方法を用いた。住居や家具についてさえ私有財産を認めず、趣味や生活上の些細な事柄についても、個性を発揮する余地を認めなかった。全員の労働による共同生産物をすべての人が平等に分け合うように計らった。もし何らかの差別があるとすれば、それは以下のような場合に限られていた。すなわち、草原を開墾する一家族の内部で、最も力強く頑健なメンバーに最も厳しい仕事を割り当て、病気の娘や妹に最もよい食事を与え、夏には最も窓に近い席を、冬には最も火に近い席を与える、といった程度である。労働者を能力に応じて分類し、特に困難な仕事、あるいは不快な仕事をした人には労働時間の短縮やその他の方法で埋め合わせをする、といった機会もなければ、それに必要な広い洞察力や先見の明もなかった。

現代の集産主義者たちは、彼らの計画はそのような偏狭さとは無縁であると主張している。統一された中央当局と各種計画を縦糸とし、部門別の責任と細部における自由裁量を横糸として、美しく編まれた織物を、彼らはおおよそ明確に予示してみせ、真剣に力説するが、おそらく問題の困難さについては十分に認識していない。彼らはプロシアの鉄道のような管理を目指している。そこでは、かつてアメリカの巨大ビジネスで徹底的に行われたような方針に従っている。それぞれの職階について、その最下層に至るまで、従業員が各自の職場で自由で自発的な活動を行えるような機会と刺激を与える工夫がなされている。彼らは個性に対して忠実な熱意を表明することを公言している。時折一人きりの時間をもつことは、人間の精神の健康のためには非常に大切なことであり、孤独の失われた世界は、半ば死んだ世界である、というジョン・ステュアート・ミルの熱烈な叫びに追随する人々もいる。新旧の集産主義者のあいだにおけるこうした技術的な対照をみると、一見したところでは、過去における熱狂的な社会主義の失敗は、現在幅を利かせている計画に対しては、何の警告的教訓をも与えるものではない、と思われるかもしれない。しかし私は、より綿密に観察すれば、その反対であるとあえて考えている。

というのは、これらのユートピアの多くは、普通の人間、すなわち、指導者としての資質を備えていない人間の胸の内に、どれほど多くの経済騎士道が存在しているかを研究する目的のためには、ほとんど理想的で完全な実験であったからである。その結果、普通の人間にとっては、騎士道よりも嫉妬心の方がはるかに強力であるということが決定的に証明されたと思う。これらのユートピアの失敗の直接的な原因が、その技術的な欠陥にあったということは稀である。失敗の原因はむしろ、一部のメンバーが、他の者は困難で不快な仕事を割り当て分より少ししかやっていないとか、生活上の安楽や娯楽をこっそりと割り当て分以上に享受している者がいる、と思い込んだりするところにある。しかし、こうした不満を抱いている人々も、近隣の企業に移ってそこで相応の待遇を見つけるのは容易ではなかった。なぜなら、そうすれば、彼らをこの運動に惹きつけ、また彼らのうちある者がそのために犠牲を払ってきた希望や理想を放棄することになるからである。現代世界においては、ほとんどの人には移動の自由という形で健全な感情のはけ口が与えられているが、彼らの不満にはそのはけ口がない。そのため、不満は表面下に潜伏し、鬱積していき、ついには社会全体が怨恨に満ち、破局を迎えたのである。このことは、実際、ほとんどすべての計画が――文字通り全部の計画が、とまでは言わないまでも――経験したところである。数少ない例外は、積極的であれ消極的であれ、特定の宗教的信条に対する熱心な献身が、彼らの生活と思想を完全に支配した場合のみである。こうした例外的な社会においては、物質的快楽はほとんど問題にならず、個人の嫉妬も、普通のメンバーが俗世の野心や誘惑を超越した預言者として崇拝する指導者の助言と権威によって、鎮めることができた。

ドイツにおいては、官僚制の支配が他の諸要因と相まって、激しい階級的憎悪をはぐくみ、社会の秩序は市民に対して兵士が発砲する意志に依存するようになった。そしてもちろん、より官僚的なロシアでは、状況はさらに悪い。しかし集産主義のもとでは、官僚制的な規律が社会全体に浸透しているところから何かしらの訴えが起こってくることはないであろう。ある人は、しばしば不当な扱いを受けていると考えるであろう。共有の資金に貢献するところが自分よりも少ないのに、えこひいきや買収によって、はるかに多くのものを受け取っている者がいる、と信じることもあるであろう。そうした人物は、可能であれば、自由企業がなお栄えている国へ逃亡するであろう。しかし、もしそのような避難所《ヘイヴン》が存在しないならば、彼の不安は大きくなり、当局に対する服従も不承不承のものとなるであろう。こうして不満を抱く者が力ずくで仕事をさせられるならば、その結果生じる圧政は、その細部の些末さにおいて過去のいかなる記録をも超越するものとなり、また、人生を生きる価値のあるものにしているあらゆるものを破壊せずにはおかないであろう。

それゆえ、集産主義がそれなりにうまくいくためには、自分の運命が不当に過酷であると感じている人々が、いまだ発見されていない何かしらの方法で救済の道が見つけられるように、十分な備えが必要である。集産主義体制のもとにおいても、様々な職業の仕事と報酬を自動的に調整するために巧妙な示唆が行われていることは事実である。しかしそれらは、協同組合や競争的企業でしっかり働いてきた人にとっては、満足できるものではないであろう。

しかしながら、議論を進めるために、この目的に照らして実行可能な計画が考案されたものと仮定しよう。その場合でさえ、我々は、すでに示唆したような困難に直面せざるを得ない。すなわち、過去において人間が自然を支配する力は、事業の方法やその応用によって得られたのであるが、もしも、人類がこれまでに達成してきたよりもさらに高い経済騎士道の水準に向上する前に、自由企業が廃止されるならば、そうした方法や応用の改善が、ほどほどの活力を維持することさえできなくなるであろう。自由企業体制の世界は、経済騎士道が発展するまでは、最高の理想には程遠いものであろう。しかし、経済騎士道が発展するまでは、集産主義の方向への大きな歩みを進めることはどれも、我々の現在のゆるやかな進歩を維持することに対してさえ、重大な脅威となる。

11　現在の制度のもとにおける個人および社会全体の経済騎士道の社会的可能性。

結論を述べると、この世界には、一見して思われるよりもはるかに多くの経済騎士道が存在している。最も重要で進歩的な事業が、大規模な騎士道的要素なしに行われたことはほとんどなく、それはしばしば主に騎士道的動機によって支配されている。しかし他方で、騎士道的でないやり方で富を獲得したり、高貴さの片鱗も感じさせないような多額の支出が行われることも多々ある。騎士道的で高貴なものを、そうでないものから区別することは、注意と思考力と労力を要する仕事である。この仕事を遂行することは、実業家の膝元に座して彼らから学んでいる経済学者の第一の義務である。世論を導き、これを形なき名誉法廷とする努力をしなければならない。すると、いかに大きな富であっても、それがごまかしや情報操作、不正取引、あるいは悪質な手口でライバルを破滅させることによって得られたものであるならば、社会的成功へのパスポートとはならないであろう。目的や方法の高貴な企業は、大きな財産をもたらすことがないとしても、しかるべき公衆の称賛と感謝を受けるであろう。これは優れた科学研究、文学、芸術の場合と同様である。

　アテネやフィレンツェの目の肥えた群衆が与える高い評価は、想像力豊かな芸術に対して最も強い刺激を与えた。来たるべき世代が、現代のビジネス活動において真に創造的で騎士道的なものを探求し、これに名誉を与えるならば、世界は物質的富においても人格的な富においても急速に成長するであろう。高貴な努力が呼び起こされ、鈍感な人間でさえ、富が獲得された経緯を尋ねることなく、ただ富それ自体に敬意を払うことを、徐々にやめるであろう。卜劣な手段によって富を獲得しても、社会的信頼は得られず、世間の支持も得られないであろう。いかに高貴な感情に欠ける政治委員会といえども、財産の多くを卑劣な手段で得たことが判明している候補者を選ぶといった、最近の例にならうほど浅はかなことはしなくなるであろう。卑劣な人間が富を重んじるのは、それがもたらす社会的名誉ゆえであったが、こうした状況になれば、卑劣な行為によって獲得された富は、社会的名誉を生まなくなる。また、卑劣な行為をすることで、高潔さには欠けていても、才能と常識をもった人々から嫌われることになろう。

騎士道は、インドやエジプト、その他の土地で、多くの行政官を、彼らの支配下にある民衆の利益のために献身するよう導いてきた。この騎士道は、イギリスの因習にとらわれない弾力的な行政方法が、国家サービスにおいて、自由で優れた企業心を発揮させる機会を与える方法の一例である。それは、先見性や組織に関する多くの欠点を償うものである。さらに、イギリスにおいては国事に対して官僚制の魔の手がわずかしか伸びなかったため、活発な民間企業で訓練された人々の自主的な委員会を組織することができた。彼らはロンドンの交通システムや陸軍管理のような大きな問題に関して、束縛を受けずに素晴らしい仕事を行った。そしてこのことはまた、善をなす大きな可能性を秘めた騎士道の活動の一つの形であり、これを研究し賞揚することが経済学者その他の任務である。

怠惰な生活を送る富裕者が軽蔑されるような世論が次第に形成されることを期待したい。生活の活力がますますスポーツに注ぎこまれるようになってきているが、そうした活力は、公共の福祉のためになされる堅実な仕事にますます多くのはけ口を見出すようになるであろう。高い能力と信頼できる性格が必要でありながら、高額の報酬を支払うことが容易でない仕事がある。エリオット総長〔Charles William Eliot（一八三四～一九二六）一八六九年から一九〇九年までハーバード大学総長を務め、アメリカ高等教育の改革を行った。〕が示唆しているように、そういう仕事にこそ、富裕者が従事するようになるであろう。例えば、貧しい者は、多額の貨幣を取り扱えば誘惑に陥りがちであるが、富裕者であればそうした誘惑に陥らずに仕事をこなすことができる。また富裕者は、将来の進歩のために道をひらくが、民主主義のもとで豊富な資金を与えられるほどの十分な成果をただちに生み出すわけではない公共事業に関与するかもしれない(6)。

こうして、仕事における騎士道は、富の利用における騎士道になる。見せびらかしのための支出は、いかに芸術的な雰囲気で偽装しても、卑しいものと考えられるであろう。優れた絵画、とりわけまだ世に知られていない芸術家の絵画を買うことに精力を費やし、それを生前にとは言わないまでも、死後に寄付する者は、自分の富から十分な報酬を得たといえよう。自分の庭園を美しくし、これを一般に公開し、さらにおそらくは付近の工業地域から来られるよう交通の便宜をはかる者にも、同様のことがいえよう。

個人における経済騎士道は、社会全体としての同様の騎士道を刺激し、またそれから刺激を受けるであろう。やがてこの両者が相まって、富裕層に大きな圧迫をもたらすことなく、年に一億ないしは二億ポンドを生み出すであろう。こうした資金は、新たに我々が自然を征服することから発生する主な利益が、皆の手に入るようにするのに役立つかもしれない。

そのような資金が用意されると、国家は戸外の快適な生活のために十分配慮ができるようになる。休日の散策に家を出るとまもなく、新鮮な空気、様々な風景や色彩の変化が、市民とその子供たちを待ち受けているであろう。健康で丈夫な人は皆、自分の家をうまく管理《オーダー》することができる。自然美や人工美を一般市民の手の届くものにできるのは、国家のみである。しかし、騎士道精神を備えた富裕者は、莫大な支出を必要とする計画について、自治体を援助することができる。例えば、オクタヴィア・ヒル女史〔Octavia Hill（一八三八〜一九一二）イギリスの社会改革者。〕がやったように、すべての大都市の付近に、それぞれ異なる間隔で広い緑地帯を次々に設置し、それらを横断する並木道で結ぶ。そうすることによって、労働者やその妻は、子供を周囲で遊ばせながら、広場まで歩いていくことができる。また、ロンドンが高い土手とともにテムズ川《グレイト・リバー》から得ている特別な自然の利益は、目で見ることはできず、想像力を働かせないとわからないという非難があるが、そうした富裕者は、この非難を取り除くためにも援助することができる。富裕者の存命中には、こうした必要性や、それに準ずる同じような用途に、その財産の多くが投じられるであろうし、その死後には財産の大部分が公共の用途に供せられるであろう。なぜなら、巨額の財産を主として親族に遺すのは、富の利用法としては卑しいものであるという考え方が広まり、それがさらに、莫大な富の相続が純然たる善であることはほとんどない、という富裕者の認識を強化するからである。思慮深くゆとりのある性格は幸福の唯一の真の源泉であり、そしてその性格は、ある種の自己強制および自己抑制の苦痛を経ることなしに形成されることはきわめて稀であることを、強い人間《ストロング・メン》はますます認めるようになっている。幼少の頃からどんな気まぐれも満たされてきた人々は、精神において貧しくなりがちである。

富裕者はさらに、本人には何の落ち度もないのに虚弱で病に悩んでいる人々の苦痛を救済し、また、たった一シリングであってもそこから、富裕者が費やす余分な数ポンドから得られるよりも大きな実質的便益が得られるような人々を救済するために、現在以上に熱心に国家に協力するであろう。彼はまた、意志薄弱あるいは悪習ゆえに自尊心を失った人々が、その生活を改善したり、その子供たちをさらに堕落させることをやめさせることを手伝ったり強制するために必要な、お金のかかる組織に寄付するであろう。彼が奉仕活動を増加させることによって、公正なものと不正なもののあいだの大雑把な区別でさえ非常に困難で、巨額の支出を必要とするため、老若を問わず、緊急に援助を必要としている者全員に、同一の基準を適用せざるを得ない、といった不当な言い訳を国家は放棄するようになるであろう。そのような状況においては、人々は一般に、栄養状態が良好で、教育も充実しているため、我が国は快適に住める土地となるであろう。賃金は、時給でみれば高いが、労働が高価《ディア》だとは言えない。それゆえ、公共目的のためにかなりの重税が課されたとしても、資本が流出する心配もないであろう。富裕者も国内に住むことを好むであろう。それゆえ騎士道に基づく真の社会主義は、資本を奪われることを恐れるあまり、どの国も他国に先駆けて移行することはできないといった危惧から超越している。この種の国民的社会主義は、個性と柔軟性に満ちている。マルクスが彼の「インターナショナル」計画に必要であると考えた、機械的調和の鉄の結束は、この社会においては必要ないであろう。

もし我々がこの騎士道を教育できるならば、この国は民間企業のもとで繁栄するであろう。あるいは、もし集産主義者が、人間の性格は騎士道に根差しているのであり、彼らの偉大な冒険が大きな危険に遭遇することなく試みられる、ということを証明できれば、我々がいま想像できるのとは違った文明が、現行の文明にとって代わるかもしれない。そのような文明は、もちろん、より高度な文明であろう。しかし、世界の商業全般がやがて空中で行われるようになると確信している人々は、我々の鉄橋を破壊することを勧める前に、風に逆らって重い荷物を運ぶ航空機を造るべきである。同様の理由により、進歩のために絶えざる自由な創意が必要とされる産業に、集産主義的管理を不必要に導入することによって、創造的な企業の活動範囲をさらに狭めてしまう前に、集産主義のもつ諸困難をより注意深く研究することが最善であると思われる。

このように、我々の目の前にある目的は偉大なものである。それは着実で綿密な分析と、現実の状況についての骨の折れる研究を必要とする。経済学者だけでそれを行うことはできない。この研究において経済学者の果たす役割は大きなものではないことが判明するかもしれないが、私自身は経済学者の役割は非常に大きいと信じている。そこで、現在最も差し迫った問題は、我々の心と他の人々の心の中で、経済学研究と騎士道的努力を結びつけることであると言いたい。

**注**

（1）本章は、『エコノミック・ジャーナル』一九〇七年三月号に掲載された論文に若干の細かい修正を加えて再録したものである。

（2）自然は原料の収穫においては吝嗇であるとしても、人間の努力を助ける動力が、電気の助けを得てますます豊富《リベラル》に供給されることでそれは償われる、と主張する人々がいる。しかしこの考えは技術上の誤解を含んでいるように思われる。電気は、遠隔地に大量に送る場合にも、個別の機械に少量送る場合にも、動力の分配を容易かつ廉価にする。また、機械が完全稼働状態でない場合に浪費される量を減らすことで、動力を節約する。しかし電気は、水力を供給される場所で水力の利用を節約するのには比較的わずかしか役に立たない。水力は、使用が断続的であるため、一般に、ほとんどの目的にとって、一見して考えられるよりはるかに経済性は小さい。主な例外はいくつかの化学工業である。化学工業では二四時間を通じて操業可能で、水の供給が少なくなっても、（比較的少人数の労働者しか雇用されていないため）大きな損失を被ることなく作業を短縮できる。イギリスには、利用できる水力があまりない。潮力も、ごく少数の河口を除けば、費用に見合わないであろう。大口消費者に対する継続的な動力供給の価格は、ニューカスル・オン・タインにおいてもナイアガラにおいても同じであるということは注意しておいてよいであろう。水力発電はイタリアの資源を増加させるかもしれない。しかし、イギリスの石炭が稀少になった際には、その資源を維持するのに役立つことはないであろう。

（3）統計に見られる状況を別の観点から考察することもできる。商務省《ボード・オヴ・トレイド》が行った一八八八年の部分的賃金調査の結果によると、主要な製造業で雇用されている男性、女性、および児童の年平均所得額は、四八ポンドであった。この報告は、多数の出来高払い労働者が得た高賃金を十分計算に入れていない。またそれは、他の点ではむしろ高すぎると批判されているが、今日では平均五〇ポンドを超えていることは確実であろう。それゆえ、平均的な能力をもった平均的な人数の家族は、全員が製造業に雇われているとすると、幼年層や高齢者を含めたすべての人々に対して平等な所得分配が行われた場合に比べて、はるかに高い所得を得ていることになる。

（4）そのような人物の想像力は、チェスの達人のように、将来にわたる遠大な計画の成功を妨げるかもしれない障壁を予見することに用いられる。また、それに対する反撃を頭の中に描いているため、素晴らしくみえる助言なども絶えず拒否することにも用いられる。彼の強靭な精神力は、軽率なユートピア的計画を考案する神経質で無責任な人物とは、人間性において対極に位置するものである。そうしたユートピア的計画は、最も難しいチェスの問題を、白の駒も黒の駒も自分で動かすことによって手っ取り早く解決しようとする、下手なプレイヤーのずうずうしいやり方に比すべきものである。

（5）ミルの『自伝』、ないしは一八七九年の『フォートナイトリー・レビュー』誌に発表された「社会主義について」と題する論文、あるいは彼の『経済学原理』の第四編および第五編のそれぞれ最終章で論じられている進歩と政府の機能に関する議論を読み、それらをカーライルの『ナイアガラを下る』というパンフレットと比べると、カーライルの気質を寛容とし、ミルの気質を厳格とする世間の意見は正しくないことがわかるであろう。むしろ、その逆であるとさえ思われるかもしれない。

（6）『偉大な富』[*Great Riches.*] 一九〇六年。最近ハーバード大学から発表された素晴らしい発言――アメリカ経済学会において一九〇五年一二月にタウシッグ教授 [Frank William Taussig（一八五九～一九四〇）アメリカの経済学者。」が行った講演「富に対する愛と公共事業」――と比較せよ。

# 第六章　ジェヴォンズ氏の『経済学の理論』[1]——一八七一年

本書［『経済学の理論』］は「経済学者のお気に入りの学説の少なからぬ部分に異議を唱え」ようとするものである。その主な目的は、ミルの価値論に代えて、「価値はもっぱら効用に依存する」という学説を主張することにある。二つの商品の交換比率は、均衡が達成されているときには、各個人が獲得する商品の最終部分の効用が、その交換比率のもとで彼が提供する他の商品の最終部分の効用と、ちょうど等しくなるように決まるであろう。商品の効用は、幾分は「予想《プロスペクティブ》」であって、将来のある時点でそれを所有していることから生じる便益に左右される。そしてこれは、そのときまでに代用品を調達するのがどれくらい困難であるかに幾分は依存する。「労働はしばしば価値を決定することがある」が、それは、「供給の増加を通じて商品の効用度を変化させることによって、間接的にのみ」あてはまる話である。効用の予想について述べられたことを踏まえると、著者が前述の立場と、労働を価値の源泉とするリカード理論とが相容れないものと考えているのは、驚くべきことである。しかし、この点に関するリカードの言葉には体系的な厳密さが欠けていた。そして、より著名な後継者の多くの言葉がリカードと異なっていたのは、厳密さを欠く点が体系的でなかった点だけである。自然な反動として、価値の理論をもっぱらこの無視された真理に基づいて構築しようという試みが、一連の有能な人々によって行われてきた。

この二組の理論の相違は非常に重要ではあるが、それは主として形式上の相違である。例えば、この本をずっと読み進めていっても、実質的に新しい重要な命題を見出すことはないであろう。しかし遂に著者は尻尾を出し、「交換の理論」の最後でこんな言葉が見つかる。

労働は供給に影響を与え、供給は効用度に影響を与え、これが価値ないしは交換比率を支配する。しかし行き過ぎて労働が価値を規制すると考えてしまいがちであるが、労働それ自体は価値を等しくするものではないということを忘れてはならない。……私は、労働は本来可変的なものと考えている。それゆえ、その価値は生産物の価値によって決定されるべきであり、生産物の価値が労働の価値によって決定されるのではない。

ここに含まれている混乱は、単なる用語上の混乱だけではない。彼はその結論の中で、様々な雇用における賃金の変動に関する通常の理論に対する攻撃に再び立ち帰り、次のように述べる。すなわち、「労働者の賃金は、究極的には、彼が生産したものから地代、租税および資本利子を差し引いたものに一致する」と。地代や租税などは現物で支払われるわけではないため、こうした控除を行うためには完全な価値論が必要であることに彼は気づいていない。彼は、賃金の額や生産物の交換価値が可変的な要素であって、それらの変動が他方に影響を及ぼすことに言及していない。彼は、価値は絶対的かつ独立に決定されるもので、賃金はその後に決定されると考えている。彼は続けて言う。

私の考えでは、方程式

生産物＝利潤＋賃金

において、生産物の量は本質的に可変的であり、利潤が最初に決定されるべきである。利潤を監督賃金、リスクに対する保証、利子に分解すると、最初の部分は賃金そのものであり、第二の部分は様々な職業における結果を均等化し、利子は前章で述べたように決まると考えられる。

ここで述べられている、いかなる賃金論や価値論からも独立に利子の説明を与えようという試みは、大胆かつ巧妙である。推論は数学的であるが、この議論は次のような例で言い表すこともできる。AとBは、同じ資本を用いて、異なるプロセスで帽子を生産するものとしよう。もしAの工程がBのそれよりも一週間長くかかるとすると、Bが獲得する数を超えてAが余分に獲得する帽子の数は、Bの個数に対する一週間分の利子でなければならない。こうして、利子率は、価値論の助けがなくても二つの数の比率として表現される。ただし、表現されはするが、決定されるのではない。しかし右の引用文では決定される、と述べられている。速度の異なる製造工程の相対的な生産性は、利子率を決定する諸要因の一つであるにすぎない。もし何らかの他の原因が利子率を下落させるならば、Bの工程は放棄されるであろう。利子率は、製造業において採算のとれる工程の期間を左右するが、逆に、同じくらいそれによっても左右される。あたかも太陽系における各天体の運動が他のすべての天体の運動を左右し、かつまたそれらに左右されるように、経済問題の諸要素も相互に影響を及ぼし合う。問題を分割し、いくつかの要素の影響をしばらくのあいだ無視し、他の事情が等しい限り《セタリス・パリブス》、一つまたはそれ以上の他の要素の想定された変化に伴うに違いないある一要素の変化を研究することは、正当であり、かつ必要なことである。そのような研究の結果は、そのままでも、ある特殊なケースには大まかには適用できる。しかし、このことは、ある一つの要素が別の要素によって決定されると、例えば、価値は生産費によって決定されるとか、賃金は価値によって決定されるとか、一般的に言うことを正当化するものではない。著名なリカード派の論者の中で、この前者の表現を用いることによって、簡潔さを求めて正確さを犠牲にすることがなかった人物を一人として思い出すことは困難である。ジェヴォンズ教授が後者の表現を用いたことは、そのような単純化の危険に注意を喚起するものであれば、有用だったと言えるであろう。

しかしながら、本書の主な価値は、その人目を引く理論にあるのではなく、数多くの小さな点に関する独創的な扱い方、その示唆的な表現、そして注意深い分析にある。我々は、新しい衣装をまとった古い友人に次々に出会う。その扱い方はときに煩雑ではあるが、スタイルはつねに活気にあふれている。この主題を扱った本で、退屈だという非難を受けることがこれほど少ない本は稀である。ある商品の総効用は、その「最終効用度」、すなわち我々が今まさに手放そうとしている部分、あるいは場合によっては苦労してそれを獲得しようとする部分、に比例しないということは、よく知られた真実である。しかし、ジェヴォンズ教授はこれを、数多くの経済的事実を飾る衣装の中心的思想《アイデア》として用いた。例えば、外国貿易の便益を評価する際、我々はその最終効用度だけでなく、外国貿易によって得られるものの総効用にも注意を払わなければならない。しかし交換比率によって示されるのは最終効用度のみである。この点に関する彼のミルに対する攻撃は、幾分批判の余地はあるものの、読むに値する。ミルは、国際貿易の総効用を無視したことに対する弁解として、主題の困難さを挙げているが、ジェヴォンズもその困難を克服したわけではない。また、産業に対する資本の総便益、すなわちその総効用は、利子率によって測定することはできない。利子率は最終効用度のみに対応するものだからである。また、労働者にとっての賃金の最終効用度は、賃金額の増加につれて減少するが、労働によって生じる最終苦痛度は、ある一定時間経過後は、労働量の増加とともに増大する。それゆえ、職人は彼の実質賃金がかろうじて生計を立てられる額に達するや否や、賃金のそれ以上の増大よりは労働時間の短縮を求めてストライキに訴える。

彼のより興味深い付随的な議論の中には、ソーントン［William Thomas Thornton（一八一三〜一八八〇）イギリスの経済学者。ミルに賃金基金説を撤回させた。］が価値論において見出した困難、および肉体労働の節約に関する議論がある。彼は「市場」、「労働」、「資本」、「流動資本」といった用語の定義に貢献しているが、各用語の関連を十分に明確にしているわけではない。彼の明晰さは、暗闇の中で目が見えるようにしてくれる。また専門的な経済用語が存在しないことに対しておそらく、全体として、この科学が通俗性を得るために支払ってきた最も厳しい罰について我々に意識させてくれる。実際、彼はもう少し注意していれば有用な表現になったかもしれない一つの表現を与えている。すなわち「あらゆる種類の食糧、衣類、道具、家具、および社会が通常の暮らしのために必要とするものの適当な詰め合わせからなる」資本を、彼は「自由資本」と呼ぶ。なぜなら、それは「いかなる産業部門でも、またどんな種類の産業でも無差別に使用できる」からである。実際、彼は「価値」という用語をどうしようもない《ホープレス》ものと考えており、その使用を避ける意図——実際には固執していないが——を表明している。

交換価値が表現するのは比率以外の何物でもない。そしてこの言葉を他の意味に用いるべきではない。単に金一オンスの価値と言うのは、一七という数字の比率を語るのと同じくらい不条理である。

金一オンス［貴金属の計量に用いられるトロイオンスは一オンス＝約三一・一グラム］、あるいは一立方インチの金の価値を語ることとは、一立方インチの金の重さを語ることに比べて、特に不条理であるとは思われない。いずれの場合も、引き合いに出されるのはある特定の時と所において慣習的に採用されている単位である。ジェヴォンズ氏は、「人々がそのような実在しないものを、あたかも内在的価値であるかのように語るよう導かれる」ことに不平を言う。しかし特定の重力の定義を問う試験官が、もし「内在的な重量」という解答を聞いたことがなければ幸いである。ある用語を誤用したからといって、それを排斥する十分な理由とはならない。「賃金率」という用語をリカードはこじつけの意味に用いており、それについてジェヴォンズ教授は理解し損なったが、我々はこの用語をなしで済ませることはできない。

さらに、彼はミルの「幸いなことに、価値法則において、現在または将来の論者が解決しなければならないような問題は何一つ残されていない。価値の理論は完璧である」という発言に抗議するという貢献をした。おそらくミルがこのように言ったのは、非常に狭い意味に解釈されることを意図してのことであっただろうが、それにしてもこれは不幸な発言であった。ジェヴォンズが言うように、いかなる科学についてもこのような発言は軽率である。重力の法則についてこのように言うことはきわめて軽率であろう。もしミルが次のように述べていれば、もっと正確であっただろう。すなわち、すでに起こった問題のみを考慮した場合でも、価値論に関して、現在に至るまで経済学の全研究に費やされてきたよりも、さらに大量の科学的研究をその完成のために必要としないような側面は一つもない、と。また、価値に関して問うことのできる問題で、完璧な答えが得られそうな問題はほとんど存在しない、と。例えば、ジェヴォンズ教授のおかげで有名になった問題を取り上げてみよう。需要の増加に起因する帽子の価格上昇が、帽子職人の賃金に及ぼす影響はどのようなものであろうか。もちろん、考慮すべき要素の一つは、新規労働者をこの業種に導き入れる際の便宜である。これは、息子に対して帽子職人になるのに十分な教育を与えることはできるが、それよりもはるかに良い仕事につかせるに足る教育を与えることのできないような、帽子製造業あるいは他の仕事に従事している両親の数にどこまで依存するだろうか。平均的な熟練労働者の生産費と彼の報酬との関係はどのようなものだろうか。これは数多くある問題の中の一つにすぎない。どの方向に答えを求めるべきかを、我々はおそらく知っている。しかし問題は、解答がまだできあがっていないということである。そして解答ができあがるためには、どんな困難を克服しなければならないか、誰にもわからないのである。

ジェヴォンズ教授は、その推論のほとんどを英語で表現しているが、彼はまたそのほとんどを数学的にも表現している。彼は、経済学に数学的方法を適用できることを、長々とかつ力をこめて論じている。

もし、ある物が存在するかしないか、ある出来事が起こるか起こらないかを、単に問題にする科学があるとすれば、それは純粋に論理的な科学であるに違いない。しかし、もしその物が大きいか小さいか、その出来事がすぐに起こるか遅れて起こるか、近くで起こるか遠くで起こるかが問題となるとすれば、その場合には数量的な動きが入ってきて、我々がそれをどんな名前で呼ぶにせよ、その科学は本質において数学的でなければならない。

数学は、データが非常に不正確である物理科学に適用された場合でもうまくいったと彼は主張する。そして経済統計の無数の可能性が、すでに大小の商社の帳簿の中に、半ば表の形で存在していることを主張している。これらの点や、類似したいくつかの点に関する彼の見解は、実に素晴らしい。一般的に言えば、実際のところ、彼は数学的な推論方法をごくわずかしか使用していない。そして彼は、この数学という言語から引き出せたかもしれない正確さを、十分に活用することすらしていない。彼は、数量をある変数の関数として表現しているが、何がその変数であるかを必ずしも明示しているわけではない。彼の微分係数が全微分係数であるのか偏微分係数であるのかを知るためには、彼の推論の全体を独立に理解することがしばしば必要となる。また、全微分であることを彼自身がほとんど忘れてしまったかに見える箇所がいくつかある。彼は「ある交換行為の最終増加分は、交換される総量と同一比率で交換されなければならない」という事実を、方程式

$$\frac{dy}{dx} = \frac{y}{x}$$

で表している。

彼は $\Delta y$ と $\Delta x$ とのあいだに何らかの関係が存在することを示していないが、$dy$ と $dx$ をその極限と考え、それが $\frac{dy}{dx}$ という一つの微分係数を構成し得るものと考えている。数学的な表現はただ混乱を引き起こすばかりである。この方程式を積分することによって得られるおかしな結果をみるのも一興ではある。しかし、これは誤解を含んでいる。軌跡上の一点は、ある微分係数をもつ方程式によって決定できるかもしれない。その方程式を積分すると、我々はこの軌跡ではなく、決定されるべき点においてそれと交わる別の軌跡を得ることになる。彼が数学という言語を用いたことで生じた、弁解の余地のない別の種類の不正確さの一例は、輸入品への課税が国際的な交換比率に及ぼす影響の研究にみられる。彼は、政府は現物で課税し、それを破棄するか、もしくはいずれに

せよ、さもなければ国内で生じたと思われる需要に影響しないような仕方で消費するものと暗黙裡に仮定している。

我々は、イギリスおよび大陸の老練な数学者が、経済問題の扱いに彼らのお気に入りの方法を適用した多くの研究に、数多くの貴重な示唆を負っている。しかし彼らの推論や結論で重要なものはすべて、ほとんど例外なく、通常の言葉でも述べることができるものばかりである。他方、図形《ダイアグラム》という言語は、あるいは、フリーミング・ジェンキン教授［Henry Charles Fleeming Jenkin（一八三三～一八八五）ダーウィンの自然選択説を批判した。マーシャルは『原理』第八版第五編第一三章において、ジェンキンのグラフ的方法に言及している。］がグラフ的表現と名づけたものは、数学的表現と同じくらい簡潔で明快に表現することができる。さらに、数学的な方法は、例証しようとする法則が少なくとも近似的に決定されるまでは、統計を記録するのにあまり適していないし、また、すべての読者に理解できるものでもない。この本から数学を省き、図形を残せば、もっと良いものになるだろう。

上記の書評に対するコメント（原稿日付なし）——マーシャル博士の文書の中から発見された

私はジェヴォンズの『理論』を大いに興奮しながら読んだ。しかし、私が直面していた困難には何の助けにもならず、腹立たしかった。その後、私は彼をより高く評価するようになった。彼の多面性、統計的研究と分析的研究を結合する力、彼のたえず新鮮で誠実な輝かしい個性、示唆の豊かさは、次第に私に感銘を与えていった。そして今では私は、彼を最も偉大な経済学者の一人として尊敬している。しかし現在でさえ、私はジェヴォンズの『理論』の中心的議論は、クールノーやフォン・チューネン［Johann Heinrich von Thünen（一七八三〜一八五〇）ドイツの経済学者。主著に『孤立国』がある。］の業績よりも一段低い水準のものと考えている。彼らは数学を優雅に扱った。ジェヴォンズは、サウル［Saul。旧約聖書『サムエル記』に登場する。前一一世紀にペリシテ人を破ったイスラエルの初代の王。ダビデが人々から賞賛されるのを妬んだ。］の鎧を着たダビデ［David。サウルの義理の息子で、イスラエルの第二代の王。ペリシテ人の英雄ゴリアテを討った。］のように見えた。彼らは自然の諸力の様々な相互作用を鏡に写し出した。ジェヴォンズが貨幣、統計、そして実践的な問題について書いているときには、彼の右に出る者はいなかったが、中心的議論において彼は数学に煩わされていたため、自然の作用を引き出して、一本の長い列のように描こうとした。この理由は一つには、彼の、他の場合には誠実で寛大な性格の弱点がここであらわれてしまったことにある。彼は、ミルのほとんど教皇的な権威が若い研究者に及ぼした悪影響に強い印象を受けていた。そして彼は、自分の学説を、実際にそうである以上にミルやリカードの学説と相容れないように見えるよう、強情にねじ曲げたように思われる。しかし、リカードは数学的訓練から何の助けも得ていなかったにもかかわらず、非常に滑りやすい数学的推論の道筋を安全に進むことができた天才であり――ミルの場合はそうではない――彼は私にとって英雄の一人になった。そして私がジェヴォンズの『理論』を読んだとき、リカードに対する青春時代の忠誠心が沸き返った。『アカデミー』誌の編集者が、私が同じ方面の研究をしていることを聞いて、『理論』の書評を書いてくれるように頼んできた。それから四半世紀が経ったが、私の草稿に押し入ろうとしていた怒りの言葉の数々について、今でも生々しく記憶している。私はそれを削除したが、しばらくするとまた別の形であらわれてきて、再び削る、といった有様であった。その論文は、私が書いたこの種のものの中では最初のものであり、とりわけ形式面で粗雑である。しかしそれは私が現在奉じている分配理論の核心を含んでいる。それはまず第一に、アダム・スミス、マルサス〔Thomas Robert Malthus（一七六六～一八三四）イギリスの経済学者。『人口論』で知られる。〕、そしてリカードに基づくものであり、第二に、内容に関してはフォン・チューネン、思考の形式に関してはクールノーに基づくものである。経済学の多くの面について、私は他の誰にもましてジェヴォンズから多くを学んだ。しかし私が『原理』の序文で謝辞を述べるべき相手は、クールノーおよびフォン・チューネンであって、ジェヴォンズではなかった。

**注**

（1）『アカデミー』一八七二年四月一日。

# 第七章　ミル氏の価値論(1)――一八七六年

よく言われることであるが、人が他人の意見を非難するためにものを書く場合、自分自身の意見を述べるときに生じる誤謬の可能性だけでなく、別の誤謬の可能性にもさらされている。なぜなら、彼は、自分が批判していると信じている思想を正しく把握し損ねているかもしれないからである。ある真理がある人にとって非常に重要であると考えられ、そのことをはっきりと認めるならば、彼はその真理を他人にもはっきり認めさせるであろう。そして彼がそれを建設的に書いている分には信頼できるだろう。しかし彼は、先行研究の評判を貶めることによって自分の名声を高めようという誘惑には全く動じないとしても、彼の心中を支配している真理に対する献身のあまり、補足的な諸真理の地位に嫉妬するばかりか、自らの思想に夢中になっているために、そうした諸真理が他人の心中に占めていた意義が理解できなくなってしまいがちである。それゆえ、現代のイギリスの経済学者ならほとんどが教科書として勉強してきた書物の中心的学説の諸側面について、様々な著者から一連の攻撃が行われてきたということは、時代が不健全だという証拠にはならない。そして、これらの攻撃のあるものが、大きな力をもつ思想家によって行われていることも、驚くべきことではない。だからといって彼らが価値論の構築のために貢献してきたことの功績が損なわれることはないが、彼らの破壊的な批判が、ミルの業績の中に潜んでいる――顕在化はしていなかったとしても――実力を十分に認識しなかったことに起因することを説明することは可能である。これができれば、現在、経済学者の陣営内で口論に費やされているエネルギーの一部は共通の目的のために転用でき、誤謬を防ぐのに役立つであろう。本章の目的は、ミルの立場を概説し、その力強さを示すことである。脚注において私はケアンズ教授の著作(2)に含まれているミル批判に言及するであろう。彼の勝ち得た名声、判断の健全さ、明快かつ優雅な表現方法、明確に定義された結論を導き出す手腕と技能、これらが相まって、彼の著作は非常に人気がある。ケアンズはミルの最も優れた弟子の一人と見なしてよいかもしれないが、その著作の大部分は若干の原理の新しい説明に捧げられている。それは、ミルが適切に評価しなかったか、あるいは十分正確に述べなかったとケアンズが明らかに考えたからである。この二人のあいだのこうした相違点は、有力な人々によって熱心に論じられてきたのであるが、彼らは、最近ミルの『自伝』が出版されたことで、ミルを、これまで考えていたほど重要な人物ではないと見なすようになってきている。ミルの学説はケアンズや他の著者たちから批判されてきたが、ほとんどの場合、私はミルが実質的に正しいと信じている。また、ケアンズは自分とミルとの相違を、実際以上に大きなものと考えているように思われる。優れた読者は、全体の趣旨をおおむね理解するまではミルの難解な文章に頭を悩ませたものである。今ではそのような読者は、それが誤りを含んでいるというケアンズの権威ある示唆を容易に受け入れている。彼らは、ケアンズが大胆かつ明晰な手法で彼らのために書き上げた真理の半面をはっきり理解している。彼らは、ミルが苦労して探したと私には思われるが、ケアンズは関心をもたなかった、より難解ないま一つの半面を探し出そうと骨を折ることはしない。ケアンズがミルおよび真理に対して、正真正銘、誠実な友人であったことは疑いがない。私は彼が経済学に対して行った貢献に感謝している。彼がミルの真意の全体を捉え損なっているように私には思われるケースを臆せずに指摘する以上に、そのような感謝を表現するすべを知らない。

ミルの著作を批判する論者も、以下の事実を無視してはならない。ミルは公務の合間に残されたわずかな余暇のあいだに、偉大な思想家がすでに論じてきた多岐にわたる諸問題について書いたのである。これらの諸問題のほとんどについて、彼の思想は、どんな誤謬を含んでいるにせよ、ある点において目新しいものであった。それゆえ彼は自分の思想を説明するにあたって念入りに練り込む時間がなかった。彼の表現方法は優れた説明力を備えた人物のそれであったが、一つの点においてこの力が災いした。なぜならばそれは、彼の著作にみられる誤謬はすべて、明晰な思考の不完全な表現に基づくものというよりも、混乱した思考の完全な表現に基づくものであるという印象を人々に与えたからである。彼らは、ミルの説明力も、その思想全体を各部分の動きが読者に鮮明になるように組み立てる上では役立たなかったという事実を見落とした。こうした仕事には、時間だけが役に立つのである。

『経済学原理』を執筆するにあたり、ミルは特に不便な環境で作業をした。彼は膨大な量の問題をその中に詰め込みたいと思ったが、彼の文体があまりに流暢なので、読者はすらすらと読めてしまうのである。それゆえ、ミルは真理を考慮に入れているにもかかわらずそれを無視しているとしばしば非難されたばかりか、彼がしかるべき場所で打破しその後は無視した謬説を信じているとして非難されることさえあった。彼は、自分が用いる用語を遠慮なく自由に選択できるとすら考えなかった。当時まだポピュラーな科学ではなかった経済学に、専門用語の重荷を負わせることを恐れた。さらに彼は先駆者たちに繊細に気を配った。リカードに対してだけでなく、当時の風潮とは反対に、アダム・スミスに対しても、最大限の賛辞を与えた。ミルの表現のうちで不幸な結果に終わったもののほとんどはスミスやリカードの表現であって、ミルはそれらを捨てることを望まなかった。こうして、ミルは若干の表現については、科学の適切な目的に照らせば十分に柔軟ではなく、十分に堅固でもないことを認めたが、それを使い続けることにしたのである。

それゆえ、ミルの経済学説のすべてを正しく解釈しようと望む人々は、ミルがその学説に与えよう意図した特別な役割を学ばなければならないのであって、ミルがその体系の他の部分に割り当てた役割の遂行をそれに求めてはならない。そしてミルがある特定の議論の中で、ある単語や語句を特別な意味で用いている点について、一度与えた指示を必ずしもつねに注意深く繰り返してはいないことを、念頭に置かなければならない。それゆえ、読者は各文章を文脈に照らして考えなければならない。この方法でも決定的な解釈ができないときは、彼の著作の一般的目的と矛盾する解釈を、十分な注意をもって、退けなければならない。これらのルールを守る読者は、ミルの経済学説の中に、補足を要する多くの説明や、継続すべき多くの思考の断線を見出すかもしれない。しかし、アダム・スミスの思想の場合と同様、ミルの思想についても、破壊的な批判者の攻撃を最も招いた仕事の多くでさえ、概して健全であったことがわかるであろう。このことは、価値についてのミルの説明にもあてはまるように思われる。

『自伝』の出版前から知られていたことであるが、ミルは、彼の経済学に対する貢献のうちおそらく主要なものは、経済学の主な諸問題を分解し再構成したことであると考えていた。若干の細かい点においては彼の再構成が全面的に成功しているわけではないことは経験の示すところであるとしても、我々は彼の再構成の一般的計画が具体化している重要な真理を考慮せざるを得ない。

この計画は別々の編に分かれている。第一編では、人間の努力の性質と富の生産の法則を一般的に論じ、第二編では、富の分配を論じる。そして第三編では「交換の機構」にもっぱら一編を割いている。ミルの第一編は、一般に生産における労働の能率に影響を及ぼす諸原因を主として扱っている。ここに含まれている分析のおかげで、彼は交換価値を扱う際、第一編を参照させることで生産費のこの側面を省略できる。「ある財の生産がその生産者に、あるいは一連の生産者に費やさせるものは、それを生産するために支出された労働である」という簡単な記述で済むのである。(3) 第二編において、ミルは富の分配がいかにして「自然に」行われるか、すなわち、何世代にもわたって行われている自由競争の平均的結果としていかに行われるか、というアダム・スミスの重要な学説を発展させている。この分配は、以下のようなものである。すなわち、ある人が受け取る賃金は、一定の法則にしたがって、彼に要求された努力と犠牲、および彼に特別な教育をほどこすために彼の両親および他の人々に要求された努力と犠牲に応じて変化するであろう。こうして各々の仕事の報酬は、ある意味で、それが社会全体に費やさせた努力、あるいはむしろ社会の中で直接間接にその仕事を遂行するのに貢献した人々に費やさせた努力を測定することになろう。ミルは、様々な仕事の報酬とそれらの総努力費用とのあいだのこうした対応関係を阻む人為的障害を説明している。彼は、これらの障害は形式上の業界の規制だけでなく、特別な困難にも起因するものであって、もし様々な社会階級に属する両親が、彼らの現在を犠牲にすることで将来、息子たちに高賃金を保証してやりたいと願うならば、そうした困難と戦わねばならないということを示している。ミルは、大まかに言って、イギリスの労働は四つの「異なる等級《グレイズ》」に分類されることを指摘している。「それらのあいだの境界線は従来、ほとんど世襲的なカーストの差異に等しいほど明確に引かれており、どの職業も、すでにその職に従事しているか、それと同等の社会的評価の職に従事している人々の子供から補充されるか、あるいは、もともとの等級は低かったとしても、努力によってより高い等級に上がれた人々の子供から補充されている」(4)。これら四つの等級とは、①自由職《リベラル・プロフェッションズ》、②高級な熟練手工労働、③下級の熟練労働、④不熟練労働者である。第二の等級の労働者は部分的には「彼らと同じ等級に属する商人《トレイズメン》階級」からも供給される。第三の等級の労働者についても同様である。「各階級の賃金は従来、その階級の人口の増加によって調整されてきた」。しかし「慣習的な障壁の一時的弛緩、およびすべての人々がすでに享受しており、今後ますますその度合いが高まるであろう便宜の増大は、数多くの素晴らしい効果をもたらすだけでなく、逆の効果を生み出す傾向をもっている。すなわち熟練労働の賃金の引き下げである」。ミルは「慣習的な障壁」を無視するどころか、そうした障壁に起因する「制度《アレンジメンツ》」を経済学の「自然法則」から区別すべきであると主張することを自らの特別な仕事と考え、この区別を彼の著作の目次構成《アレンジメント》によって強調している。同じような調子でミルはアダム・スミスの利潤についての説明を続ける(5)。そして一般に、地代の要素がいかに第三編の問題から除外できるかを示した後、第二編を次の言葉で結んでいる。すなわち、ここで取り扱っている主題についての議論は第四編で再び取り上げられるが、「文明社会において分配が行われるための手段——交換と価格の機構」に捧げられた「別の一編」を間に挿入するであろう、と。この発言は、第三編の序論においても繰り返し詳述されている。私にはそれは十分に強調されているように思われる。しかし少なくとも第二編の特殊な役割に関する限り、彼が『自伝』で経済学に関する自らの著書の基調《トーン》について説明したことで、最近一層の強調がなされた。同書でミルは次のように述べている。

いやしくも科学的であると主張する経済学を、従来の説明から区別し、そうした古い説明に嫌悪感を抱いていた人々をなだめるのに役立った一般的基調《トーン》は、主として、富の生産の法則（完全な自然法則であり対象の特性に依存する）と、富の分配の法則（特定の条件に従って人間の意思に依存する）とを適切に区別する点にある。普通の経済学者はこの両者を混同し、経済法則の名のもとに、人間の努力によって覆したり修正したりすることはできないと考えている。そして我々の生活にとって変更できない諸条件に依存する事物にも、特定の社会制度《アレンジメンツ》の必然的結果にすぎず、制度が変われば変わってしまうような事物にも、同じ必然性を認めるのである。特定の制度や慣習を前提とすれば、賃金や利潤や地代は一定の原因によって決まるものである。しかし、この派の経済学者たちは、こうした不可欠の前提条件を見落とし、それらの諸原因は、人間の力ではどうにもならない内在的必然性によって、生産物を分配するにあたって労働者、資本家、地主の分け前を決定すると論じる。『経済学原理』は、それらの諸原因が前提となる諸条件のもとでどのように作用するかを科学的に評価しようと試みた点では、経済学の先人たちに引けを取らないが、ただそれらの諸条件を最終的なものとは扱わないという点で手本を示した。経済法則は自然の必然性だけで決まるのではなく、現存の社会制度との組み合わせにも依存するのであり、『原理』ではそれを暫定的なもの、社会改良が進めば大いに変更される可能性のあるものとして扱ったのである(6)。

それゆえ、①自然法則は進歩のいかなる段階においても、一定の人間の努力と犠牲で生産されるであろう物質的富あるいは享楽の物質的源泉の総量を決定する。②「人間の意思」と「特定の社会制度(7)」は、報酬がその総額から各階級の努力と犠牲に対して分配される体制を決定する。③この分配は「交換の機構」という手段によって遂行されているが、そうした機構の大部分は、文明世界に存在すると思われるほとんどどのような社会制度のもとでも必要とされるであろう。この機構についての科学は、「純粋」あるいは「抽象的」経済研究の固有の領域である。

もしある一定期間に同一の公開市場でワイン一本と茶一ポンドが同じ価格で売却できるならば、この時この市場でこのワイン一本と茶一ポンドが買い手に与える満足には、この価格が共通の交換尺度となる。そして交換機構は、それらの財の他のいかなる性質とも関係がない。もし医者の二〇分間の仕事、時計職人の二日間の仕事、大工の四日間の仕事、あるいは農業労働者の二週間の仕事に対して、同じ時期に同一市場で一ギニー〔一六六三年にイギリスで鋳造された金貨。当初は一ポンド、すなわちシリング銀貨二〇枚に等しいと定められていたが、一七一七年に二一シリング相当とされた。一九世紀にソヴリン金貨の登場とともに廃止された。〕の値がつくとして、また、二〇ギニーを一年間貸付けることに含まれる犠牲が一ギニーで買えるとすると、これらの努力や節欲は、その時その市場で機能している交換機構に照らせば、互いに等価である。これらのデータが与えられると、交換機構はそれぞれの快楽や苦痛についてそれ以上注意を払うことはない。薬剤師の秤は一オンスの砒素の医学的特性について何の考慮も払わないが、薬剤師はそうではない。ミルはしかるべき場所で、時計職人と大工の仕事の疲労のことを考慮しているが、彼が『原理』第三編で取り扱っている機構《マシーナリー》はそのようなことを考慮しない(8)。「二つの商品の生産費の比率」という言い方をする場合、生産費がその商品の生産のために必要とされた様々な努力と節欲の集計を意味することはあり得ない。ミルを批判する者の中には忘れている者もいたが、様々な努力や節欲の一つの集計が、別の集計に対して比率をもつことはないということにミルは気づいていた。我々が努力と節欲の比率について話す場合、あるいは二つの努力の比率について話す場合でさえ、実際には、ある共通の単位でそれらを測定するという人為的方法で、これらの尺度の比率を語っているのである。倫理学の純粋科学は、その広範な目的に適した努力、犠牲、願望等を測定する体系がないために行き詰ってしまうが、経済学の純粋科学は、そのより狭い目標に役立つ体系を発見した。この発見は、他のいかなる命題にもまして、純粋科学の重要な事実である。

一般に、その発見によって新時代を画するような真理は、単純な真理であったと言われている。新時代を築くのは、新しい学説ではなく、その学説を進展させるような考え方の獲得である。アダム・スミスは我々のために一つの考え方を獲得した。商品を、測定可能な努力や犠牲を具体化したものと考えたのである。この考え方をとるものは誰であれ、古代の政治家の視野のみでなく、物質的質量の運動法則という類似した物理学上の問題に対して正しい考え方を獲得している時代の政治家の視野までも曇らせていた誤謬を、容易に見抜くことができるであろう。

そのような新しい考え方から進んで、経済学はある時点である市場において商品の生産に必要とされる努力と犠牲を分析してきた。経済学はそうした努力や犠牲の尺度を、それらを買おうとする人にとっての費用に見出し、その中心的真理を表明した。この中心的真理とは、各生産者は自由競争のもとで自分自身の利益計算に基づき、ある時点である市場において生産される商品の量を調整し、その期間中に採算のとれる価格で平均して買い手を見つけられるようにするというものである。採算のとれる価格とは、特定の生産量に対して、その商品を生産するのに必要な努力と犠牲の交換尺度の合計に、すなわち、これらの努力や犠牲の遂行を購入する人が負担しなければならない経費《イクスペンシズ》の合計に、ちょうど等しい価格、と定義される。ミルは、慣例を踏襲してこの合計を「生産費《コスト・オヴ・プロダクション》」という名称で呼んだが、これについて、文脈からわかる以上の説明は何もしていない。もしミルがこの合計に対して、例えば「生産経費《イクスペンシズ・オヴ・プロダクション》」といった何か新しい用語を発明して、「生産費」という用語は、それを経験した人々に関する限りでの努力や犠牲のことを指すのに限定していたならば、無益だったろうとは思わない。最近の経験は、そのような変更を支持する論拠を強化していることを認めてもよい。そして将来において、二つの商品の交換価値は相互にそれらの生産経費と同一比率になると提案したい。しかし、ミルの『原理』第三編の最初の数章で生産費間の比率が語られる際、費用が努力の尺度を指すのではなく努力そのものを指しているのだという誤解は、私に言わせれば、ニューヨークやノバスコシアにいる旅行者が「タイムズ」や「ハリファックス」という言葉を聞いて、ロンドンの「タイムズ」やヨークシャーの「ハリファックス」のことだと勘違いするのと同じくらいけしからぬことである。なぜならば、ミルは暗にそのような誤解に注意しているだけでなく、彼が選ぶことができた最も目立つ場所、すなわち彼の生産費の分析に関する章の冒頭に、短いながらも明確な警告を挿入しているからである。すでに述べたように、ミルはまず労働を努力として扱う彼のやり方が第一編に見出されるという事実に言及しながら、次のように述べている。「あるものの生産が、その一連の生産者に費やさせるものは、それを生産するのに投入された労働である」[9]。

同一の国で自由に生産された商品の相対価値についてのミルの説明を前述のような形でまとめたが、この形式を選んだのは、ミルの価値論のこの部分と他の部分のあいだに存在する連続性を明らかにするためである。商品生産者の行動は市場における将来の需給状態についての彼らの計算によって支配されているという法則があるが、ミルの「生産費の法則」は、それの一つの結果として、あるいは必然的帰結として作用するにすぎないと考えられている。若干の人々は、この点を見落としている。彼はこれを『経済学原理』第三編の冒頭で簡単に、おそらくあまりにも簡単に説明しており、また、以下の文章の中でも再び説明している。(10)「生産費でさえ、その影響は供給に依存している。というのは、価格を平均して生産費に一致させるよう強いる唯一の要因は、価格がその標準を上回るか下回る場合、供給の増加または減少によってその標準まで引き戻されるということだからである」。もしミルが、リカードにならって、価値論の様々な命題を統一する性質よりも、それらを区別する性質を際立たせる用語を使用する方が重要だと判断しなかったならば、この学説の真の性質はもっと明確になっていたであろう。現在のところ、ミルの説明には矛盾と混乱があるという非難が、マクロード氏［Henry Dunning Macleod（一八二一～一九〇二）イギリスの経済学者。信用理論の研究で知られる。］のような有識者やジェヴォンズ教授のような有力人物から寄せられているが、それは、もしミルが別の説明方法を採用していたならば、彼の地位は改善されていたであろうということを確証するものであると私は考える。そこで、私が右に述べたミルの中心的学説の説明形式を「自由生産と平均需要の法則」（自由という言葉を入れたのは、この法則が独占の生産物にはあてはまらないことを示すためである）と呼び、ミルの生産費の法則(11)（あるいはいまや私はそれを「生産経費」と呼ぶべきであろうが）を、そこからの必然的帰結《コロラリィズ》として論じることを提案したい。

ミルの学説をこのように述べることの一つの利点は、彼の「供給」と「需要」という用語の使い方がより明確になるという点であろう。ある市場の事情で特定の交換価値が決まるが、その期待だけで十分に、生産者はある期間に平均してある商品の特定量を供給するようになるだろう。こうした事情によりまた特定の交換価値が決まり、それによって買い手はこの期間に平均してその商品のある特定量を需要するようになる。各人の需要は、その資力、および彼にとってのその商品の使用価値に依存する。(12) こうして我々は、「需要という言葉で需要された量を意味し、この需要量は固定量ではなく、一般に価値に応じて変化するものであることを思い出」さなければならない。(13) ミルはこの主張をできる限り最も目立つところに置き、かつ繰り返し表明しているが、批判者の中にはその意味を十分に理解していない者がいる。(14) 我々は、平均的な交換価値は、正常な事情のもとでは、次のような意味で、供給と需要を均等化すると考えるべきである。すなわち、市場の状況がだいたい同じであるとして、平均的交換価値は、その商品についてはこれだけの価値を獲得しようという生産者の期待が、ちょうど消費者が平均してまさにその交換価値で買おうとするだけの分量を平均して供給させるようになる価値である。

ミルは「孤立した国」における価値論の中で、彼が描く取引を、問題の商品の数量を尺度として測定することにした。私はミルの決定が軽率だったとは思わない。(15) 数年前、クールノー(16)の思想の影響を受けて、この理論、および国際価値の理論を表現するための様々な様式を試すのに、私は長い時間を費やした。いずれの理論の場合も、比較的基本的な問題については、ほとんどの様式でも役立つことがわかった。しかし、より複雑な問題については、ミルが前者の理論のために選んだ様式が最もうまく適合し、ミルが後者の理論のために選んだ様式も、それには最もうまく適合した。定量《クオンティティティヴ》分析に携わった人々の経験も、私が推測できる範囲では、同じ方向を指し示している。(17)

我々はもちろん、次のような根本的真理をつねに念頭に置いていなければならない。すなわち、ミルの言葉を用いるならば、

商品に対する支払手段を構成するのは……商品である。各人が他の人々の生産物に対して支払う手段は、彼自身が所有している生産物からなる。すべての売り手は不可避的に、言葉の意味からして、買い手でもある。もし我々がその国の生産力を突然に二倍に増やすことができるならば、あらゆる市場における商品の供給は二倍に増加するはずである。しかし、同じ動きによって購買力も二倍になるはずである。誰もが、供給だけでなく需要をも倍増させるであろう。(18)すなわち、各人がある一定の交換価値で買おうとする各商品の量は一般に倍増する。また、各商品生産者が一定の交換価値で供給しようとする量も倍増するであろう。

市場価値についてのミルの説明は正確にこれに対応している。商人がある特定の価値で売りに出す分量は、彼らが直接間接に関係している市場の現在および将来の状況についての計算によって左右される。彼らのうち誰一人として呑まないような申し出もあれば、誰も拒否しないような申し出もある。しかし、待つ余裕が一番ない人々、そして将来の状況について最も悲観的な予想をしている人々は、他の人なら拒否するような申し出を受け入れるようになるであろう。それぞれ特定量が売りに出される特定の交換価値があり、特定量が買い手を見つけられる特定の価値がある。市場での値段交渉により、交換価値は供給と需要がちょうど等しくなるようなところに向かう傾向がある。すなわち、交換価値は、商人がその価値で売ろうとしている分量がその価値で買い手を見つけられる量に等しくなる傾向がある。

ミルがこのことを彼の『経済学原理』で注意深く説明していないことは事実である。経済学者は、ソーントン氏の著書『労働論』［*On Labour, its wrongful claims and rightful dues; its actual present and possible future.*（1869)］が登場するまでは、市場価値の理論をあまり重要視してこなかった。ソーントン氏の著作に欠点がないわけではない。しかし彼は市場価値の理論の実際的重要性を人々にはっきりと認知させた功績に対して、しかるべき感謝の報いを受けていない。特に彼はミルがこの主題についての彼の見解を表明するように導いたのである(19)。

ミルは、アダム・スミスに従って、市場価格が平均価格の上下に変動するのは社会にとって有害であるという学説を主張した。[20]「国内産業の保護」に対する最も鋭い賛成論および反対論のあるものは、これらの学説に含まれている原理に関連している。しかし、そのような議論は、私の知る限り、この国ではこれまで注目を浴びることはなかった。

ミルが国際価値の理論の中で「生産費」という用語を用いている点について若干の言及をしておきたい。すでに述べたように、ミルが、国内において自由に生産される商品の価値は交換の機構によって、平均してその生産費の比率に等しくなると述べているとき、たとえ彼が説明を補わなかったとしても、様々な商品の生産のために必要とされた努力や犠牲のことを言っているのではなく、それらの交換尺度のことを言っているのは明らかである。国際価値の純粋理論は、一国から他国への労働や資本の移動がなく、したがって異なる国で行われる努力や犠牲の人為的で正確な共通の尺度は存在しない、という仮説に基づいている。それゆえ、交換の機構は、異なる国で生産された商品の生産費のあいだの比較については何も語らない。したがって、ミルがそのような費用のあいだで何らかの比較をするときは、①彼は努力や犠牲そのものについて言っているのであって、その尺度のことを言っているのではないこと、そして②彼は正確な量的記述をしていると言っているわけではないことは明白である。そしてこれは事実である。[21]現に、彼はリカードの見解を繰り返している。すなわち、資本と労働が国家間を自由に流通しないと仮定すると、たとえある商品の生産に含まれている努力と犠牲が別の商品の生産に含まれているそれよりもはるかに大であったとしても、商品は異なった国で生産された別の商品と交換されるかもしれない。また、商品は、それを生産した国が生産のために有している自然的便宜よりもはるかに大きな便宜をもつ国にも組織的に輸入され得る、と。しかしこれらは単なる消極的叙述にすぎず、理論の構成要素ではない。それらが担う役割は、それらが言い表している用語が正確な数量的解釈のできるものであることを必要としない。我々の鉄と交換に得られる砂糖の生産には、鉄の生産と同じだけの労働を必要としなかったかもしれず、必要とされた労働はもっと多かったか、あるいはもっと少なかったかもしれない、という命題に同意し得るためには、我々は、熱帯の太陽の下でサトウキビを刈り取る労働が、一トンの鉄鉱石を採掘する労働に等しくなるようなサトウキビの数はどれくらいであるかを決定する必要はない。この理論の構成部分で生産費の比率について言及されている場合、つねに、同一国において自由に生産された二つの商品を指している。交換の機構は、私が提唱するように、二つの商品の生産経費を計量するものとして提示されている。ミルが十分繰り返し説明することによって誤った解釈を防ごうとしなかったことは疑いもなく事実であるが、彼が書いたものは、誤った解釈を論理的に排除するのに十分である。思慮深い研究者であればミルの推論の趣旨を捉え損なう人は少ない[22]。

孤立した一国における価値の純粋理論と国際価値の純粋理論がミルの体系の中で互いに補足し合うように意図されているその方法については、語るべきことは多い。二つの理論の力が結合されて、例えばイングランドにおける異なる二組の人々のあいだ、あるいはイングランドとアメリカとのあいだで行われる取引に関する諸問題の解決に用いられている。しかし私はここでは、この主題に関する示唆や事実が、クリフ・レスリー氏の賃金と価格に関する非常に有益で示唆に富む著作に含まれていることに注意を喚起することで満足しなければならない。

**注**

（1）『フォートナイトリー・レビュー』一八七六年四月。

（2）『経済学の若干の主要原理』[*Some Leading Principles of Political Economy, newly expounded.* (1874)]。

（3）第三編第四章第一節。この分析が拡張されているハーン［William Edward Hearn（一八二六～一八八八）アイルランドの経済学者。］の『富の科学』[*Plutology or the Theory of the Efforts to Satisfy Human Wants.*（1863）] およびジェヴォンズの『経済学の理論』に注目されたい。

（4）第二編第一四章。ケアンズがこの事実を強調したのは大きな功績である。ミルの説明は完全なものではあるが、あまりにも簡潔すぎる。ケアンズの名高い労働四等級の説明が、その輪郭だけでなく細部に至るまで、ミルによって先鞭をつけられていたという事実を、彼以上によく認識している者はほとんどいない。

（5）この点に関するミルの議論の趣旨は、彼の重要ではあるが無視されている『経済学の未解決の諸問題に関する試論集』[*Essays on Unsettled Questions of Political Economy.*（1844）] の第四論文を参照することによって、より明確になるであろう。脱線を承知であえて述べるが、富の分配が資本蓄積に及ぼす影響についてのミルの議論は、彼の体系のうちで最も弱い部分の一つである。たとえ彼の賃金基金説の古い理論に「それを許容できるものにするために必要な留保と制限」を導入した彼の論文（『フォートナイトリー・レビュー』新版第五巻、五一五頁）を考慮したとしても、そうである。この学説が、産業の生産物が資本家と賃金稼得者とのあいだに分配されるのは「自然的」で「不変の法則」によって支配されており、「社会の制度《アレンジメンツ》」の見直しによって修正することはできないという考えを支持するものであるという立場について、ミルはそれを擁護するために議論しているが、一部にはその構成が稚拙なため、軽んじられている。ミルは、労働組合の行動のようなものが、これらの制度、あるいはその帰結である富の分配に、突然大きな変化をひき起こし得るとは言わない。彼は単に、ある変更を加えようとする労働組合の要求は自由に議論されるべきであって、「自然法則」によって非難されているという理由で、聞く耳をもたずに無視されるべきではないと主張するだけである。ミルがここで示唆している諸困難の解決に我々が近づくだけでも、その前にやらねばならない仕事が数多くある。ケアンズ教授を含め、ミルを批判する者の一部は、これらの諸困難を無視し、ミルの著作を通じて（第二編第一一章だけでなく、第一編第五・六・一一章、第二編第一五章、第四編第四・六章を見よ）彼の推論の基礎となっている諸原理を、批判のために引用するのである。ミルは晩年にはこれらの基本原理を忘れてしまったのかもしれないという馬鹿馬鹿しい《シンフル》示唆が公然と行われてきた。

（6）ミル『自伝』二四六〜二四七頁。ケアンズは、ミルの著作の全般的計画を十分に考慮していないように思われる。ミルは、様々な階級の労働者間の競争の自由を管理する人間の習慣と、交換を遂行する機械的要因との区別に決定的な重要性を認めていたが、ケアンズはこれを全く考慮していない。ミルを批判する人々の多くは、あたかもミルの『原理』第三編が、それだけで完結した経済学の著作であると言わんばかりである。

（7）この表現は上の一節だけでなく、〔ミルの〕『経済学原理』（第三編第一章第一節）にも登場する。

（8）ケアンズ教授は、生産費の法則はこれとの関連で、ミルが見落とした一つの重要な制限を受けることを示唆している（七五頁）。ここでもケアンズは、ミルの『原理』第二編と第三編との関係に気づかなかったように思われる。

（9）ケアンズ教授（五〇頁）は、この文章を含むミルの長い一節を引用した後、次のように述べている。「それが示唆する費用概念は根本的に不健全であって、本質からして異なるもの、正反対でさえあるものを混同しており、生産と交換という出来事を本質的に誤った光で照らしている」。

（10）『フォートナイトリー・レビュー』新版第五巻、五〇七頁。

（11）ミルの第三編第四章第一三および第一四節。ケアリー氏は、商品の価値はその再生産費に等しいというように提案している。彼はこうすることで数多くの小さな困難を回避しているが、最初に供給を、次に価値を支配する諸力から注意をそらすことによって、大きな不都合を招くことになろう。

（12）数学的表現を用いるなら「その関数」である。ジェヴォンズ教授が「最終効用度《ファイナル・ユーティリティ》」について言っていることの多くは、ミルの説明の中に、少なくとも暗黙裡には含まれていると私は考えている。しかし、彼はこの観念と関連する数多くの重要な論点を非常にはっきりと解明し、それによって、最近の経済学の業績の中で最も重要な成果の一つをあげた。

(13) ミルの第三編第二章第四節。

(14) これは、ケアンズがミルの説明のごく一部のみを読者の前に提示している顕著な例である。ケアンズが言うには(二三頁)、「そこ(すなわち、私が引用している章)で定義されている需要は、私の定義が要求するように、商品に対する欲求を裏づけるために提供される購買力の量によってではなく、そのような購買力が提供される商品の量によって測定されると理解しなければならない」。ケアンズは、ミルが、需要される量は「価値に応じて変化する」と主張していることに気づかない。「私は卵を一二個買う」というのと「私は卵を一シリング分買う」というのでは大きく意味が異なる。しかし、「私は一個一ペニーならば卵を一二個買うが、一個一・五ペンスならば六個買う」というのと、「私は一個一ペニーならば卵を一シリング分買うが、一個一・五ペンスならば九ペンス分買う」というのでは、両者に実質的な違いはない[ペンスはペニーの複数形で、一シリング=一二ペンス]。

(15) 数学者ならば、この数量を独立変数として選ぶ、と言うであろう。

(16) 『富の理論の数学的原理に関する研究』[*Recherches sur les Principes Mathématiques de la Théorie des Richesses.*]パリ、一八三五年[ママ。正しくは一八三八年]。

(17) この点こそ、もしケアンズ教授が定性《クオリティティヴ》分析に主要な関心を向けて定量分析をおろそかにするというようなことがなかったならば、リカードやミルの著作をもっと忠実に評価したであろうと私が考える数多くの事例の一つである。

(18) 第三編第一四章第二節。ケアンズ教授もこの真理を主張する。例えば二七頁。しかしケアンズは、その認識がミルの推論の全体を支配していることを看過した。

(19) ケアンズがいかにしてミルを誤解して次のような驚くべき発言（一一七頁）をするようになったのか、私には想像もできない。すなわち、「我々は価格を決定する事情を知りたいと望む。販売価格はつねにある市場で買われる商品の量がその市場で売られる量に等しいと言われる。この発言に疑いの余地はないが、しかし私は、それが事実を理解する上でいかにして我々の助けとなるのか、さっぱりわからない」。

(20) ケアンズ教授がこの主題について述べていることは（一一三頁等）、その限りでは実質的に正しく、また重要であるように思われる。しかし、彼はここでもまた先駆者の業績のあるものを見落としているように私には思われる。

(21) ケアンズはこのことに気づかなかったように思われる。そのため、彼はミルに大きな矛盾があると非難するのである。

(22) この主題に関するケアンズ教授の建設的かつ注釈的な論評には大きな価値があるが、私には彼がミルの立場を十分に理解しているようには思われない。例えば、アメリカの保護主義者について、ケアンズは次のように述べている（五七頁）。「彼らは問う。我々の高賃金労働でどうやってヨーロッパの貧民労働に太刀打ちできるのか、と。現行の費用理論の立場をとる場合、私はこの問いに対して満足な回答を出せないことを、率直に認めなければならない」。ミルの答えはもちろん、以下の通りである。すなわち、もしアメリカの生産者たちが一般にイギリスの生産者たちと現行の賃金率で競争することができないならば、アメリカからイングランドへ金が流入し始めるであろう（ケアンズはここで、アメリカの賃金は金で測られているとみなしている）。それによって最終的にはアメリカにおける労働と商品の価格の一般的下落が生じ、アメリカの生産者はその商品の市場を獲得するであろう。彼らはその生産において最大の優位性をもち、最少の不利しか被らないからである。

# 第八章　分配と交換──一八九八年

学術書の第一巻が出た後に続刊が長いあいだ刊行されずにいる場合というのは、特に誤解を受けやすいものである。〔第一巻の中では〕ごく部分的に条件付きのものとして意図されていた議論が、完結したものと主張しているかのように受け止められる。そして著者の考えでは、より後続の巻で取り扱うのが適切な研究であっても、ともすると、〔それが第一巻で扱われていないのは〕不注意にも見落としたものと思われてしまう。私の〔『経済学原理』の〕第二巻の執筆が非常に遅れているのには、様々な要因が絡み合っている。そして、こうして遅延したことで、影響力のある批判者たちに対して、返答《リプライ》とは言わないまでも、弁明《エクスプラネイション》を用意したい誘惑も増しているが、そうすると刊行がさらに遅れてしまう。これまで私は概して沈黙を守るか、せいぜい次の版の適当な場所で否認なり示唆なりの短い言葉を挿入するというやり方をしてきた。しかし本誌の前号に掲載されたハドレー教授［Arthur Twining Hadley（一八五六～一九三〇）アメリカの経済学者。イエール大学学長を務めた。］の論文「分配理論における若干の誤謬」［*The Economic Journal*, Vol. 7, No. 28 (Dec., 1897), pp. 477-486］は大層権威あるものであり、幅広い問題を提起するものであって、私としては無視することはできない。それゆえ、私の『原理』第一巻で説明された分配と交換の議論が経済学の一般的体系の中でどのような位置を占めるかを説明する機会が到来したものと捉え、とりわけいわゆる「静学的《スタティカル》」方法の性質と限界についての私の見解を述べようと思う。

イエール大学の有能な教授陣の一人であるフィッシャー教授［Irving Fisher（一八六七～一九四七）アメリカの経済学者。交換方程式やフィッシャー方程式で知られる。］は、資本という用語についての私の不確かな用法に言及された。そこで私はこの点について、もう少し説明を加えようと思う。

# 1

静学《スタティックス》および動学《ダイナミクス》（あるいは動態《キネティックス》）という用語は物理学から経済学に輸入されたものである。これらの用語に関する議論では、静学と動学は物理学の別個の部門と見なされる場合もあるようだが、もちろんそうではない。現代の数学者のあいだでは、動学は静学を含むものという考え方が一般的である。もし数学者が問題を動学的に解くことができるならば、あえてそれをまた静学的にも解こうとはしないであろう。動学的な解決から静学的な解決を導くためには、研究対象の事物の相対速度をゼロとし、それらを相対的静止状態《レスト》に置きさえすればよい。しかし、静学的な解決にも固有の意義がある。それは動学的な解決よりも単純であり、より困難な動学的解決のために有用な準備と訓練を提供し得る。また、非常に複雑で、完璧な動学的解決が不可能であるような問題に対して、予備的かつ部分的な解決への第一歩となるかもしれない。

「相対的静止状態」という言葉には注意が必要である。というのは、それは経済学者のいわゆる定常状態《ステイショナリー・ステイト》において重要な役割を果たすからである。「絶対的静止状態《アブソリュート・レスト》」というのは無意味な言葉である。静学的な問題は相対的静止状態を扱う。この事実はおそらく「列車に乗っている人間」を考えるとなじみ深いであろう。列車がまっすぐな線路上をスムーズに走っているものとしよう。そのとき、乗車中の人は手荷物を網棚に載せる問題を、静学的なものとして扱おうとするかもしれない。なぜなら、すべてのものは動いているものの、相対的には静止状態にあるからである。しかし、静学的条件のみを考慮して載せられている荷物は、列車の動きが止まると頭上に落下しやすいということは、経験が教えるところである。それは、表面的には平穏な静学的問題に潜んでいる撹乱的な動学的要素に注意すべきことを教えてくれる。

多くの著者が社会科学に物理学の概念をもち込んできた。興味深いことに、ミルは「力の合成の原理」が経済学に適用できるという事実の中に、経済学の方法の鍵を発見したと考え、その発見を喜んだ。「この原理を適用する際には、単純な足し算を行う。ある力の単独の効果を、別の力の単独の効果に足し合わせ、これら別々の効果の合計を、結合された効果と考える(1)」。

このことは正しい。そして、適切な意味における静学的問題に関しては、それはまったく正しい。なぜなら、相互に相対的には厳密な静止状態にある事物の均衡を考察しているときには、ある点において任意の方向に作用している力を単純な算術によって加算し、その合計がゼロであることを確かめざるを得ないからである。

しかし、動学的問題においては、それは正しくはあるが、真実のすべてというわけではない。なぜなら、ある力が作用して事物を動かすとき、それによって、その事物がその後に行使する力が変わるからである。地球の引力は金星の動きを変える。そしてそれによって金星が地球に及ぼす力を変える。それが再び地球の動きを変え、それゆえ地球が金星に及ぼす引力を変える、等々。このような無限の、しかし次第に減少していく相互的影響がある。その一方で、二つの惑星は太陽にわずかながら撹乱効果を及ぼす。太陽の引力は二つの惑星の主たる制御要因《コントローラー》である。そして他のすべての惑星もこの制御にあたって一役買っている。このような複雑な関係には算術は役に立たない。このためには、数式や数字で満たされた大量の計算を遂行できる巨大で繊細な数学的手段《エンジン》の力と精巧さ《デリカシー》が必要である。しかしこれらの手段は経済学には適用できない。経済学に数学が最もうまく適用されるのは、少数の記号を用いた短くて単純なものに対してである。その目的は、経済の大きな運動の果てしない複雑さを表現しようというよりは、むしろその小さな部分に光を投げかけようとする点にある。

それゆえ、経済問題に対する物理学的な意味での動学的解決は不可能である。そして、もし我々が物理学的な類推《アナロジー》に固執しようとするならば、我々が到達できるかもしれない動学的解決に対して、静学的解決こそが、大雑把で不完全なアプローチの出発点を提供してくれると言わざるを得ない。これこそ、私が今ここで論じようとしていることの本質である。しかし私は別の言葉を選びたい。

類推は、人を鞍《サドル》に乗せる助けにはなるかもしれないが、長旅では邪魔になる、とは言い得て妙である。いつそれらを導入するかを知ることは重要であるが、捨て去るべきときを知ることはさらに重要である。二つのものは、最初の段階では互いに似ているかもしれない。その場合、両者を比較することは有用であるかもしれない。しかし、しばらくすると両者は乖離する。そうなると、比較は判断を混乱させ歪曲させせはじめる。経済学の推論の初期の段階と物理学の静学の手法《デバイス》とのあいだには、かなり密接な類似性が存在する。しかし経済学の推論の後の段階と物理学の動学の方法とのあいだにも、同じように便利な類似性が存在するだろうか。私はそうは思わない。経済学の後の段階では、物理学よりも生物学からよりよい類似性が得られると思われる。したがって、経済学の推論は、物理学の静学のそれと類似した方法で開始すべきであるが、次第にその基調《トーン》を生物学的にしていくべきである。もちろん、例えば貨幣、信用、国際貿易といった新しい種類の考察は、他の考察がかなり進んだ後に導入される。新しい問題を最初に扱う際には、一時的に物理学的類推に逆戻りすることもあるかもしれない。しかしそれはほんの一時的なものであり、進んだ段階において、新しい問題が古い問題とともに研究されるようになると、その方法は物理学からますます遠ざかり、生物学にますます近いものとなるであろう。

## 2

次に、経済学的推論の初期の段階に適した方法について、より詳しく考察しよう。

人間の力は限られており、自然の謎《リドル》はほぼどれも複雑である。人間はそれを分割し、一度に一つずつ研究する。そして最後に、その小さな力を総動員して、部分的な解決を組み合わせて全体の謎の解決を試みる。問題の分割にあたって、素朴ではあるが効果的な監獄《プリズン》、あるいは檻《パウンド》のようなものを用いる。当面のあいだ、混入すると不都合な撹乱要因を隔離しておくのである。この檻はセタリス・パリブス［Ceteris Paribus。ラテン語で、「他の事情が等しいならば」の意。］と呼ばれる。様々な傾向のうち、あるものに関する研究は、他の事情が等しいならば、という想定によって隔離される。他の傾向の存在を否定するわけではないが、それらの撹乱的影響はしばらくのあいだ、無視されるのである。こうして問題が狭く限定されればされるほど、より正確に扱うことができるようになる。しかし同時に、実生活との対応も薄れてしまう。

しかしながら、狭い問題を一つ一つ正確に確実に処理していくことで、そうした狭い問題を含むより広い問題を、そうでない場合よりも正確に扱えるようになる。一歩一歩前進していくにつれて、より多くのことが檻から解放される。初期の段階で可能であったのに比べて、正確な議論がより具体的に行えるようになり、現実的な議論をより正確に行えるようになる。

他の事情が等しいならばという檻は、研究の初期の段階で暫定的に締め出しておきたい撹乱要因を閉じ込めておくものであるが、それが最も有用であるのは、「定常状態」という有名な虚構《フィクション》に適用される場合である。この状態は、生産と消費、分配と交換の一般的状態が不変にとどまっているという事実から定常状態と名づけられた。しかしそれはなお、動きに満ちている《フル・オヴ・ムーブメント》。なぜなら、それは人間の生態《モード・オヴ・ライフ》だからである。人口の平均年齢は変化しないかもしれないが、個々の人間は青年から壮年になり、さらに年老いてゆく。企業の平均規模は変化しないかもしれないが、任意の時点において、ほとんどの企業は成長しつつあるか凋落しつつある。穀物の平均価値は変化しないかもしれないが、その現実の価格は収穫変動に応じて上下する。静止状態の中心点をめぐるそのような変動の研究は、実際には動学の問題である。その最も単純な形態は常に「定常状態」の研究に含まれており、実際、そのような定常状態の虚構を考えることの主たる意義はそこにある。

[*Memorials* 版ではここに「定常状態の虚構において、人口が不変である必要はない。」という一文が挿入されている。］人口と富がともに成長しているところでは、その両者がほぼ同じ比率で成長し、土地の稀少性がないとすれば、また、生産方法や取引の条件がほとんど変わらなければ、とりわけ、人間の性質が不変であるならば、定常状態のほとんどすべての特質が現れるであろう。なぜなら、そのような状態においては、生産と消費、交換と分配の最も重要な条件は、量的には増加しつつも、同一の質を保持し、互いの一般的関係も不変にとどまるからである。それゆえ、フラックス［Alfred William Flux（一八六七〜一九四二）マーシャルの弟子の経済学者。限界費用曲線が平均費用曲線の最低点を通ることを解明した。］氏からの私信を引用するならば、「静学という言葉は我々の言わんとすることを正確に表していません。流体力学《ハイドロダイナミクス》においてなじみのある『定常運動《ステディ・モーション》』の概念を用いて説明したいと思います。あるいは、形のあるもの《ソリッド》から例をとるならば、独楽《スピニング・トップ》や自転車で説明してもよいでしょう」。

しかしながら、この定常状態は、過去の世代に比べると、今では実生活とあまり類似していない。この点に関しては、ミルの時代以降、かなりの変化があった。というのは、今日作用している諸要因のほとんどは当時も作用していたが、それらの相対的な重要性は著しく変化し、問題の全般的な《ブロード》特徴を変えてしまったからである。

ミルが育った時代には、イングランドはなお原料を獲得する困難に悩まされていた。そして、このことは分配に歪《バイアス》みをもたらしており、土地所有者には有利であり、労働から稼得を得て、かつ養わねばならない家族が多い者には不利であった。こうして、イングランドを蔽っていた暗い影は、馬鈴薯飢饉［アイルランドで一八四〇年代に馬鈴薯の疫病が原因で発生した凶作による大飢饉。特に馬鈴薯を主食としていた貧農は大打撃を受け、一〇〇万人を超える大量の餓死者を出すとともに国外への人口流出の引き金となった。］において二度目の頂点に達した。そのとき以来、暗い影は薄らいでいったが、ミルは、リカードとマルサスを抑圧していた恐怖［マルサスの人口法則。食糧の増え方に比べ、人口増加のペースがはるかに速いことから、将来的な食糧不足が懸念されていた。］につねに囚われており、「産業進歩と人口増加が地代・利潤・賃金に及ぼす影響」に関するミルの研究に陰鬱な色彩を添えていた(2)。ミルの議論が賃金基金説の誤謬から免れていたことは、留意しておいてよいかもしれない。それは、フローとして考えられた国民所得における純生産物の分配を吟味している。分析的観点からすると、それはミルの仕事のうちでおそらく最も進歩的で現代的な部分である。その章の内容は、一世紀も経てば、今日よりももっと現代的とみなされるかもしれない。なぜなら、現在の人口成長率が続けば、数世代と経たないうちに全世界は人間であふれてしまうからである。しかし、今のところ、西欧の諸国民が原料の供給を容易に獲得できる肥沃な土地の面積が、人口よりもはるかに急速に増大しつつある。そしてこの輝かしい幕間《インターバル》の時代には、進歩が分配と交換に及ぼす影響の概略《アウトライン》は、前述の暗い影から免れている。

我々自身の時代には、非常に長い期間を考えた場合でさえ、生存手段に対する人口の圧迫が、均衡の概念を根本的に見直す原因にはならない。我々は、年間生産単位のフローの総額に関してではなく、人口一人あたりの年間生産単位のフローに関して、需要と供給を同時に評価することによって、人口増加を考慮することができる。この措置《レメディ》はまだ完璧ではない。なお若干の小さい訂正が必要となるであろう。しかしこの変化に関する限り、我々の描写の大まかな輪郭は、実生活の事実に合致するものであろう。そして問題全体の複雑さを考えると、これ以上を望むことはほぼできないであろう。

経済学の主な困難は、今では別の方面にある。それは人間の不幸《イーヴル・フォーチュン》からというよりはむしろ幸運《グッド・フォーチュン》から起こっている。進歩によって、自然の力に対する我々の支配力は大きくなった。このことは、仕事や生活の条件を様々な仕方で急速に変えつつある。それは経済的、社会的諸力の規模だけでなく、その性格も変えつつある。その変化は一〇年単位で認知できるものであって、「長期的には」革命的な変化となるかもしれない。

もちろん、力学においてもこれに類似した状況は存在する。我々の太陽系はたまたま安定的な均衡状態にある。しかし、ごくわずかな環境の変化によって、それは不安定になるかもしれない。例えば、やがて惑星の一つがきわめて長い楕円形を描いて太陽から放出されるかもしれないし、別の惑星が落ちてくるかもしれない。また通常、時計の振り子は正確に同じ軌道を描いて左右に振動するが、その時計が傾いた棚の上に置かれると、振り子の振動のために時計はすべり落ちて壊れてしまうかもしれない。したがって、経済的な出来事は、それらを生み出した条件に反作用するという理由で、それゆえ、将来の出来事はそれが起こったのと正確に同じ条件のもとで起こることはあり得ないという理由で、力学的類推をあわてて捨ててしまうべきではない。

しかし、力学における破局《カタストロフ》は、作用する力の量的変化によって引き起こされるものであって、その性質の変化によるものではない。これに対し、生命においてはその性質もまた変化する。産業および社会の「進歩《プログレス》」あるいは「進化《エヴォリューション》」は、単なる増減ではない。それは有機的な成長であって、相互に影響し合う無数の要因の衰微によって抑制され、限定され、ときには逆転させられる。そしてそのような相互の影響は、各要素がすでに到達したその成長の段階に応じて変化する。

この重要な点において、生命に関するすべての科学は相互に類似しており、物理学には似ていない。それゆえ、経済学の進んだ段階において、我々が人生の諸条件に接近するときには、他の事情が等しいならば、力学的類推よりも生物学的類推が選好されるべきである。他の事情は等しくないかもしれない。力学的類推はより明確で真実味があることもあるだろう。例えば、ある中心の周囲を動いている惑星の周りをさらに動いている衛星の例えは、多くの経済問題のきわめて進んだ段階においてさえ、特殊な目的のためには有用である。役に立つ場合にはいつでも利用するべきである。しかし、経済学がその本領《ハイエスト・ワーク》を発揮するにつれ、そのような機会はますます稀になり、その基調《トーン》はますます生物学的となる。

例えば、需要と供給の釣り合いを考えてみよう。「釣り合い《バランス》」や「均衡《イクリブリアム》」という言葉は、もともとは、より古い科学である物理学に属するものである。それが後に生物学に採用されたのである。経済学の初期の段階では、我々は需要と供給を、相互に押し合い、力学的な均衡へと向かう素朴な力であると考える。しかし後の段階では、釣り合いや均衡を素朴な力学的な力とは考えずに、生命と衰微との有機的な力と考える。健康な少年は年々強壮になっていく。しかし成人すると幾分、機敏さ《アジリティ》がなくなる。ラケット競技の場合、その力の絶頂《ジーナス》はおそらく二五歳くらいにやってくる。他の肉体的活動《コーポレアル・アクティビティ》では三〇歳かそれ以降に絶頂期を迎える。知的な仕事ではさらに遅い。例えば、政治家の仕事の場合、それは非常に遅い。どの場合も、最初は生命の力が優勢を占め、次に〔成果の〕結晶《クリスタライゼイション》化と衰微の力が拮抗し合って平衡ないしは均衡が生じ、その後は衰微が優勢となる。

春が来るたびに木の葉は成長し、全盛期《フル・ストレングス》を迎え、絶頂を過ぎると衰微する。そのあいだに、樹木それ自体は絶頂に向かって毎年成長していき、絶頂を過ぎると衰微していくであろう。我々はここに生物学的類推をみる。すなわち、商品やサービスの価値がある中心点の周りを揺れ動き、その中心点自身が長期的には揺れ動いているという状況がそれである。

需要と供給の釣り合いないしは均衡は、経済学のより進んだ段階では、ますますこうした生物学的な基調を強めていく。経済学者のメッカは、経済動学というよりはむしろ経済生物学である。

いまから、私が『原理』の第一巻で、この考えをどのように追求したかを示そう。もしかすると読者を退屈させてしまうかもしれない。なぜなら、方法に関する議論というのは、長たらしく単調《ティーディアス》なものだからである。どんな方法も、一般に自身の立場を説明するものであるが、そのためにはその方法の細部まで完璧に詰めなければならない。それは第一巻では為し得なかったことである。

## 3

私の『原理』第一巻は、主題に入るまでにあまりにも長く読者を待たせすぎる、という不満が寄せられた。しかし私の考えでは、それは必要なことである。自由産業の成長と経済学に関する諸章［第三版第一編第二〜四章］は、経済史の概略と考えるならば、まったく不適切なほど長い［一八九五年の第三版では、第二章から第四章までの合計で六三頁分ある］。しかしそのような見方は当たらない。私の狙いは別のところにある。その狙いは、この本の基調《キーノート》として、経済問題は機械的ではなく、有機的な生命、有機的成長に関連するものであるという考え方を強調するところにある。それは、領域《スコープ》と方法に関するその後の諸章［第三版第一編第五〜六章］と相まって、古典派の伝統につながるものではあるが、有機的生命・成長というこの要素に対する強調の置き方が異なる、という見解を提示している。過去は現在や未来のための助言を与えることができるが、それは人間自身の変化とその生活様式、思考および仕事の様式が十分考慮された場合のみである、ということを示そうとしたのである。そうした変化のいくつかの主要な特徴を素描することは、経済学者にとって最も重要な仕事である。ほとんど変化しない人間本性の核《カーネル》も存在するが、経済的用途に最も有用な人間の性格の多くの要素は、現在も成長している。人間の自然に対する経済的戦い《コンフリクト》の「戦略《ストラテジー》」は、時代によって変わることはほとんどない。経験から得られた教訓は父から子へと伝えられ、役立てられ得る。しかし、我々と幾分異なる人々によって行われた戦い、また我々と著しく異なる条件で行われた戦いの「戦術《タクティクス》」は、ほとんどあるいはまったく役に立たない。一つの時代から次の時代へ戦略的教訓と戦術的教訓をともにもち越そうとすることは、経済学の機械的見解への志向に対応し、戦略的教訓のみをもち越そうとすることは、生物学的見解の特徴である。

第四編は有機的成長にかなりのページを割いている。その後半の諸章は第五編において時間の要素の影響を研究する準備にあてられている。しかし、ハドレー教授が私の学説《ドクトリン》を批判するのはこの点であって、長くなるが引用しておくのが良いだろう。彼は、私の過ちは、他の人々ほどひどいものではないと言ってくれている。だが、私が表明したと彼が考えている主張ほどひどいものは想像もつかない。彼が言うには、量と率とを同じように混同しているいま一つの例は、「正常供給曲線」である。それは賃金基金に見られる混乱ほどは目立たないが、そうであるがゆえに、一層危険なのである。市場供給曲線は、生産物の量と生産物一単位あたりの費用との一連の関係を表している。正常供給曲線は、生産率と、生産物一単位あたりの費用（時間単位あたりではない）との一連の関係を表している。一連の産業がなければ、後者の曲線は前者と同じ一般的形状をもち、同種の演繹の基礎をなすということが自然に想定されている。マーシャルはこの二つの曲線に本質的相違を認めるのであるが、彼のような著者たちでさえ、たいてい、相違の程度について非常に不適切な研究をしている。しかし、供給曲線と需要曲線が分配理論の基礎となるべきだとすれば、そのような最も重大で精密な特徴を研究することは、必要不可欠であろう。というのも、さもなければその結果はしばしば真実と正反対になってしまうからである。生産率の上昇には、もとの率での生産量の増大とは全く違った経済的圧力や反応を伴うのである。[3]

これは、不正確な考え方ではないにしても、不正確な表現であるように思われる。生産率と、生産物一単位あたり（時間単位あたりではない）の費用との関係を表す曲線は、科学的な曲線ではない。それに関連した推論は誤りではあり得ない。正しいとか正しくないというより、それに関する推論など存在し得ないのである。なぜなら、そんなものは存在しないからである。量《ボリューム》と重量《ウエイト》とのあいだの方程式、あるいは速度《ヴェロシティ》と加速度《アクセラレイション》とのあいだの方程式は、誤った方程式ではない。誤っているのではなくて、意味をなさない《ナンセンス》のである。正常費用が量の単位とのみ結びつけられることはあり得ないし、また時間の単位とのみ結びつけられることもあり得ない。それらは量の単位および時間の単位と結びつけなければならない。すなわち、生産が一定の率で続けられている場合の量の単位であり、そして、単位時間あたり生産される量の単位数と結びつけなければならない。正常供給曲線（あるいは正常供給表）について私が定義した言葉《ターム》は、供給価格のリストを表しており、「一年、あるいは任意の時間の単位において、商品のそれぞれの量を生産する供給価格は、その量に対して記述される」。また、「考察している時間が短くても長くても、正常供給価格という言葉の一般的な趣旨はつねに同じである。どの場合でも、ある一定の率の総生産量、すなわち、一日ないしは一年間の総生産量を表している」(4)。

次に、私が市場供給曲線と正常供給曲線とのあいだで幾らか混乱していると彼は考えているようである。実際には、私は市場の問題を考える上でこれらの曲線を使うことを二〇年前にやめた。なぜなら、全く不要だからである。そして、正常な問題のための曲線は生産や消費の率に関係し、市場曲線は売買の量に関係するという警告に対し、人々は耳を傾けないことがわかった(5)。

後に私は、賃金の問題に曲線を用いることに対して、同じ種類のさらに強い反対にさえ出くわした。そこで、それらも使うのをやめたのである。

ハドレー教授は即座に非常に厄介な問題の解決に進む。教授曰く「交換と分配の本質的な違いは非常に多くの経済学者を悩ませてきたが、前者がファンドを扱うのに対し、後者はフローを扱う。前者は物価を扱い、後者は賃金や利子の率を扱う。静学的方法は前者に適切であり、動態的《キネティック》な方法は後者に適切である」。教授の言葉には大きな権威があるが、私はあえてその結論に異議を唱えたい。分配と交換においてはストックとフローの両方を扱うが、ほぼ例外なく、より重要でより困難な問題は、ストックではなくフローの問題である。私の考えでは、静学と動学の本質的な区別は、もしこの言葉を使わなければならないとすれば、ストックとフローの関係と同じではないし、密接な関係すらない。それどころか、静学的問題の最も完璧な例は、定常的な国における労働の賃金、資本の利子、そして財の価格の「一定不変のフロー」を扱うものである。そこでは毎年が過去と正確に同じであり、どの世代も過去の世代と同じことをする。

この見解を付随的に確認するものとして、静学的状態あるいは定常状態についての最も優れた説明は、農産物価格に関係するものであって、鉱物価格に関するものではないということに留意したい。企業の年々の産出量は真のフローであるが、鉱山の年々の産出量は真のフローではない。それはストックから産出されるものである。もし鉱脈が実際に無尽蔵でないのであれば、ストックの枯渇は静学的残存量を変化させてしまうであろう。静学的方法は、鉱物よりもアメリカの農業地域の生活条件に一層よく当てはまる。なぜなら、農業はフローを生み出すのに対し、鉱業はストック

〔からの取り崩し〕だからである。ある場所における石油や銀鉱石のストックがわずかしかないとわかれば、均衡は存在せず、家屋は放棄されてしまう。ついには人口圧力から農民がそこに定住し、痩せた土壌から小さいが着実なフローを収穫する。この段階ではじめて静学的方法が適用できる。収穫逓減の法則を鉱物の価格や鉱山所有者の所得に適用する上での困難（交換と分配両方の問題）からは大きな示唆が得られる。なぜならそれは、販売される一定量のストックが存在している場合の、ある一日の魚市場における市場価格の断続的な変動と対比される農地の問題とは異なるからである。それはストックではなくフローと関係する正常価値のより緩やかな動きとは異なる。

分配と交換は、根本的に同じ問題を異なる観点からみたものであるという意見に私はあえて固執したい。新たな課税、不作、新発明、需要ないし供給の新しい源が次第に開拓されること、これらの影響の研究は、インドの茶のように関心の中心が商品価格にある場合には交換の問題であるし、関心の中心がその茶を生産したり取引する人々の賃金や利潤にある場合には分配の問題である。しかし実質的には二つの問題は同じ一つのものである。茶産業における賃金や利潤に関するどんな議論も、その価格の研究と切り離しては現実味がなくなってしまう。逆もまた同様である。さらに、もし収穫が例年の基準から大きく外れる場合、茶の大きなストックは、船のストックによって稼がれた運賃に関して、そしてたまたま利用可能な茶の運搬人の賃金に関して、交換と分配における奇妙な市場の問題を引き起こすかもしれない。しかし、相対的に安定したフローを扱うために複数の年度をとることで、供給の機構《マシーナリー》がよりスムーズに需要に適用されるようになり、我々の分配と交換の問題も、ストックと結びつけるよりも、静学的方法がよりうまくあてはまるように思われる。

ハドレー教授の学説に関する脱線から元に戻り、様々な長さの期間における正常価値の問題に静学的方法がどこまで適用できるかを考えよう。

静学的方法の目的は、我々の注意をある中心に固定することである。しばらくのあいだ、我々はそれが静止しているか、あるいは安定した動きをしていると考える。様々な要素が相対的にその中心に向かって、あるいはその中心の位置を変化させるために、相互に調整する傾向を考える。時間の要素は我々の主な困難の源泉である。それゆえ、この〔静学的〕方法の数ある用途の中でも最も重要なのは、効果を発揮するまでに要する時間に応じて諸力を分類することである。そして我々が考察している特定の時間に照らして相対的に重要性の小さい諸力については、他の事情が等しいなら、という枠に閉じ込めるのである。換言すれば、我々は扱う時間の長さに応じて問題を暫定的に分類するのである。

こうして、私が別のところで[6]より詳細に分析した一つの例証を取り上げると、問題をいくつかに分類できる。天気の不確実性のような非常に急速な変化によって影響される漁業に関連する問題、あるいは、牛疫の被害を被った後の一年か二年のあいだ、肉が稀少になることによって魚の需要が増大するといった中期的な変化、あるいは筋肉をほとんど使わない神経質な職人人口が急速に増えた結果としてすべての世代における魚需要の前例のない増加を考えてみてもよい。これらのケースの第一は我々の現在の目的ではない。第二と第三のものについて検討しよう。

牛疫の影響を考察する上で、我々は天候に起因する変化を無視する。それらは短期間で絶えず変化するため、互いの影響を相殺してしまい、それゆえこの分類の問題を考える上では重要ではない。また、反対の理由から、船乗りとして育てられた人々の数の変化も無視するか、ほとんど考慮しない。それらの変化には非常に時間がかかるため、肉の稀少性が持続する一年や二年のあいだには大した影響を及ぼさない。これら二組の要素をしばらく隔離しておき、我々は漁業の高賃金が船乗りたちに、船上での仕事に志願する代わりに、一年か二年漁場に滞在する誘因を与える影響に注意を集中しよう。古い漁船、および漁業用に作られたわけではない大型船でさえ、一年か二年のあいだ漁業に用いられることがあり得る。我々が現在求めている正常供給価格は、平均的な幸運に恵まれた場合、一日ないしは一週間でそれだけの魚を獲るのに十分な漁業資本および漁業労働に速やかに収束するであろう単位当たり価格である。魚の価格が漁業に利用可能な資本や労働に及ぼす影響は、こうしたかなり狭い諸原因によって支配されている。

次に、デスクワークの職人人口の増加の影響を考えてみよう。我々は、ゆっくりではあるが継続的に作用する諸原因に主な注意を集中する。先ほど、日々の変動について無視したように、一年か二年程度の変動は無視する。任意の量の魚の正常供給価格は単位当たり価格であり、それは平均的な幸運に恵まれた場合に一日ないしは一週間でそれだけの魚を獲るのに十分な漁業資本および漁業労働〔の価格〕にゆっくりと収束するであろう。我々がいま考察している供給を支配する力は、船乗りたちをその漁場に呼び戻すばかりでなく、海辺の村の農場で働く多くの若者をも船乗りの生活にいざなうであろう。そして先見の明のある人々は、最新の最も高価な型の漁船などの建造は、新資本の有望な投資先と考えるであろう。

ここまでのところ、比較的短期の問題も長期の問題も同じようなやり方で進めている。どちらもある一連の関係を特別に研究するため、部分的ないしは全体的孤立化という傑出した工夫を利用している。どちらも類似した出来事を分析し比較する機会が得られ、互いに光を投げかける。そして、それらの類似性において示唆的であり、類似性を通じて徐々に表れる違いにおいて一層示唆的である、秩序だった調和した事実が得られる。しかし二つのケースのあいだには明白な違いがある。比較的短期の問題においては、特別に考察しているわけではない諸力がしばらくのあいだ働かないと想定しても大きな問題はない。しかし例えば、すべての世代が当面の問題に間接的に関わっているという理由で、他の事情が等しいならば、という檻の中で広範な諸力を維持するためには、荒っぽい《バイオレンス》やり方が求められる。なぜなら、間接的影響でさえ、それが累積的に作用するならば、一世代のあいだには大きな影響を生み出すことがあるからである。そして特別な研究を抜きに、実際的問題においてそれらを暫定的にでも無視するのは安全ではない。したがって、非常に長期の問題に静学的方法を用いるのは危険である。それぞれの段階に注意と先見性と自制が必要とされる。しかしこの問題の困難とリスクが最も大きくなるのは、収穫逓増法則に従う産業に関する場面である。静学的方法が最も魅惑的に適用されるのは収穫逓増産業である。そのような産業の長期の供給曲線は、うっとりさせるほど明確で鮮明であるが、鮮明すぎるあまり現実味が薄い(7)。

この問題をめぐる困難のいくつか――決してすべてではない――は、二つの工夫によって回避することができる。第一は、代表的企業との関係で生産経費《イクスペンシズ・オヴ・プロダクション》を推定することである。この構想は力学的というより生物学的である。それを価値の理論に適用すると、理論の初期段階に適した力の合成という機械的見解から、理論のより後の段階に属する複雑な有機的発展という生物学的観念へと一般に移行していく。それについて少し詳しく語ることにしよう。

内部経済《インターナル・エコノミーズ》は個々の企業の組織に関連するものである。企業が躍進するにつれて増大し、衰退するにつれて縮小する。外部経済《イクスターナル・エコノミーズ》は産業の一般的組織、産業に共通する知識や設備の成長、そして補助産業の発展などに依存する。内部経済の成長は一般に外部経済の成長よりも急速である。ある巨大産業が一つの長いサイクルを経験していたり着実に成長している最中でも、個別企業の盛衰は頻繁にみられる。(先に述べた例を繰り返すならば)木そのものは毎年着実に伸びている一方、個々の木の葉は成熟するにつれてピークに達し、朽ちていく。非常に長い期間を考えれば、内部経済の変動は、それらが間接的に外部経済に依存している場合を除けば、ほとんど無視してもよいかもしれない。なぜなら、巨大産業では、（すべてではないが）ほとんどの場合、小企業よりも大企業の方が有利だからである。そして我々は眼前に代表的な織工ないしは大工を思い浮かべてもよい。それは、その設備が当該産業の一般的進歩に照らして代表的であり、「その産業の全体としての生産規模がそのような事業にもたらす内部経済および外部経済を十分に享受している」企業である。そのような企業に注意を集中することによって、我々は、非常に長期の均衡の問題に付随する数多くの困難を回避できる。

第二の工夫は、正常供給価格を長期との関連で考えることである。商品の総産出量の小さな増加という狭いマージンではなく、設備や人間や、商品のフローを生む提携からの組織化、これらの小さな増加というより広いマージンを考える。換言すれば、我々はそれを「生産のプロセス」の供給価格と考えるべきである(8)。

収穫逓増法則が短期にあてはまることは滅多にない点に注意が必要である。たとえ大規模生産の経済が強力に作用する産業であっても、自分の権利を主張する時間がある場合には、需要の突然の増加は、一般に限界供給価格を引き上げる(9)。そして財のフローの量の増加に対して供給価格が逓減すると、増加した量のフローはやがて、対応するかなり着実な需要を満たすために、より低い価格でも利益が出るように供給されるようになる。我々は実質的に新発明に起因する経済を検討対象から除外している。しかし、既存のアイデアの適用から自然に生じると期待されるものについては含める。この推定を行う上で、我々は適切な時間を期待する。しかしここに困難がある。ある一つの生産規模の増大に関する経済の導入に適切な時間は、他のもっと大きな増加の場合に必要なほど長くない。そこで我々は前もって、あるかなり長い時間を固定しなければならない。それは当面の特別な問題によって示唆されがちであり、供給価格全体がそれに調整されがちである。しかしこれらおよび他の矯正ができたとしても、主に人間の配置条件《プラスティック・コンディション》とその適用、生産組織に関係した他の諸困難は残ってしまう。こうして、とりわけ収穫逓増の傾向が強いところでは、経済の振り子は元きた道に戻らない(10)。

それゆえ、そのようなケースでは、成長と衰退の諸力のあいだでバランスないし均衡する位置について述べるのが正当である。目下の条件が長期間、変わらずに作用すると想定されるならば、これは得られるであろう。しかしそのような観念は大まかなものとして捉えなければならない。それらを正確に把握する試みは我々の力の及ぶところではない。もし我々の説明に、実生活のほとんどすべての条件を含めようとすれば、問題はあまりにも大きくなりすぎて手に負えない。少数〔の条件〕を選ぶと、それらに関する長々と続く微妙な推論は、実用的な研究のためのエンジンであるというよりも、科学的な玩具になってしまう。

この理由により、分配と交換の二つの側面に関する価値を支配する諸原因についての我々の知識の理論的骨格は、私の〔『原理』〕第五編にまとめられている。「理論」という単語は第五編のタイトルにのみ使われている。それは抽象的な概念を扱う。そして、解釈《コンストラクション》のためではなく、例証《イラストレイション》のためだけに、現実に言及する。その狙いは知識の獲得にあるというよりは力の獲得にある。知識を並べ整理する力、とりわけ、人々に強制したり、阻止する力に対して永遠の反対を唱える力である。そこでさえ、右で述べた数多くの理由のいくつかにより、真の振動は存在しない。それらに関する事実を整理し調整するために、どこかで機能している主な経済的諸力を研究し、分析し、比較するためのまだ知られていない最善の手段は、それらをしばらくのあいだ、隔離することである。このように隔離されると、それらはほとんどつねに均衡点を示す。なぜなら、満足と仕事に関する人間の受容力はともに限られているからである。そして、当初は一方が他方と比べてどれほど強かったとしても、ある方向への大きな変化さえあれば、第二の力が第一の力に追いつき追い越していく。この均衡点の概念は、その思想に正確性を与えるのにも役立つ。

この研究は予備的なものであり、有用な結論に直接導くものではない。しかし、それによって、そのような結論を求める精神は、過去に関してであれ、現在に関してであれ、あるいは未来に関してであれ、いわば、一つの音符の代わりに和音全体を鳴らすことができるようになる。我々の研究の後の段階では、予備的な工夫が人目を引くことはほとんどない。その狙いは研究の中に現れているが、それらが表に出てくる必要はない。それらの機能は常識に大きな力を与えることである。常識は人生経験、すなわち我々自身の人生および我々の祖先の人生の結果である。それは力学的な道具《インストゥルメント》であるというよりは生物学的な道具である。

解釈は第六編とともに始まる。労働であれ財であれ、マーケティングの問題はこの範疇には含まれない。なぜなら、それらは貨幣、信用、投機、外国貿易など——これらはすべて続刊で扱う問題である——に言及しなければうまく説明できないからである。(11)

しかし問題の人間的要素は何らかの形で伝えられる。本書の基調《キーノート》は、自由な人間は、機械や馬や奴隷とは違い、同じ原理に基づいて仕事をするよう育てられてはいないという事実の中にある。もしそうであったならば、価値の分配や交換の側面にはほとんど違いはなかったであろう。なぜなら、どの生産者も、需要に対する供給の調整の失敗を見込んで、損耗した生産経費をカバーするのに十分な収益をあげるであろうからである。しかし実際には、自然に対する我々の成長力は、絶対的必要を上回る大きな余剰すら生み出す。これは際限ない人口増加によっても吸収されない。それゆえに問題が残る。この余剰の人々のあいだへの分配を支配する一般的諸原因とは何であろうか。慣習的必要、すなわち安楽基準《スタンダード・オヴ・カンフォート》はどんな役割を果たしているのであろうか。消費の様式や量は、効率性や生活基準《スタンダード・オヴ・ライフ》にどんな影響を及ぼしているのであろうか。代替の原理の多面的な作用の影響はどのようなものであろうか。階級や等級の違う肉体労働者と頭脳労働者のあいだの生存闘争の影響はどんなものであろうか。資本の使用は資本家に力を与えるが、その影響はどんなものであろうか。一般的フローのどの部分が労働者（ここでは事業を遂行する人間も含む）への報酬となるのであろうか。

るのだろうか。そして働く（監督する）と同時にその努力の果実を消費してしまう人々とは対照的に、〔お金を使わずに〕「待つ」人々の報酬とは何であろうか。これらおよび類似した問題に対して幅広い回答を与える試みがなされている(12)。

一方、異なる種類の努力と犠牲の、すなわち諸商品の生産要素の相対価格を支配する広範な諸原因について一般的な説明が与えられる。こうして価値の一般的問題の交換の側面は分配の側面と足並みを揃えて進められる。議論はほぼ初めから終わりまでフローに関連している。（古い国における）土地はストックである。任意の種類の財や労働のストックは短期の問題において時折重要となる。しかし主として我々は財や労働、人口、そして資本のフローの価格に関心をもっている。

この最後の点において、第六編と第五編後半の相違はそれほど大きくない。しかし基調《トーン》の違いは次第に大きくなる。第五編においては、均衡点のまわりを揺れ動く理論が際立っていたが、第六編においてはそうではない。そこでは均衡の中心をめぐる機械的な振動はほとんど関係がない。我々はそれらの一般的関係における需要と供給も議論するが、それよりもさらに生物学的見地から議論する。とりわけ、「進歩が価値に及ぼす影響」の部分的な素描を行う最終章ではそうである。最終章ではどのページも、対立する諸力の一時的均衡の概念によって支配されている。それらの潜在的な助けによって、単一の音符ではなくすべての和音を同時に鳴らす努力がなされる。しかし均衡それ自体は決して現れない。その章は、もしこの用語を使わねばならないとすれば、力学的であることを目指している。しかし私はそれを生物学的であると見なしたい。しかしながら、それは狭い了見である。それはわずかではあるが人間の本性の進歩を扱う。そして、私はそれを経済学研究の究極的目標の中核であると考えている。

ハドレー教授が論文の結びで述べている示唆は、私の理解によると、ここで提起した意見と矛盾するものではない。彼の説明の仕方はいささか矛盾している。しかし彼がそれらを単なる示唆から堅固な説明に変えるには——それは大いに望まれることであるが——それらを制限し調整する必要があるであろう。そしておそらく彼らが今やっていることに比べればなじみのあるものになるであろう。例えば、人間の発展の究極的方向をめぐる力学的諸力ではない生物学的諸力の優勢に関する現代の観念のいくつかは、彼の印象的な結論に含意されているように思われる。「理論的解決は、個人の利益が最大となる点ではなく、社会にとって最大の力を生み出す条件の中に見つかる。換言すれば、それは商人の競争によってではなく、自然選択によって決まるのである」。これらの言明の最初のものは、バスティア［Claude Frédéric Bastiat（一八〇一〜一八五〇）フランスの経済学者。『経済調和論』（一八五〇）で自由放任を唱えた。］の『調和』の無防備な楽観主義を想起させる。それは、誇張によって反発と進歩の阻害を招く。さらに、自然選択は最も強く最も重要な経済的諸力であると考えるが、それが単独で何か大きな問題の解決を「見つけだす《デターミン》」ことができるとは思わない。商人の競争は、自然選択が働く数多くの作用の一つであって、その代替物ではないと私は考えている。

## 4

すでに言われてきたことの多くは、経済的財のストックとフローとされているフィッシャー教授の資本と利子に関する興味深い議論に関連している。もし私が彼の立場を正しく理解しているとすれば、我々のあいだの相違は非常に小さく、主に用語の問題である。

私の『原理』の続刊では資本に関する諸章に変化がみられる。私を支持し、それらについていく努力をしてくれていた読者にとっては不愉快なことに違いない。以下の短い言明は事実上、決心の欠如に対する説明であり弁明である。

ジェヴォンズの有名な議論「消費者の身の回りの品《アーティクルズ》は資本か？」は、可能な限り強く言えば、すべての経済的財を、あるいはいずれにせよ自然の無償の贈り物《フリー・ギフツ》でないものはすべて、資本に分類すると仮定しているように思われる。そして実際、数学的見地から分配の問題に接近すると、ほとんど選択の余地がないのである。古い伝統に従って、組み合わせることで人間の欲求を満足させる物質的手段を与えるものを土地、労働および資本に分類すると、そしてそうした伝統を正確な数学の型にはめこむと、労働には雇用主の仕事も含めざるを得ないし、資本には消費者の手にある商品——そういったものが存在するとして——も含めざるを得ない。遠い昔、私が数学的言語で自然に思考していた頃、分配に関する中心的学説について一〇一種類もの数学的バージョンを書き留めた。そしてつねに資本は財の総ストックであり、利子はそうしたストックすべてを使用することから発生する利益《ユーザンス》や便益全体であると考えた。

一般読者向けの著作で同じ方法がとられるべきかどうかは原理の問題ではなく、利便性の問題であり、それをめぐる意見はおそらく一致しないであろう。一世代もすれば、一般読者が今よりも学術的な思考の基調に不満をもつかもしれない。しかし現状では、徴税者の例に従い、土地、資本、労働から生じる所得の一般的見地からみて、個人が自分の衣服や家具などの使用から得る便益のような細かいものについては省略するのが明らかに最善であると私は結論づけた。そしてもしこの方針《コース》が採用されるならば、これらの商品は一般的な資本からは除外されるであろう（自分の持ち家に住んでいる人は自分自身に地代を支払う。分配と交換は同一の広がりをもつ）。

新興国向けに書かれた分配の議論一般においては、土地は資本の一形態として扱うのがおそらく合理的であるかもしれない。占有されている土地がごくわずかしかないところでは、その大部分は最初の入植者のものである。しかし古い国では、他の形態の資本によって共有されていない土地の特徴をまず際立たせることは本質的であるように思われる。いずれにせよ、国家全体の問題を論じ、個々の業者を論じているわけではない場合にはそうである。

私は、一八七九年の『産業経済学』〔*Economics of Industry.*〕の出版から今日に至るまで、実質的にこのような形で資本を扱ってきた。しかし、イギリスの伝統をできるだけ忠実に守るために、資本として用いられた富に対する労働の雇用に依存しているものを指すのに正式な定義を採用した。これらの定義のどれ一つとして満足のいくものではない。そして『原理』において私は資本の定義は暫定的なものであり、必要な場合には、明示的なものであれ暗黙のものであれ、解釈条項を活用してその定義を放棄すると通知した。

しかしながら、私はついに考えを変え、富を資本として用いることから、より古い意味の別の用途に用いることにした。そのような転換は労働を雇用する分野の豊かさを損なう傾向があるということを、私は当然のことと考えていた。しかしさらに考察すると、家屋や自家用馬車といった形の富は、ホテルや辻馬車といった形の富、あるいは労働者によって消費される財やサービスの生産に貢献しない資本に劣らず、労働の雇用を生み出す助けになるという結論に達した。それゆえ私の最後のためらいは消え失せ、一八九五年には私の正式な定義を、これまでこれらの用語の支配的な用法であったものと調整した。

個別業者の問題を考える際には、通常の事業に用いられる資本、すなわち「営業資本《トレイド・キャピタル》」〔営業資本は、『原理』第八版第二編第四章「所得。資本」では、「富のうち、貨幣の形態をとる所得の獲得、あるいはより一般的に言えば、取引を通じた稼得にあてられる部分」であり「ある人が貨幣で販売するために保有するか、貨幣で販売するための財を生産するために保有し、取引に用いる外的な財からなる」と定義されている

（七一～七二頁）。」という用法を保持する必要性に皆同意したように思われる。そしてそれが示唆しているのは、我々は社会的見地から資本を用いる場合には、できるだけ保守的であるべきだということである。というのは、問題の一方の側には、人間がつくった財のストックの二つの部分のあいだに明確で論理的な境界線を引こうとしたり、その片方を社会的見地から資本に分類しようとして、多くの人が数多くの試みを行ってきたが、失敗に終わったという点がある。しかしもう一方の側が残っている。それらの失敗があるからといって、人間が作った財のストック全体に多かれ少なかれ共通する、ある種の本質を示唆する言葉を保持する上で決定的に不利になることはないが、しかしある種の問題を扱う際にはこのことを特別に念頭に置いておくべきである。伝統の連続性はいかなる場所においても重要である。言葉の使用法ほど重要なものもない。我々の用法では、形式的な定義によって区切られる境界よりも、それらが含意する基調《トーン》や風味《フレイバー》の方が一層重要である。資本という言葉の一般的用法すべてにおいて、「有望さ《プロスペクティヴネス》」や「見込み《プロダクティヴネス》」という特性について深く論じることを好む伝統には完全な連続性が存在する。

　富という言葉は、もちろんこれによって私は経済的財の全ストックを意味しているのであるが、実際のところ、これらの観念とも結びつけられてきたが、程度においてはそれほど著しいものではなかった。他方、有用な財のストックと一般的福祉、消費の方法、および所有の喜びとの関係に注意が向けられた場合には、それは資本よりも優先して用いられてきた。そしてこの伝統に忠実であり続けることによって得られるものは多く、失うものは何もないように思われる。資本と富を同列のものとして扱うのが社会的見地からみて究極的には最善であると考えられるとしても、生産の主体としてものごとを考える場合には資本として言及するのが妥当であり、生産の結果として、消費対象として、そして所有の喜びを生み出すものとして考える場合には富として言及するのが妥当である。市民、納税者、地方税納付者、これらはほとんど同じ人々であり、正確に同じ人である場合もあるかもしれない。しかしそれでもこれらの用語のうち、状況に応じて、あるときにはこれ、別のときにはこれ、と使い分けるのが便利である。

「生産的《プロダクティヴ》」「有望な《プロスペクティヴ》」あるいは「伸縮自在な《テレスカピック》」という言葉は確かに捉えどころ《スリ》がない《パリ》が、その責任は形式的な分類や羅列をする側にあるのであって、その示唆にはない。さらに経験を重ねると、このささやかな保守主義にさえ、それに見合わないほどの厄介ごとがあることがわかるかもしれない。しかし現在のところ、可能性の天秤はわずかに反対方向に傾いており、観念に関する伝統の破壊は、その英知に関して何かしらの著しい疑念が残っている限り、保留すべきである、と私は考えている。もし古いオークを伐採することで景観が良くなるかどうか確信がもてない人がいるなら、そのオークはしばらくのあいだそのままにしておくべきである。

フィッシャー教授は、「ファンド」と「ストック」という言葉を同義語として用いているように思われる。彼は、ニューカム教授［Simon Newcomb（一八三五～一九〇九）アメリカの天文学者。］によって明快に行われた「ストック」と「フロー」の意味におけるファンドの対比に言及している。そして私〔マーシャル〕には「すぐにその重要性がわかった」と述べている。(13) 彼が意味しているのが、この主題について私が最近意見を変えたことについてであるのかどうかはわからない。しかしもしそうだとすれば、彼は間違っている。妻と共著で一八七九年に出版した『産業経済学』における分配の一般的観念は、私の『原理』のそれと同じである。変わっているところもある。というのは、私は当時分配について書くのは気が進まなかったからである。なぜなら、当時はその若干の部分について自分の方向性がはっきりと見えていなかったからである。しかし非常に早い段階で、フォン・チューネンの優れた導きのもと、私は問題の主な概略を満足のいく形でまとめた。我々の小さな本〔『産業経済学』〕における分配の章は、彼の「孤立国」の耕作限界（die Grenze）に取り組む彼のプランを進めている。孤立国は領主不在の（herrenlos）土地であり、分配の一般的問題にとりかかる前に地代が取り除かれる。したがって、年間生産物は労働者と資本家のあいだで分配される。フォン・チューネンは様々な興味深い巧妙な手段と若干のこじつけで、彼の理論を丸く収めた。しかし彼は労働と資本とのあいだの対称的な関係を示唆することによって、優れた手がかりを提供した。それぞれの稼得は、限界においてぎりぎり利益を出せる水準で定義される、と。

この手がかりにしたがって、我々の小さな本は分配の前に地代を論じていた。そして次のように述べた。「我々は地代と租税をその国の年々の純所得から控除した後に残った量を所与のファンドとみなし、それを賃金および利潤ファンドと呼んでもよいかもしれない。……分配の問題は、このファンドが分けられるやり方を探求することにある」。この言葉は新しい学説と古い学説との最も重要な相違に直接的注意を向けるために選ばれた。つまり、資本を労働の雇用として扱う代わりに、現代の学説はそれらを互いに雇用と報酬を発見していると扱うのである。

私は、ファンドは必ずしもストックではないと考えている。「近隣の街の成長の結果、特定の管財人が自由に使える慈善基金が、毎年劇的に増えている」といった場合には、それは所得ないしはフローであるかもしれない。しかしながら、私は何人かの学生がこれを、ストックを意味するものとして解釈しているところを見つけた。そして私は、ファンドはストックでなければならないというニューカム教授の想定に衝撃を受けた。そこで私の『原理』[14]では、「国民分配分は持続的な流れ《ストリーム》であり、つねに流れて《フロウィング》おり、そして蓄積《リザブワー》や貯蔵《ストア》ではなく、あるいは狭義における資本のファンドでもない。……ニューカム教授の言葉でいえば、それはフローであって、ファンドではない」という事実を強調した。これは誤解を招きやすい言葉を否定しているだけであって、新しい立場を主張しているのではない。

おそらく私はフィッシャー教授のいくつかの論点に対して、彼よりもかなり小さな重要性しか認めていない。しかしそれが世の常である。我々が資本という言葉に関してできることは何であれ、富を分類することによって資本の問題を解決することはできない、という彼の結論に私は同意する。

おそらく、彼の研究に対する称賛の言葉さえ贈ってもよいかもしれない。それは、来たるべき世代において、アメリカは経済の実践だけでなく、経済思想においても指導的な地位につくであろうという希望を裏づけるものである。

## 注

（1）ミルの『自伝』一五九～一六〇頁。私の『経済学原理』第三版（一八九五年）第一編第六章［「研究方法。経済法則の性質。」この章は第五版以降、本編から削除され、付録C「経済学の領域と方法」として関連する議論が追加された。］第二節も参照。

（2）ミル『原理』第四編第三章。

（3）『エコノミック・ジャーナル』第七巻、四八四頁。

（4）『原理』第五編第三章第五節、および第五編第五章第四節。

（5）私はまた、『原理』第五編第二章の終わりにかけて、そのような議論においては曲線は妨げになるどころか助けになることを見出した。財の「ストック」間の対比は市場の問題を扱う。短期正常問題では財のフローは工場の「ストック」によって生産される。すべてがフローとなる趨勢的な動きは四五〇頁で強調されている。

（6）『原理』第五編第五章。

（7）偉大なクールノーもここで数学の使い方を誤った。彼は、現実において単一の製造企業が速やかに独占を達成することを妨げる諸条件を無視した。そして彼の議論の一般的傾向は、実際に人を惑わすものである。彼の失敗により、私は価値に関する図表のほとんどを正式に出版することを二〇年間見合わせた。独占に関する図表は発展させられるべき最後のものであったが、それらは一八七〇年代初頭の仕事である。ほぼ同じ頃、私は国際貿易に関する図表を分析していた。これは私が現実的な環境では出版できなかった研究である。収穫逓増に関連する供給曲線の危険性についての注意が、一八九〇年の私の『原理』第一版の四二五～四二九頁で述べられている。そしてこれは第三版の第五編第五章第四節および第五編第六章で拡張されている。

(8)『原理』第五編第一一章第三節。

(9)『原理』第五編第五章。

(10)これは『原理』第五編第一一章第三節の図の点線で表されている。もし、もっと複雑な例を用いてよいなら、その本質により接近できる。我々は一連の曲線を用いるであろう。第一の曲線は、一年のうちに生産規模が増加した結果導入される経済を表しており、第二の曲線は、二年間で生産規模が増加した結果導入される経済、第三の曲線は三年間、といった具合である。厚紙を切り抜いてそれらを並べて立てると、我々はそれぞれ量、価格、時間を表す三次元の表面を得る。それぞれの曲線に、予測できる範囲で、その年の正常な量になると思われる量に対応する点を書き記すと、その点の集まりが表面に曲線を形成する。この曲線こそ、収穫逓増法則に従う商品の真の長期正常供給価格となるであろう。私の『原理』第五編第一一章第五節を参照。また、『エコノミック・ジャーナル』第二巻に掲載されたカニンガム氏［William Cunningham（一八四九～一九一九）イギリスの経済史家。］の論文と比較されたい。

(11) 市場の現実的な記述がもっと早く出てくるべきだと考える読者もいるだろう。私はそうは思わない。なぜなら、真の記述というのは非常に難しいからである。せいぜいできるのは、ごく表面的にすぎない分析への導入くらいである。証券取引所やリヴァプールの綿市場のうわべの説明なら子供に〔対して〕でもできる。しかしそれでは市場を描写していることにはならないのである。描写と分析は、片方が他方を差し置いて進むのではなく、シュモラーが言うように、右足、左足、右足、左足、右足、左足、と交互に歩みを進めるのでなければならない。

(12) これは私の議論の本筋からは外れるが、おそらくハドレー教授が利子率に関する私の立場を誤解しているように思われるので、一言しておくべきであろう。彼は言う（四八一頁）。「利子率は資本の需要と供給を一致させると言われる。そして、利子率の上昇は資本の供給を増加させ、需要を低下させる傾向があるため、これは明確な解答であると言われる。……そもそも、利子率の上昇が資本の供給を増加させるというのは明確ではない。言えることは、有力な権力者はこの見解を好むということである。あまりに多くのものがただ一つの仮定に基づいている場合、それを確立する満足な方法とは到底言えない」。この主張は間違っていると思う。私の推論はこの前提に依存していない。それは資本の供給は利子率から独立しているという仮定によって影響を受けない。それどころか、たとえ我々が利子率の上昇は資本供給を減少させるという想定によって気晴らしをしたとしても、それはなお妥当であろう。それが究極的には資本需要をよりはやく減少させると想定する限り、そうである。

彼は続ける。「第二に、利子率の上昇は必ずしも資本需要を減少させるとは限らないように思われる……商業恐慌の前には利子率は高いが、誰もが資本を投資したがる。そのような危機の後には利子率は低いが、誰も資本を投資したがらない」。ここで彼は二つの異なるものを混同しているように思われる。利子率一般を支配する広範な原因——これを使って我々は分配の一般的議論をしている——と、商業恐慌の前後の利子の変動とはほとんど関係がない。第一のものは信用の機構《マシーナリー》に間接的に関係するにすぎない。第二のものは主に信用の大拡張に続く信用の崩壊によってもたらされる貨幣の一般購買力の変動に依存する。そのような問題は私の［『原理』］第二巻に委ねたい。もしハドレー教授が、私がそれらに第一巻で答えを主張したと考えるのであれば、利子についての私の扱いが少ないという言明も正当化されていたであろう。

（13）『エコノミック・ジャーナル』第六巻、五二六頁。
（14）『原理』第六編第一章第一〇節。

# 第九章　一般物価の変動に対する救済策(1)——一八八七年

本章の目的は、我々の通貨の基礎として、一種類の金属を採用する代わりに二種類の金属を採用することによって、一般物価の変動の大部分を大幅に軽減し得るか否かを研究することである。私は、それが不可能であることを論じる。通貨は価値の基準としての役割を担うのには適しておらず、変動に対する唯一の有効な救済策は、通貨をその役割から解放し、経済学者のあいだではずっと前からおなじみの計画にしたがって、通貨とは独立の、当局による購買力の基準を確立することに求めるべきである。我々の通貨が、一種類よりは二種類の金属に基づいている方が良いことは認めよう。他方、金銀固定比率で貨幣を鋳造する構想《スキーム》は、一般に複本位制《バイメタリズム》と呼ばれているが、名前に見合う資格《タイトル》をもってはおらず、それが目指している特定の目的を達成するための最高の構想であるという主張は実証されていない。

私は慌ただしい変更を主張するものではない。我々のビジネスの貨幣的な基礎を変更するように見えるものであれば、何にでも反対する強力な先入観が大衆のあいだに存在している。概してそれは健全なものである。しかし、変更のもたらす弊害が大きければ大きいほど、我々は、提案された構想は望み得る最善のものであるか否か、それが約束する良い結果を達成し維持できるかどうか、まもなく放棄しなければならなくなる可能性が少なからずありはしないかを、徹底的に研究することがますます重要になる。現行の貨幣制度が抱える弊害は大きい。新しい計画を提唱し、それがいくつかの点で我々の現行の制度を改良することを証明する精力的な集団は、有利な立場にある。彼らの提起する問いは次のようなものである。すなわち、我々は現在の害悪を我慢し続けるか、あるいは彼らの計画を採用するべきか、と。しかし、彼らの計画が全体として、我々の現行の制度に比べて優れているか否かではなく、変化の弊害と、究極的にはそこから生じる利益の双方を考慮した上で、考えられる計画の中で最高のものであるかどうか、を問うのが正しい。これが、私が着手している研究である。変化は悪であり、人々が変化を甘受することはほとんどありそうにないと言うことは、私には答えにならない。何故なら、数年前までは不可能と思われていたような変更の提案が、〔今では〕明らかに傾聴されているからである。――もし変化が必然であるならば、その利点が害悪を最も大きく上回るのはどのような変化だろうか。これを問うべきときがきているのである。

## 1　価値の基準が変動することの害悪

貨幣の主な機能は二つの項目に分類される。第一に、貨幣は開始とほぼ同時に完了する取引のための交換手段である。それは「通貨《カレンシー》」である。財布に入れて持ち運ばれ、一目でその価値がわかるために、次々と「流通する《カレント》」物質である。貨幣のこの第一の機能は、金と銀、およびそれらに基づく紙幣によって、立派に果たされている。

貨幣の第二の機能は、価値の基準として、あるいは延べ払いのための基準としてのものである。すなわちその支払いが、かなりの期間にわたる契約やその他の商業上の債務を履行するのに十分な、一般購買力の量を示すことである。この目的のためには価値の安定は一つの必須条件である。

延べ払いの優れた基準をもつことが重要であるのは現代に特有のことである。文明の初期には、ビジネス上の協定《アレンジメンツ》が遠い将来にまで及ぶことはほとんどなかった。遠い将来の時点である決まった支払いをするような契約は珍しく、また重要でもなかった。しかし、現代の我々の経済活動《ビジネス・ライフ》では、そのような契約が大多数を占めている。国民の所得の多くは、国債、社債、担保貸付、長期賃貸借契約による固定額の貨幣の支払いの最終的な受取人という形をとっている。もう一つの大きな部分は、俸給と賃金からなっており、その名目価値の変更には大きな摩擦が伴う。そのため、貨幣の購買力の変化につれて、実質価値が絶えず変動しているあいだも、名目価値は通常、不変にとどまる。

そして最後に、現代の商業と産業の複雑さゆえに、企業経営は、特別な才能をもった比較的少数の人間の手に委ねられており、ほとんどの人々は、資産の大部分を自ら活用するよりは、他人に貸し付けている。それゆえ、ある人が自分の会社に投資するために貨幣を借りる際には、つねに二重に投機をしているという大きな弊害が生じる。第一に彼は、自分が取り扱っている商品の価値が、他の商品に比べて下落するかもしれないというリスクを冒している。このリスクは避けようがなく、甘受しなければならない。しかし、それに加えて、借りたものを返すときの基準が、借りたときの基準と異なっているかもしれないというリスクも負うことになる。

このように、投機の要素がいたずらに人生に持ち込まれることを我々は漠然と意識しているが、それがどれほど大きなものであるかを認識している人は、おそらくほとんどいない。我々はよく、十分な担保をもとに、例えば金利五パーセントで貸し借りをするといった言い方をする。もし真の価値の基準があるならば、そのようなことも可能であろう。しかし実際には、偶然を別とすれば誰にもそんなことはできない。例えば、ある人が、年末に一〇五ポンドを返済するという契約で、一〇〇ポンドを借りるとしよう。もしそのあいだに、貨幣の購買力が一〇パーセント上昇すれば、（あるいは同じことであるが、一般物価が一一分の一〇に下落すれば）、商品を、年初には十分であった量に比べて一〇分の一だけ多く売らないと、返済しなければならない一〇五ポンドを入手できないであろう。すなわち、彼の取り扱っている商品の価値が、財一般に比べて変化がないとすると、一〇〇ポンドの借入金を、利子を含めて返済するためには、年初には一一五ポンド一〇シリングだった商品を売らなければならない。それゆえ、彼の手許にある商品も一五・五パーセント増加しているのでない限り、彼は損をする。貨幣の使用に対して、名目的には五パーセントを支払いながら、実質的には一五・五パーセントを支払っていることになるのである。

他方、物価が上昇し、貨幣の購買力が一年間に一〇パーセント下落したとすると、年初には九ポンドした財を、一〇ポンドで売ることができる。換言すれば、年初に九四ポンド一〇シリングで買ったものを一〇五ポンドで売ることができる。この場合、借入に対して五パーセントの利息を支払う代わりに、実際には貨幣を預かったことに対して、五・五パーセントの支払いを受けることになるであろう。

こうした不確実性の結果、物価が上昇しそうなときには、人々は貨幣を借りて財を買おうと殺到し、それがまた物価の上昇を促進する。事業は膨張し、無謀かつ無駄の多いやり方で経営される。借りた資本で経営を行う人々は、借りた額よりも少ない実質価値を返済することになり、社会の犠牲において私腹を肥やすであろう。

俸給と賃金は、スライド制になっているのでない限り、市況の変動にもかかわらず、一般にその名目価値はほぼ不変にとどまる。それを変更するには多くの摩擦と気苦労と時間のロスを覚悟しなければならない。そして、名目ないしは貨幣価値が固定されているというまさにその理由によって、その実質価値は変化する。それも間違った方向に変化する。〔実質賃金は〕物価が上昇しつつあり、貨幣の購買力が下落しつつあるときに下落する。そのために、雇主の利潤が別の理由で最大になるちょうどその時期に、普段よりも少ない実質俸給・賃金を支払い、その結果、自分の力を過大評価し、流れが変わりはじめた後には乗り切れないような冒険に乗り出すように促される。

後になって信用がゆらぎ、価格が下落し始めるときには、誰もが商品を手放し、価値が急速に上昇しつつある貨幣を手に入れようとする。このことはますます物価を下落させる。そして、さらなる価格下落が一層の信用収縮を引き起こし、長期間にわたって物価は下落するがゆえに下落する。そのような場合には、雇用主は生産を中止する。完成した製品を販売するときに、一般物価が原料を仕入れたときよりもさらに低くなっていることを恐れるからである。そのような時期には、被雇用者が好況時よりも低い実質賃金を受け取ることが、労使双方にとって、また社会一般にとっても望ましいであろう。しかし実際には、賃金と俸給は、価値の上昇しつつある貨幣で計算されるため、雇用主は貨幣賃金を切り下げることができない限り、普段よりも高い実質賃金を支払うことになる。これは難しい問題である。その理由は、一部には、名目賃金というのは一度切り下げられると簡単には上がらないことを、被雇用者の側が恐れることにある。この心配は全くの不合理とも言い切れない。それゆえ、被雇用者は、実質的な切り下げではない場合であっても、名目的な賃下げを受け入れるよりはむしろ仕事をやめる傾向がある。他方、雇用主の側では、生産を中止するのがもっとも簡単なやり方である。ともあれ生産量を減らすことによって、自分の財の値上がりを促そうとする。どこかの業種において仕事を中止すれば、必ず他の業種の仕事に対する需要を減少させるということ、また、すべての業種が仕事を同時に中止することによって自らの財の値上がりをもくろむならば、結果的に、全員の消費できる財が減ってしまうということにまで、考えが及ばないかもしれない。彼は、一般的過剰生産《ジェネラル・オーバープロダクション》のおそれがあるとさえ考えるかもしれない。我々がただちにあらゆるものを過剰に所有するようになるというのではなく、長期にわたる平和と発明によって全業種で生産が増大した場合、財の量が貨幣の量に比べて増大し、物価が下落し、借り手すなわち実業家が一般に損をすることを知っているからである。

すべてのものが過剰に生産され得るという、ひどい誤謬が残っていることの主な原因は、購買力の適切な基準が欠如していることにある。我々が基準として用いているものの価値の変動は、企業活動を不健全な熱狂に導くか、あるいは根本的に間違っていることは何もない事業において、何千もの工場や仕事場を閉鎖に導く。後者において、原材料を買い、労働者を雇う人々は、一般物価がさらに下落したときに売ることになりがちである。ビジネスの熱狂のさなかに生じた心理《マインド》と気質《テンパー》の悪弊はおそらく、休業状態の時期よりも多くの実害をもたらす。ただしそれは目立ちにくく、解明は困難である。停滞期には、衰弱しやつれた顔に、体力と活力の低下が現れるかもしれない。犠牲となった男女とその子供たちは、その後の生涯を通じて自分たちの経験をしばしば語り継ぐことになるであろう。

## 2　貴金属は真の価値の基準を提供できない

一般物価の急激な一過性の変動と長期にわたる変動を区別しなければならない。短期的な変動は、連続する一〇年ごとの平均物価を比較する場合にはほとんど消えてしまうが、連続する一年ごとの物価を比較する場合にはよく目立つ。長期の変動は、年単位の物価にはっきりと現れることはないが、ある一〇年の平均物価を別の一〇年と比較する場合にはよく目立つ。それらは主に、貴金属によって決済される取引の量に比べて、貴金属の量が変化することによって生じる。もちろん、貴金属が任意の時点において銀行券、小切手、為替手形その他の代替物に機能を委譲できる範囲の変化は考慮される。もし我々の通貨の基礎をなす貴金属の一〇年ごとの供給を画一にできるならば、すなわち我々の商業上の必要に比例して増やすことができるならば、そのような変動が大いに緩和されることは間違いない。複本位制は、幾分はこの方向への一助となるかもしれないが、大きな期待はできないであろう。なぜなら、それはせいぜい、一つの変動する供給の代わりに、二つの変動する供給の平均を採用するだけだからである。

昔は、境界をめぐる紛争解決には、判事の歩幅による測定を用いていた。「判事の足の長さ」の違いが大きな不確実性を引き起こしたが、二人の判事がその距離を歩測し、その測定値の平均をとることによって不確実性は軽減されたであろう。しかしこれも、片方の背が低い場合にはもう一方が長身であるという保証がなければ、改善は小さなものにとどまらざるを得ない。そして、金鉱山の産出量が少ないときに銀鉱山の産出量が多いという保証はない。歴史の示すところでは、逆の可能性の方がありそうである。なぜなら、実際には新しい国で調査をするときには、あるところで銀鉱山が見つかり、別のところで金鉱山が見つかる、といったことがしばしばあり、また、金と銀の両方を産出する鉱山もあるからである。

しかし結局のところ、全体としてみれば物価の一〇年ごとの変動は、年々の変動に比べて小さく、人間の苦悩と零落の大きな原因である事業上の不確実性に対してはほとんど影響しない。長期変動に対する救済策は、いかに完全なものであっても、それが同時に年々の一般物価の急速な変動を大幅に減少させるのでない限り、これらの大きな害悪を取り除くのにあまり役立たないであろう。これらの急速な変動のうち、金銀の生産の変化が引き起こしている部分は、ごくわずかにすぎない。なぜなら、増大した金の年生産量も、すでに採掘済のストックに比べれば一〇〇分の一にも満たず、また年生産量の変化は既存ストックの一〇〇〇分の一に達することすらほとんどないからである。これは一八五二年においてさえそうであった。鉱山の見かけ上の肥沃度における変化が年々の一般物価の変化に及ぼす影響はごくわずかであって、金の購買力は、その生産が増大しつつあるときにしばしば上昇し、減少しつつあるときに低下している。我々の通貨の金属的基準がどのようなものであれ、信用と物価の膨張と収縮は、つねに、戦争や戦争の噂によって、豊作や不作によって、また、見込みのある新規事業が次々に開始されたり、それに基づく希望の多くが崩壊することによって引き起こされるであろう。

これらの諸原因は、物価の動きを決める上で、貴金属の供給やその相対価値における変動に比べて、はるかに大きな影響力をもっていた。その事実を示す顕著な証拠が図に現れている。実線が表しているのは、過去一〇〇年間の金単独で測った主要な卸売商品の平均価格指数の変動である。他方、点線が表しているのは、金銀二つの金属を同じ割合で評価した同じ指数の変動である。両者を比較すると、第二の曲線が示す変動が、第一の曲線が示す変動に比べて特別小さいわけではないことがわかる。そしてより重要なこととして、金銀の相対価値がほぼ安定していた期間における指数の変動は、それが大幅に乱れた一八七三年以降に比べて大きかったことがわかる(2)。

一八七三年以降、金価格が大幅に下落した。もっとも、それは一八〇九～一八一六年の下落ほど大きなものではなく、また一八一八～一八三二年の下落と比べても、大きくはなかった。しかし、以前の場合には銀価格も金価格と同等かそれ以上に下落したのであるが、最近では、銀価格はわずかしか下がっていない。そしてこの事実はバーバー氏［David Miller Barbour（一八四一～一九二八）］

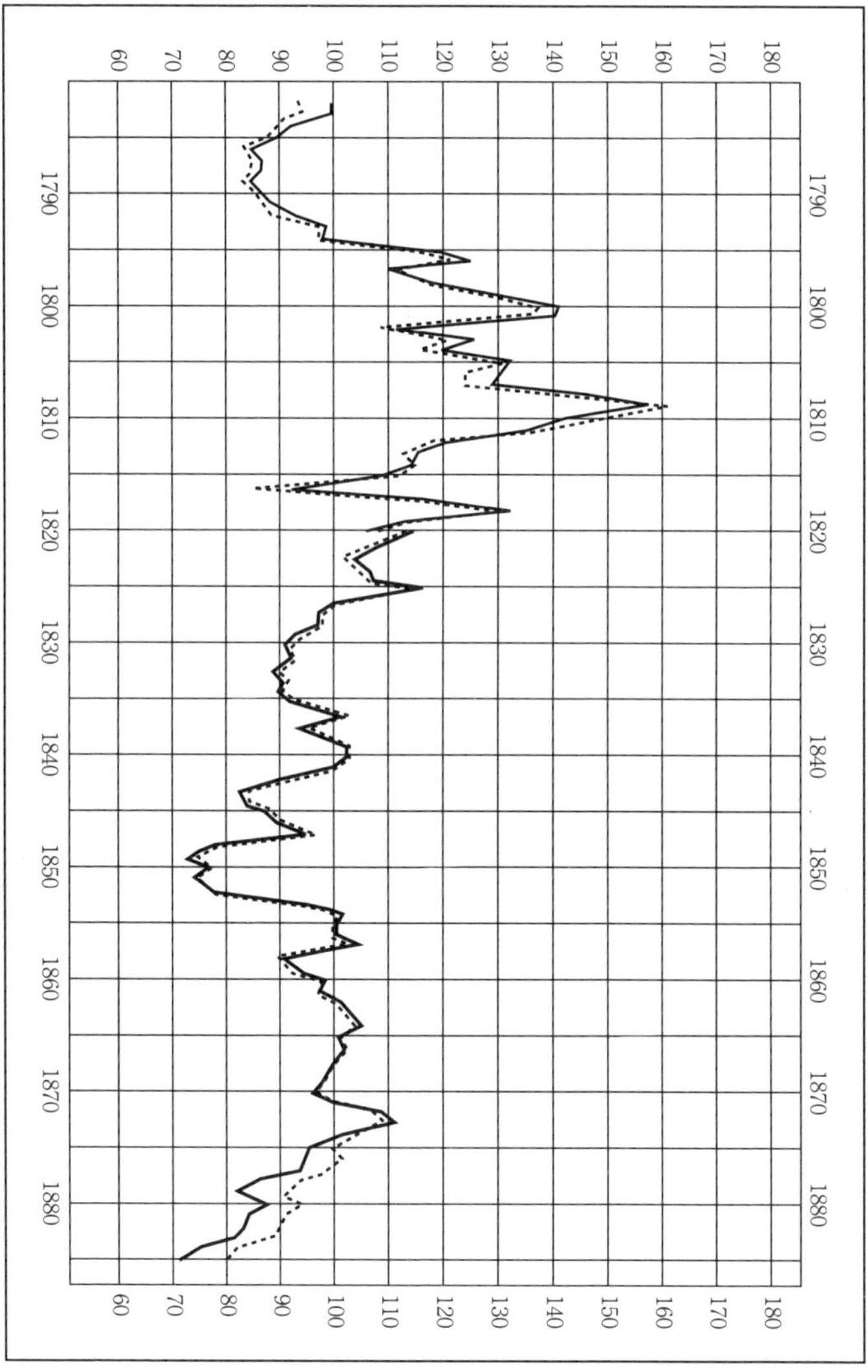
60
70
80
90
100
110
120
130
140
150
160
170
180
1790
1800
1810
1820
1830
1840
1850
1860
1870
1880

やその他の人々が複本位制を支持する主な根拠の一つである。しかし、綿密に検討すると、この根拠は薄弱であるように思われる。過去一三年間にわたって銀価格は比較的安定していたが、このようなことは以前には起こったためしがなく、この先再び起こりそうにない偶然の産物である。

一八七三年に、金銀双方の価値の上昇傾向がはじまった。それに先立つ二〇年間に、アメリカとヨーロッパにおける消耗的な戦争が、商品の生産を増大させる現代の発明と貯蓄習慣を抑制していた。戦争により人々は仕事場から連れ去られ、ある者は命を落とし、ある者は以前の仕事ができなくなった。戦争は、産業を軍需物資の供給に転用し、ありとあらゆる膨大な量の商品を破壊した。戦後になると、発明はかつてない速さで進み、貯蓄の習慣はこれまでにないほど強化され、商品は飛躍的に増大した。その間、紙幣《バンクノーツ》と為替手形の利用はビジネスの成長と足並みを揃えたわけではない。また、オーストリアやその他の国でイギリス流の小切手制度を広めることに関して、一八七三年以前に抱かれていた自信に満ちた期待は著しい失望に終わった。これらの原因およびその他の副次的な原因により、金銀双方の価値が上昇する傾向が生じた。

しかし同時に、奇妙な偶然によって、金の価値を一層高め、銀の価値を低下させる傾向のある別の原因が発生した。金の生産が減少し、銀の生産が増大したのである。各国は、自国の主要通貨を銀から金に最も早く切り替えられるのはどこか知ろうと奔走した。また、幾分はこうした変化の帰結として、軍需大臣《ワー・ミニスターズ》やインドの農民、アメリカの黒人が金を貯え始め、銀に対しては無関心になった。最近、銀の価値が比較的安定しているのは、同じくらいの力をもち反対方向に作用することれら二つの原因がたまたま同時発生したためである。過去の統計からはそのような同時発生を示唆するものは何もないことを図表が示しており、そのようなことが将来も起こると期待する理由はない。

それゆえ私は、金銀複本位制が長期的にみて現在に比べて物価を安定させると信ずべき理由は存在しないと主張する。それがいくらか貢献するであろうことに疑いはないし、もし他に方法がないならば、安定的な複本位制に起因するわずかばかりの追加的な安定性を獲得するために、多くのことをする価値があるであろう。しかし、新しい通貨の確立のために他国との協定に入るといった大きな一歩を踏み出す前に、我々の価値の基準は通貨から完全に独立であるべきではないかどうか、調べるべきである。

産業の技術は一般に、多くの目的のために用いられていた一つの道具を、それぞれ特殊化された道具に代えることによって進歩してきた。のみやかんな、ハンマーや鋸は、すべて原始時代の石斧の発展したものである。それらは広範囲にわたる仕事をこなすことを期待されていないために、それぞれの仕事をうまくこなすことができる。同様に、もし我々があるものを交換手段とし、別のものを価値の基準とするならば、うまく役割を果たせるかもしれない。それぞれ特に適した仕事が与えられているからである。通貨は物質的な形を保持し、交換手段として次々と人手に「渡る《ラン》」であろう。他方、延べ払い契約の履行に必要な通貨の量は、重さや大きさによってではなく、政府機関が時々発表する公式の数値表によって規制されるであろう。

## 3 金銀から独立した価値の基準

細部にわたる若干の困難については最後に論じることにして、昔、ジョセフ・ロー [Joseph Lowe（?～一八三一）イギリスの経済学者。] やプーレット・スクロープ [George Julius Poulett Scrope（一七九七～一八七六）イギリスの経済学者。] その他の人々が提案したように[(3)]、小麦、大麦およびカラスムギに関して十分の一税委員《コミッショナーズ・オヴ・タイズ》が行った行動を、政府機関があらゆる商品に拡大して行うとしよう。彼らは、ある時点における穀物の平均価格を確認し、ある基準価格で一〇〇ポンドかかったのと同量の小麦、大麦およびカラスムギを買うには、どれだけの貨幣が必要かを宣言した。同じように、政府機関は、重要商品すべての価格を確認し、例えば一八八七年のはじめに一ポンドがもっていたのと同じ一般購買力を与えるのに必要な貨幣の量を、時々発表するのである。それが用いる価格は、入手可能なもののうち最新の価格とする。十分の一税の場合のように、過去七年間の平均価格ではない。この購買力の基準単位を略して単位《ユニット》と呼ぶのがよいかもしれない。

時々、毎年のはじめか、あるいはより頻繁にでもよいが、この政府機関は、一八八七年のはじめに一ポンドがもっていたのと同じ購買力をもつ通貨量を宣言する。例えば一八九〇年には一八シリングがそのような購買力をもつと宣言されれば、一八九〇年に一単位を支払う契約は、一八シリングを支払うことによって履行されたことになるであろう。もし一八九二年の二三シリングが、一八八七年の一ポンド、あるいは一八九〇年の一八シリングがもっていたのと同じだけの購買力しかもっていないと宣言されるならば、一八九二年に一単位を支払う契約は、その履行のために二三シリングの引渡しを要求するであろう。

貸付の際、通貨を尺度とするか単位を尺度とするかを選ぶことができる。後者の場合、貸し手は、貨幣の価値にいかなる変化が起ころうとも、貸付が返済される際には、貸し出したときと同量の実質的富、すなわち生活必需品、安楽品および奢侈品に対する支配権を受け取ることになる。金利五パーセントで契約した場合、貸し手は貸し出した単位の二〇分の一に等しい価値の貨幣を毎年受け取るであろう。物価がどれほど変化したとしても、彼の実質的な支出手段は決まった量ずつ増えるであろう。借り手は、ときに一般物価が上昇する期待によって利益を得ようとして無分別な事業を性急に始めたり、また、物価の一般的下落に見舞われることをおそれて、正当な事業のための借入に二の足を踏むようなこともないであろう。

もちろん、どんな取引にも、それに特有の原因による特有の危険はある。しかし、単位を用いることによって、一般物価の上昇や下落によって引き起こされる重大な危険は避けることができる。

俸給と賃金は、特別なスライド制を採用しなくても、単位で固定することができる。物価が変化するとしても、下落すべきときに上昇し、上昇すべきときに下落する傾向があるといった具合に、その実質価値が誤った方向に絶えず変動することはもはやないであろう。(4)

地代もまた一般的な単位で決定すべきである。もっとも、農業地代については、主に農産物価格に基づく特別な単位を用意するのが最善であろう。住宅ローンや夫婦財産契約《マリッジ・セトゥルメンツ》を、金の代わりに一般購買力の単位で計算すれば、私生活から大きな不確実性の源泉を取り除くことになろう。社債や国債も同様にすれば、その保有者が欲するもの、すなわち真に不変の所得を与えるであろう。

国有企業《パブリック・カンパニー》の普通株主は、好況期に――好況は彼らを直接に裕福にするだけでなく、社債権者やおそらくは優先株主に対してしなければならない実質的な支払いを減少させる――自らの立場について過度に楽観的な見方をすることは、もはやないであろう。他方、彼らは、物価が低く事業が沈滞しているときに、これらの固定額の支払いのためにその実質価値よりも多くのものを支払わなければならない余分な重荷によって圧迫されることもないであろう。

購買力の基準単位が公表されると、裁判所は単位を尺度とする契約、遺言状およびその他の文書に対して、あらゆる便宜を与えるべきである。そして、政府自身も次第に(もちろん郵便切手のようなものは除いて)単位を尺度として課税したり、また俸給、年金、そして可能な場合には公務員の賃金を、通貨ではなく単位で計算するようになるかもしれない。単位が作成されるとすぐに、一〇

○ポンドのコンソル債［一八世紀中葉からイギリスで発行されていた永久債。償還期限がなく、一定額の利子が永久に支払われる債券。］に対して、名目的には一定であるが実質的には変動する三ポンドの代わりに、三単位という実質的に一定の利子を支払う提案を始めるべきであると思う。公衆は、最初は新しい概念を不可解なものと考えるかもしれないが、その大きな利点を理解するようになればすぐに慣れるはずである。それに対する最初の毛嫌いも、石炭火力や鉄道やガスほどではないであろう。やがて通貨は、始まってすぐに完了する取引を計量し清算するという、それにぴったりの機能に制限されると思われる。我々は、正式な単位を自発的に使用するための準備に即刻取りかかるべきである。それは自発的なものであるため、暫定的に導入され、大きな弊害に対する効果的な救済策となるであろう。この計画は、既存の契約に対して、通貨の変更から生じるような、強制的な混乱を引き起こすことはないであろう。それは延べ払いに対して、通貨が与える（と通常理解されている）基準に比べて、より優れた基準を提供するであろう。それゆえ、通貨の価値をもう少し安定したものにするために、性急に変更を行おうという誘惑は小さくなるであろう。我々の計画は、どのような通貨であってもうまく機能するであろう。

## 4　固定比率で貨幣鋳造すれば安定的な複本位制になるか

しかし次に、金銀二つの貴金属のみが十分な耐久性をもち、稀少かつ一般に有用で、銀行家が扱うのにも国際貿易の清算にも適しているため、我々の通貨がこれらの貴金属のうち一つないしは両方に基礎を置かなければならないと仮定しよう。また金と銀は、金単独の場合に比べて、ごくわずかではあるが、より安定した基礎を与えると仮定しよう。その上で、金銀を基礎とする通貨の最善の方法を検討したい。私は、我々の通貨をただちに変更することを主張しているのではなく、根本的な変更をすべき時期が来た場合に、どのような方向に進むのが最善であるかを研究したいと思っているだけである。

第一に、いわゆる複本位制というのは、本当に複本位制なのであろうか。世界の主要商業国の通貨を金銀固定比率で鋳造することで、我々の通貨の価値が永続的に金と銀の結合された価値に基礎をおくことになるであろうか。

最も有能な単本位制論者と最も有能な複本位制論者のあいだに、基本的な経済学説に関する意見の大きな相違は存在しないし、これまでもずっと存在していなかったと私は信じている。思うに、この問題の一般的な状況に関する意見は、ジェヴォンズのような単本位制論者からも、あるいはウォーカー教授やハックス・ギブス氏〔Henry Hucks Gibbs（一八一九〜一九〇七）イギリスの銀行家。〕のような複本位制論者からも、ほぼ同程度に得られるであろう。もし主要商業国が金と銀を、〔金一に対して銀〕一五・五か一八あるいは二〇という比率で自由に鋳造するならば、両金属の相対的価値は、それによってかなり長期間にわたって固定されるであろうということに、どちらの陣営も同意する。その間、貨幣の一般購買力の変動、および東洋との交換比率の変動は、今日に比べて若干少なくなるであろう。この最後の利点の程度についても若干の論争が存在するが、問題となっている主な論点は、この体制がどれくらい長くもちこたえられるかである。議論されている原因の本質ないしは一般的傾向についてはは合意されているが、それらの傾向の相対的な量についてはそうではない。

固定比率による貨幣の鋳造は、銀で測った金の価値を、自然的水準から人為的水準に置き換える試みであると論じる人々がいるが、私はそうは思わない。というのも、私は、現状でもすでに金と銀は何ら自然価値をもっていないというハックス・ギブス氏の主張に賛成だからである。金銀はきわめて耐久性があり、一年間の供給は総ストックのごくわずかな部分にすぎない。それゆえ、金銀の価値は、それらの生産費と厳密に一致することはない。金銀の価値が、それらに対する需要と、それらの既存ストックとの関係によって調整される限り、それらの価値は人為的である。なぜなら、通貨としての金銀の需要は、それ自体が人為的だからである。しかし今日では、以前に比べて生産費は貴金属の価値に対して、より急速に影響を及ぼすと私は考えている。というのは、全世界の鉱業経営が今日では世界の共通物になってきており、銀の生産費が低下すると、銀需要を減少させることによって、ほぼ同時に銀の価値を低下させるからである。銀の生産費は、金の生産費に比べて低下しつつあるという考えが、世界中に広がっている。抜け目のないビジネスマンだけでなく、無知な小作農でさえ、手持ちの銀を処分して代わりに金を買っている。インドは銀と同じくらいの金を吸収している。ノーマン氏は、ともあれ南アメリカの鉱山で適切な機械と方法が用いられる場合、銀一オンスの生産費は、金一オンスの生産費の二〇分の一よりもはるかに少ない——彼は五〇分の一と言っている——と信ずべき、一応それらしい事例を示している。この問題はかなり議論されており、一般の見方がノーマン氏の方向にかなり傾くならば、銀の保蔵はほぼ途絶えるであろう。

次に、美術目的の金消費と保蔵のための金需要は、かつてないほどのペースで増加している。西洋においては、懐中時計の金の鎖が銀の鎖に取って代わりつつあり、東洋においては、金の腕輪が銀の腕輪に取って代わりつつある。こうした増加をもたらした原因は持続すると思われる。なぜなら、それは富の蓄積と普及という現代の傾向に基づいているからである。そのような蓄積と普及は、大戦争によって時折引き起こされる後退にもかかわらず、続くはずである。なぜなら、それは後退することのあり得ない知識の進歩と普及に基づいているからである。

それゆえ私の結論では、美術のための金消費は、すでに金の総生産量の半分に達しており(5)、金の価値が上昇して金鉱山にかなりの追加的な資本と労働が投入されるようにならない限り、まもなく総生産量を超過するであろう。しかし、まさにこうした金価値の上昇こそ、固定比率での鋳貨計画によって、すなわち金一オンスと同じ法定価格《リーガル・バリュー》をもつ貨幣に一五・五ないしは一八ないしは二〇オンスの銀を使うことによって、阻止しようとしていることなのである。そのような計画のもとでは、ノーマン氏の評価が真実に近いとすれば、資本と労働は金鉱から銀鉱へと可能な限り速やかに移動するであろう。なぜなら、鉱山労働者は、自らの生産物に対してすぐに高値がつくことを望み、複本位制が終わるときに上昇する見込みについては重視しないからである。しかし、保蔵している人々は、小作農であれ銀行支払準備金の責任者であれ陸軍の財務官であれ、最終的に金の価値が上昇することを予想し、年間数百万〔ポンド〕もの金を吸収するであろう。

このような予想が各種出来事によってかなり裏書されるならば、金貨は文明世界の主要ビジネスのためにはすぐに不足するであろう。いまこの目的のために利用できる六億か七億ポンドがまもなく目に見えて減少するであろう。確かに小切手による決済制度は増えているが、現金でモノを買う習慣もまた増えている。世界中の人々が、より多くの購買力を持ち歩く習慣を身につけているが、重い財布を持ち歩く習慣を身につけてはいない。それゆえ、新しい銀が我々の事実上《エフェクティヴ》の通貨に加わることはあり得ない。単に、ある種の紙幣の基礎となり得るだけである。それゆえ、固定比率での鋳造計画は、イングランドにおいては、一ポンド紙幣がただちに発行される結果に終わるものと予想される。またその数年後には、国際鋳貨協定が解消されるか、金が流通から消えるといったことも、あり得なくはないだろう。後者の場合には、通貨はその後、二つの金属の組み合わせではなく、銀のみの供給とともに変化し、我々は銀を基礎とする通貨を使用することになるであろう。

私の議論にとって、この予想に現実味があると想定する必要はない。それが真実に近いことが判明する機会が三分の一程度でもあるならば、あらゆる代替案を慎重に吟味せずに、そのような激しい変化に慌てて突き進むのは、きわめて愚かなことであるように思われる。そして、そのような吟味はまだ行われていない。というのも、我々の通貨の変更に対して人々は感情では歓迎していないという確信があるため、有能で確固たる固定比率鋳造計画の提案に大衆が耳を貸すようになるまでは、新しい通貨制度の問題は無視するのがよさそうだからである。

しかし実際には差し迫った要因は存在しない。確かに物価の持続的な下落は大きな害悪である。しかし、もし債権者が債務者から多くを取り過ぎるのを防ぐために、通貨を変更することが政府の義務であるとすれば、政府はより多くの兌換券を発行することができる。イングランドで一ポンド紙幣を発行するだけでも、かなりの効果があるであろう。もしイギリス政府が職員に十分な俸給を支払うために、あるいは別の目的のために、インドの人民からもっと税金を取ろうとすれば、きっと正直にそのように言うことができる。今日では一オンスの銀には、インドでもイングランドでも、過去一〇〇年の平均よりも大きな商品価値がある。また、もし我々の統治下で、〔インドの〕人々に

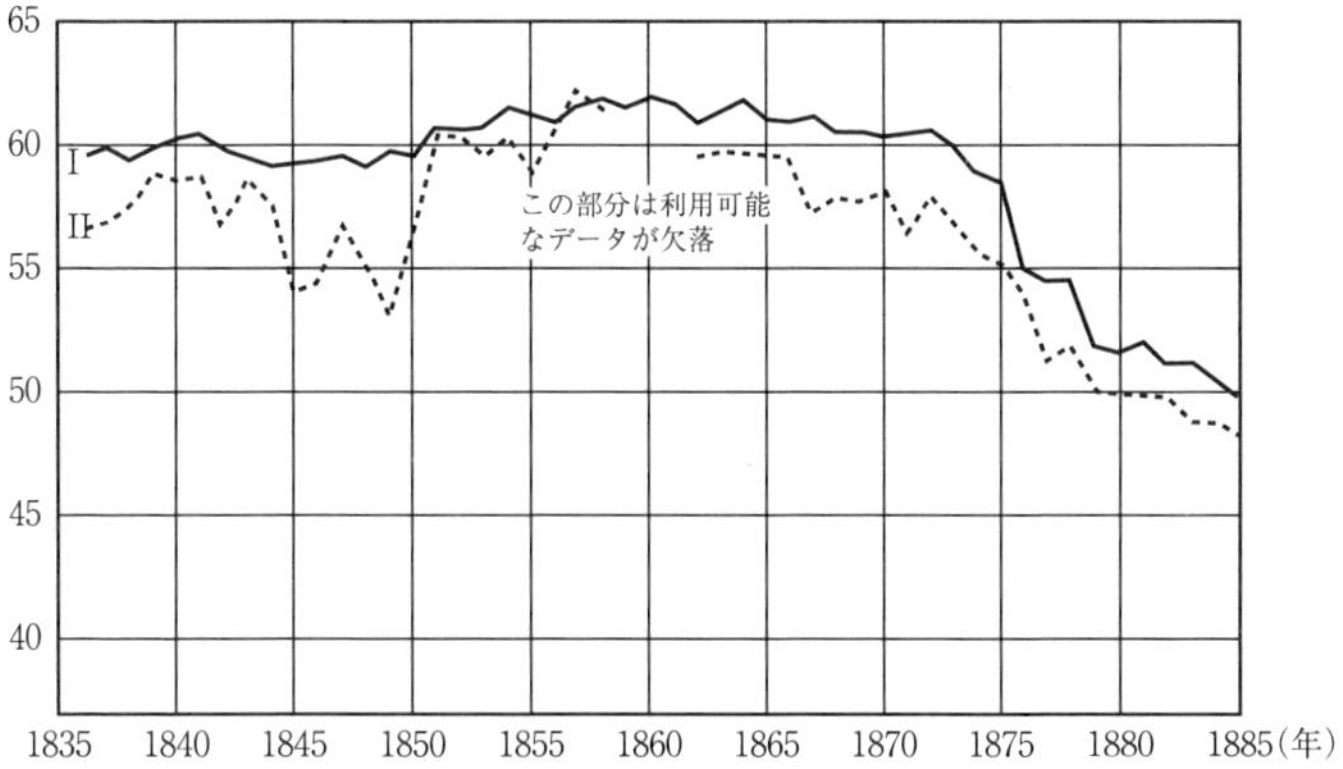


**ロンドンにおける銀１オンス（実線）および2.5ルピー（点線）の価格**（単位はペンス）

帰属する富のより大きな部分を政府のために取り上げることが必要ならば、正々堂々とやるのがよい。我々がやっていることを、やっていないふりをするために、通貨を急いで変える必要はない。

近いうちに、ある種の国際通貨を採用することによって、我々の外国貿易が単純化されることを私は望んでいる。しかしあえて言いたいが、金で測ったルピーの価値が永続的に下落すると、東洋との貿易が永続的に混乱してしまうという学説を、経済学は何ら正当化するものではない。為替の変動は疑いもなく深刻な弊害である。それは我々の通貨の基礎を落ち着いて再考すべき強力な論拠を提供してくれる。しかし、新通貨に基づく希望がまやかしでないことを確信できる時間をとらずに、慌てて新通貨を採用する試みに関しては、その限りではない。

金と銀の相対価値の変動は、イングランドとインドの為替レートを変動させる数多くの原因の一つにすぎない。

それは、金銀の相対価値が、一八七三年以前〔〔セポイの〕反乱の混乱期を除いた場合でさえ〕においても、銀の金価値がもはや安定的ではなくなった一八七三年以降と同じくらい、毎年大きく変動したという事実によって証明される。銀の金価値の変動の撹乱的な影響は、電信、蒸気、スエズ運河等の安定的な影響によって克服できないほど大きなものではなかった(6)。

## 5　安定的な複本位制のための提案

憚りながら、ここで代替的な複本位制を提案してみたい。困難を解決する最善の方策を見つけ出したと考えるほど私は楽天的ではない。しかし、私の計画にどんな欠陥があるにせよ、それが正真正銘の安定的な複本位制であることは検討に値するように思われる。それゆえ、現行の通貨に比べれば、幾分ましな購買力の基準となるであろう。より重要な点として、それは国際通貨の基礎となるであろう。国際的な金貨は、激しい物価下落を引き起こすことによって、貿易を撹乱してしまう。国際的な銀貨はさらに弊害が大きい。しかし、金銀双方に基づいた通貨制度は国際通貨になり得る。そして私の考えでは、最善の複本位制のあり方を研究することの主たる意義は、ここにある。

リカードは、硬貨ではなく、それぞれ二〇オンスの重さをもつ、刻印された金の延べ棒を基礎とした紙幣を使用すべきであると主張した。リカードによると、もし通貨が多すぎて金の価値以下に下落する兆候が見えたならば、造幣局に持ち込まれ、輸出用の金の延べ棒と交換される。少なすぎると、金の延べ棒が造幣局に持ち込まれ、通貨が請求される。国内では、紙幣は完全な交換手段となる。他方、外国貿易の決済には、刻印された金の延べ棒の方が硬貨よりも適している。

私の提案する通貨計画がリカードの計画と異なっている点は、単一の金属の代わりに複数の金属を用いる点だけである。通貨は造幣局または〔イングランド銀行の〕発行部《イシュー・デパートメント》において、金ではなく、金と銀に対して交換可能でなければならない。すなわち、一〔英貨〕ポンドに対して一一三グレーン〔ヤード・ポンド法では一グレーン＝約六四・八ミリグラム〕の金を交換する代わりに、五六・五グレーンの金と、例えばその二〇倍のグレーンの銀と交換できるようにするのである。しかし国際貿易の便宜のためには、金と銀の延べ棒の重量をグラムで取り決める方がよいように思われる。一〇〇グラムの金の延べ棒と、例えばその二〇倍の重量の銀の延べ棒とをセットにして、発行部で通貨のある一定金額と交換できるようにする。(7) この金額は、制度が導入されるときに計算され、その後は固定される。〔計算の基礎に照らせば、二八〔英貨〕ポンドか三〇ポンド程度であろう。〕

通貨と交換に、金か銀の片方のみを売買したいという人は、市場価格で金を銀に、または銀を金に交換することで、欲しい金属を手に入れることができる。政府は独自のレートを日ごとに定め、二つの金属の保有量をほぼ正しい割合に維持することで、この交換を安全に引き受ける。こうして、一回の取引で通貨に対して金または銀のいずれかを売買できるようになる。

兌換性を確保するため、通貨の発行量は発行部(8)の地金準備の例えば三倍を越えてはならない。国家は通貨の費用を大幅に節約でき、正常な準備金として、この限度を越えて、例えば三〇〇〇万〔英貨〕ポンド相当の地金を保持する余裕が生まれる。それゆえ、たとえ地金が少しばかり海外に流出したとしても、今日我々が経験しているような突然の逼迫を防ぐことができる(9)。銀や銅の名目硬貨は今日のように存在するであろうが、金についてはそうではない。なぜなら、金貨の価値のごく小さな割合であっても、違法鋳造者が〔裁定で〕儲けるのに十分だからである。

リカードの提案は、国の内外で紙幣発行が濫用されたことで、良識ある人々が紙幣の観念に嫌悪感を抱いた時代の産物である。しかし今日では、何ら健全な基礎をもたず、ソフト・マネーと呼ぶべき紙幣と、ハードな貴金属との兌換性がきちんと保証されている紙幣とをますます区別するようになっている。この計画は奇妙に映るため、多くの人は真面目に取り合おうとはしないかもしれない。しかし、紙幣を使用することに対する自然の嫌悪感を克服できれば、この計画には次のような利点があることがわかると思う。――①それはコストがかからず、安全である。②コストはかからないが、大きな準備金があることで、今日金融市場でたびたび発生している痛みが未然に防止されるであろう。③その価値は、金と銀の価値の平均によって変化するであろう。④この計画では、金と銀の相対価値を操作しようとする試みは一切行われず、たとえ一オンスの金が五〇オンスの銀と同じ価値になったとしても影響はないため、どの国でも、リスクを冒さずにすぐに始めることができる。⑤いくつかの国が採用すれば、それはただちに通貨と物価の完全な国際的基礎となるであろう。(10)⑥最後に、空想的と思われるかもしれないし、特段強調したいわけでもないが、私から見れば、それは延べ払いのための計表本位《タビュラー・スタンダード》に向けた好ましい動きであるという利点がある。もし金銀以外で、それらと同等の不滅性を備え、小量で大きな価値をもち、普遍的な需要があり、外国貿易の差額を支払うのに適している他の商品が存在するならば、通貨の基礎として金銀に加えることができるであろう。

それは紙幣であるという大きな欠点があるが、これは固定比率鋳造計画にも大いに共通する欠点である。なぜなら、後者の制度のもとでは、おそらくあっという間に紙幣が金に取って代わり、やがて金をすっかり締め出してしまうことになるからである。(11)

## 6　購買力の単位をいかに評価すべきか

本章を締めくくる前に、購買力の単位をいかに評価すべきかを考察しておくのがよいであろう。もし理想的で完全な単位を求めるならば、各個人にとっての貨幣の有効購買力が、彼の欲求の性質に一部依存するという困難にのっけから出くわすことになる。肉の価格が上がり、同時にパンの価格が同じくらい下がった場合、もともと肉をたくさん買えない人々にとっては、賃金の購買力は上昇する。裕福な独身男性にとって、生活必需品の価格など大した重要性をもたないが、所得が同じでも大家族のために食糧と衣服をまかなわなければならない人にとっては、贅沢品が値下がりしても、同時に必需品がわずかでも値上がりするならば、貨幣の購買力は減少したと考えるであろう。購買力の絶対的に完璧な基準というものが、実現不可能であるばかりか、考えることすら不可能であるのは、主としてこのためである。例えば連合王国にとっての購買力単位で意味するのは、平均的な消費者の欲求を満たす一定の手段を与える単位である。平均的な消費者とはすなわち、連合王国の三七〇〇万人の住民が消費する全商品の総計の三七〇〇万分の一を消費する個人のことである。(12)

　これが我々の求める単位である。しかし、さしあたってはきわめて大雑把な方法で満足しなければならない。そして統計《スタティスティカル》・局《デパートメンツ》の仕事が具体化していくにつれて、徐々に改善していく必要がある。そのような単位は、最も単純で作業しやすい形においてさえ、貴金属に比べて一〇倍も優れた価値の基準を与えてくれる。

　この最も単純な方法は、一群の代表的な卸売商品を選び、様々な時点におけるそれらの価格を合計するというものである。(13)次の段階は、各商品の重要性を、考察している様々な期間において、費やされる金額の平均によって評価することである。この重要度あるいはウエイトを商品価格の変化に掛ける。例えば、イングランドで平年に消費される胡椒の価値が五〇万〔英貨〕ポンドであって、茶のそれが一一〇〇万ポンドであるとすれば、茶の価格の一パーセントの上昇は、胡椒の価格の二二パーセントの上昇と同等として計算される(14)。胡椒のウエイトを一とすると、茶のそれは二二でなければならない。

次の段階は、特定の商品のウエイトを割り当てることである。価格が一般に同一の原因によって左右されるが、性質が変化するため、価格の連続した記録が存在しない諸財の価値も考慮に入れる。こうして、例えば標準的な品質の生地に割り当てられるウエイトの中に、流行が変化するたびに形が変わる数多くの羊毛製品や紡毛製品の価値を含めてもよいかもしれない。あるいは、別の方法として、羊毛から作られる製品の代わりに、羊毛を計算に入れ（もちろん、両方を数に入れるべきではない）、一ヤードの標準的な生地を織る費用の変化を、他の織物製造部門の費用の変化を代表するものとして計算するやり方もある。

次の段階は、これまで計算に入れてこなかった人的用役の価格を考慮することである。やり方としては、すでに述べたように、織物の価格を計算するか、羊毛の価格とそれを加工する価格の合計を計算するかのいずれかである。同じ原理に基づいて言うと、パンの価値を計算するならば、パンを焼く費用を入れてはならない。しかしもし小麦の価格のみを計算するならば、パンに焼き上げる費用は、パン屋が焼くのであれ、家事使用人が焼くのであれ、別途計算すべきである。しかし人的用役は、商品の平均価格に比べて、価格が上昇している最も重要なグループであるため、形を変えつつある製造品の巧妙な改良について何かしらの考慮を払う用意ができるまでは、除外したままにしておくのがおそらく最善である。もっとも、そうした変化のたびに製造品の実質価格は平均価格に比べて急速に下落しつつあるのであるが。

このことから、新商品の発明を考慮して我々の単位をいかに修正するかという大きな問題について考えざるを得ない。二つの離れた時点を比較する場合、その中間の時期の詳細な統計を利用しなければ成果は期待できないが、組織的な統計を使うことで困難をかなりうまく克服できる。新商品はほとんどの場合、稀少価格に近い価格で登場する。そして価格は徐々に低下していくが、これを購買力の単位の年々の再調整に算入し、新製品によって我々の欲求満足の力が増大していることを、かなりうまく示すことができる(15)。

こうした困難は一般に認識されてきたが、それと密接に関連するもう一つの困難が存在しており、そちらは見落とされてきたように思われる。ある財が、一年の中で従来は利用できなかった時期にも供給されるようになるというケースである。季節はずれの時期に初めて登場したときには、それを新商品と見なすのが最善であるように思われる。仮に、苺はこれまでは六月にしか入手できず、その平均価格は六ペンスであったとしよう。その後、改良によって六月には三ペンスで、五月と七月には六ペンス、それ以外の月には一シリングから一〇シリングで入手できるようになったとしよう。それらの年間の平均価格を価格表にしたがって計算すると、以前の六ペンスに対して約五シリングになるであろう。ところが実際には、苺に関しては、この変化によって貨幣の購買力は二倍以上になっているのである。この種の考察は、一見して思われるよりもはるかに重要である。なぜなら、現代の農業および輸送業の努力のかなりの部分は、様々な種類の食品を入手できる期間を増やすことに向けられているからである。私の考えでは、この事実を無視したことで、穀物を除くほとんどの食品に関して、中世の貨幣の購買力についての統計の価値は損なわれている。当時は金持ちでさえ、冬には新鮮な肉のようなありふれた《シンプル》財をめったに入手できなかった。文明の遅れたところでは、旬の季節においてさえ供給は不規則である。自らの食用にするために鶏を飼う人々にとって、欲しい量よりも多すぎたり、少なすぎたりすることがよくある。広い範囲から在庫を仕入れているため、突然の大量注文であっても対応できる現代の仲介業者《ミドルマン》に一羽あたり三シリング払う方が、資力の乏しい商人に二シリング六ペンスないしは二シリングを払うよりも、多くの場合、良い方法である。供給を我々の欲求に合わせてくれる商人《ディーラー》は、実に優れた商品を売っているのであって、彼の売値が名目的にはより高価であったとしても、実際にはより廉価であるかもしれない。サイズがぴったりで四ポンドするコートの方が、三ポンドであってもサイズの合わない同じようなコートよりも安いのと同様である。

右で述べた困難は、財を入手できるまでの時間に関するものであるが、場所に関しても同じような困難が存在する。新鮮な海の魚が海岸でしか入手できなかった時代には、魚の平均価格は安かった。今日では、鉄道のおかげで内陸でも魚が売られるようになったが、その平均小売価格にはかつてよりもはるかに高い流通費用が含まれている。この困難を処理する最も単純な方法は、原則として生産された場所での卸売価格をとり、財、人、および情報の輸送費の低廉化について、独立した最重要項目として十分なウエイトを認めるというものである。

様々な理由から、卸売価格よりも小売価格を採用する方がよいが、それは不可能であることも多い。小売価格は、時と所も異なる多様なサービスに対応するからである。大量かつ多様な野菜の在庫を抱え、最初は注文をとるために、次回はキャベツを届けるために出かける八百屋は、一ファージング［イギリスで使われていた硬貨で、四分の一ペニーに相当した。］で買ったものを二ペンスで売ったとしても、十中八、九その取引で損するであろう。自分で家に持ち帰るキャベツに半ペニーを払う貧しい女性の方が、実際には金になる客かもしれない。それゆえ小売価格は、先進国の国民のあいだでは、とりわけその富裕層のあいだでは、昔ながらの消費者ならば無しで済ませる多くの人的用役の価格を含んでいる。

次の論点は、一見したところ不変と思われる財の変化を考慮することである。牛や羊は今日では以前の二倍の重量があり、体重のより大きな割合を肉が占めている。そのうちより上質の部位が占める割合も増えている。また、すべての肉に占める固形分の割合はより大きく、水分の割合は小さくなっている。さらに、一〇部屋ある家の平均的な広さはおそらく過去に比べて二倍になっており、費用の大部分を水道やガスや、その他古い家屋には存在しなかった機器が占めている。これらの理由から、発展途上国や我が国の古い時代の歴史における貨幣の購買力を評価する際には、多くの割引が必要である。

しかし、我々はさらに、社会的要求の増大に対しても、何らかの配慮をすべきであろうか。例えば退職したインド帰りの役人にとって、一万ルピーあれば、インドでもイングランドでも、勤め始めた当時に比べ、生活必需品、安楽品および贅沢品を、よりたくさん購買できる。しかし、彼の所得が、対等だと思っていたイギリス本国の同僚の一〇〇〇〔英貨〕ポンドよりも安いことに気づき、傷ついてしまう。我々の購買力の単位を評価する際には、こうした考慮は完全に無視すべきであると私は考える。単位は物的な富の支払いを測るために使用したい。郵便配達員であれ、事務員であれ、インドの役人であれ、ある階級の人々が実質所得の一般的増大の分け前を享受していないとすれば、彼らの報酬を再考すべきである。政府職員との契約において、支払われる一〇ルピーがつねに一ポンドと等価になることを、実際に約束するような文言になっているとすれば、政府はその契約を履行しなければならない。しかし、それは我々の通貨を変えなくてもできることである。

大きな欠点をもたない購買力の基準を望めないことは事実である。しかし、長さの完全な基準を求めてあらゆる科学的手段を動員しても、うまくいかないことも同じように事実である。我々に入手できる最高の価値の基準でさえも、ありふれたヤードという長さの基準ほどには役立たないが、それでも価値の基準として、金単独、または金銀の平均を用いることに比べれば大きな進歩である。

もっとも、この進歩も、一人の判事の足の長さ、あるいは二人の足の長さの平均を使う代わりに、ヤードという尺度を採用した進歩に比べれば、それほど大きなものではない。

## 注

(1)『コンテンポラリー・レビュー』一八八七年三月。

(2) 一七八二～一八二〇年の金価格はジェヴォンズによるものであり、一八二〇～一八八五年の金価格はザウエルベック氏による。二種類の金属からなる価格は金価格と銀価格の平均である。後者は、一七八二～一八二〇年についてはデル・マア氏［Alexander Del Mar（一八三八～一九二六）アメリカの歴史家。］により、残りの年についてはザウエルベック氏によって与えられた金銀の相対価値に依拠している。

(3) ジェヴォンズの『貨幣』[*Money and the Mechanism of Exchange.*(1875)] の「価値の計表本位《タビュラー・スタンダード》」に関する章の中に、彼らの提案についての若干の説明がある。

(4) スライド制は、一般的な効果としては見事なものであるが、あまりにも単純すぎるため、過ちを犯すこともあるかもしれない。例えば、製鉄業におけるスライド制は、一方においては完成した鉄の価格だけでなく、鉄鉱石や石炭、およびその他の雇用主の経費を、他方において主に労働者が消費する財の価格を考慮すべきである。スライド制が適用できる業種は、政府が一般的な単位の基礎としている統計を活用することで、独自の特別な単位を用意することもできる。

（5）ソベア博士［Adolf Soetbeer（一八一四～一八九二）ドイツの経済学者。］の計算によると、金の年間生産量約二〇〇〇万〔英貨〕ポンドのうち、一二〇〇万ポンド以上が美術のために使われ、三〇〇万ポンド以上がインドにいき、通貨用に使われる金は五〇〇万ポンドに満たない。オットマー・ハウプ氏の推計もほぼ同様である。ニコルソン教授［Joseph Shield Nicholson（一八五〇～一九二七）イギリスの経済学者。］は、固定比率での安定した鋳造を支持する優れた議論の中で、金鉱を犠牲にして銀鉱が増加する傾向を看過しており、金需要を増加させている数多くの原因を十分に考慮していないように思われる。

（6）図［*Memorials* 版および全集版ではこの図が割愛されている。］は、インド省によって提供され、パルグレイヴ氏［Robert Harry Inglis Palgrave（一八二七～一九一九）イギリスの経済学者。］の「貿易と産業の不況に関する委員会第三報告」につけられた重要な覚書で公表された数字に基づいている。

（7）この二〇倍という数は、他のいかなる数でもよいが、一度だけ任意に選ばれ、その後は固定する。通貨価値が主に金によって左右されることを望むならば、銀の量は少なくてよいし、主として銀によって左右されることを望むならば、金の重量のおそらく五〇倍か一〇〇倍の重さの銀の延べ棒を選ぶべきである。しかし、二つの金属が同じ影響力をもつことを望むならば、それらの既存ストックを考慮して、おそらくは金の重量の二〇倍の重さの銀の延べ棒を選ぶべきである。

（8）ただし、最低割引率が例えば一〇パーセントになるような非常時は除く。そうした状況では、現在ちょうどそうであるように、このルールは政府の権威によって、あるいは――こちらの方がより適切であると思われるが――自動的に発動するルールによって破られるかもしれない。

(9) それゆえ、もし通貨が銀と銅の名目硬貨に加えて、一億二〇〇〇万〔英貨〕ポンドの紙幣からなるとすると、正常な準備金は七〇〇〇万ポンドであろう。準備金の管理は、イングランド銀行または政府銀行に委ねるのがよい。後者は今日のように割引率に直接働きかけ、それによって金銀の供給を適切な水準に維持する。あるいは一般的な銀行機能をもたない政府部局が、準備金があまりにも少なすぎるときには通貨に対してコンソル債を売ることによって、また準備金が大きくなりすぎるときには、通貨が流出するようにコンソル債を買うことによって、割引率に間接的圧力をかけるかもしれない。

(10) もし望むならば、フランスは依然としてフランで、イングランドはポンドで、アメリカはドルで計算をすることもできる。ただし二〇フラン紙幣はその表面に、何フランが金一〇〇グラムと銀二〇〇〇グラムの延べ棒の組合せと交換可能かを記載することになろう。それゆえ、一〇〇フランは何ポンド何シリング何ペンスに相当するかがはっきり決まる。現在のように、通貨発行益《シニョレッジ》や硬貨の磨滅を考慮する必要はなくなるであろう。フラン、ポンド、ドルは同様に、国際決済のための完全な手段である金や銀の延べ棒に対する明確な支配を与えるであろう。

(11) ワルラス氏［Marie Esprit Léon Walras（一八三四～一九一〇）フランスの経済学者。一般均衡分析を確立した。］は、金価値の上昇あるいは下落に応じて名目的な銀貨を増減させることによって、金の価値を安定させることを提案している。彼の計画は優れており独創的である。しかし、彼も認めているように、金銀の価値を規制する他の計画と同様、これには国際的な協定が必要である。私にはうまい管理方法が思いつかない。なぜなら、細かい困難については言うまでもなく、すべての国にとっての購買力の共通単位などあり得ないからである。私の考えでは、通貨の供給を規制し、その価値を一定に保つあらゆる計画は、国内的なものであって、国際的なものではあり得ない。

そのような計画を二つ簡潔に提示してみたい。といっても、そのいずれかを提言しようというのではない。第一の計画では、通貨は不換紙幣である。一ポンドの価値が一単位よりも大きいときには、自律的な政府部局が通貨に対してコンソル債を買い、小さいときには売る（政府が借入をしたいときや債務を返済したいときに発生するコンソル債の通常の発行や買戻しは、通貨を発行したり回収したりする権限をもたないおそらく別の部局によって独立に行われるであろう）。外国貿易の残高を支払わなければならない人々は、公開市場で金か銀を買うであろう。彼らはこの貨幣と交換に、イングランドにおいて固定された購買力をもつ金と銀を手に入れるであろう。パルグレイヴ氏とソベア博士の調査が示すところでは、イングランドにおける固定された購買力の一単位は、他の文明国においても、金一オンスや銀一オンスと比べても、ほぼ不変の購買力を与える。総じてこの通貨は、現行の通貨に比べて、我々の外国貿易により大きな安定性を与えると私は信じている。

もう一つの計画は兌換通貨に関するものである。一ポンド紙幣をもっていると、政府の一部局において、その時点で半単位の価値をもつ金と、半単位の価値をもつ銀を請求できる。金と銀の適切な支払準備金を維持するために必要な準備は、少々複雑であるが、実際には大きな困難はないであろう。いずれの計画においても、延べ払いの契約は通貨でかなりうまく遂行できるであろう。しかしそれらは込み入っており、国際通貨の採用を促進するよりは、むしろ阻害するであろう。

(12)　しかし、ビジネスをより安定させることを視野に入れると、イギリス産業の全生産物を、たとえ輸出されるものであっても、計算に入れるべきであろう。その結果、綿製造業の年々の供給のうち八〇〇〇万

〔英貨〕ポンド相当は輸出されるとしても、その供給は約一億一〇〇〇万ポンドとみなすべきであろう。

(13) この方法は、ジェヴォンズやそれ以前の研究者がとった方法である。そして今もなお『エコノミスト』誌やザウエルベック氏その他の人々によって、より高度な方法と併せて用いられている。

(14) ギッフェン氏 [Robert Giffen（一八三七～一九一〇）イギリスの経済学者。証券市場の分析でマーシャルに影響を及ぼしたが、現在では、価格が低下したとき需要量が減少する財を意味する「ギッフェン財」で有名。] が我々の輸出入品に関してこの方法を採用している。パルグレイヴ氏や、また彼が指摘しているように、フランスの常設評価委員会《コミッシオン・ペルマナント・デ・ヴァルール》もこの方法を採用しているし、ザウエルベック氏やマルホール氏 [Michael George Mulhall（一八三六～一九〇〇）アイルランドの統計学者。] もそうである。物価の引力の中心点の動きとでも呼ぶべきものを突き止めようというのは、考え方としては至極真っ当である。細部における改善の余地は大いにあるとしても、その原理は十分に確立されているとみなすことができる。ジェヴォンズは変化の対数の平均をとることを提案した。しかしあえて言わせてもらうならば、彼は幾何平均と結びついた危険を見落としている。それは、さほど目立たないが、極端な場合には、算術平均の場合よりも致命的である。ジェヴォンズの貨幣と物価の理論は比類のない業績であるが、これはその欠陥の一つである。単位自体は月に一回変更することが最善であることが判明するかもしれないし、おそらくそうなるであろうが、その場合でも、商品のウエイトが年に一回以上の頻度で評価されることはないであろう。

(15) 新商品は、価格リストに初めて登場する際には、単位の決定に関与しない。例えば新商品が一八九〇年一月一日に登場したとしよう。その場合、一八九〇年の単位は、新商品を除いて、昨年の単位が昨年の価格で購入したのと同じ商品群を、一八九〇年の価格で購入できるように作成される。しかし、一八九一年の単位を作成する際には、一八九〇年の単位のウエイトに多少の手直しを加えて、その新商品も加える。その結果、一八九一年の単位は、一八九〇年の単位と同一の、新商品を含むすべての商品を購入できるように作成されるであろう。

# 解説　マーシャルの経済学と方法

伊藤宣広

本書は、現代経済学に大きな功績を遺したアルフレッド・マーシャルの講演や論文を集めたものである。マーシャルの主要論文は過去何度か邦訳されているが、現在、そのいずれも入手しづらい状況にあることから、新訳を刊行する運びとなった。

まず本書に収録した論文の選択に際して一言しておくと、研究者はもちろんのこと、一般読者も興味をもって読むことができ、かつマーシャルの思想が色濃くあらわれている代表的なものを選んだ。いずれも現代においてなお、様々な示唆を与えてくれる珠玉の論文ばかりである。

底本には *Memorials of Alfred Marshall*, edited by A.C. Pigou, 1925, London: Macmillan を用いたが、「分配と交換」については、同書に収録されている「経済学における力学的類推と生物学的類推」（Mechanical and Biological Analogies in Economics）（1898）が初出版の約三分の一を抜粋

した抄録版であるため、*Collected Essays 1872-1917 Alfred Marshall, Volume 2 (1887-1917)*より、その完全版である Distribution and Exchange の全文を訳出した。また「一般物価の変動に対する救済策」は、*Memorials* 版および全集版ともに、あるべきグラフ（二五九頁）が一つ欠落しているため、初出の *Contemporary Review* 誌収録のもので補った。

*Memorials* 版に収録されている論文は、初出版と比べると一部表現の異同がみられる。マーシャルが晩年に手を加えているものの他、再録にあたって編者のピグーが、マーシャルが余白に書き残していたメモを適宜組み込んで反映させた箇所もある。論文によっては初出版から変更が加えられている旨が明記されているものもあるが、例えば「経済学者の旧世代と新世代」は何の説明もなしに変更がほどこされている。見方によっては、ピグーによる改変ととれるところもあるが、この記念論文集はもともとがマーシャルから委託されたプロジェクトであり、文章自体はマーシャル自身のものであること、細かい表現の修正によって論旨に変わりはないこと、また全集版にはこの改変後の *Memorials* 版が収録されていること、マーシャル研究者のあいだでも特に問題視されていないことを踏まえ、本訳書でもこちらを底本として採用した。

本書に収録されている論文の邦題と原題は以下の通りである。

一　「経済学の現状」The Present Position of Economics（1885）

二　「経済学者の旧世代と新世代」The Old Generation of Economists and the New（1897）
三　「労働者階級の将来」The Future of the Working Classes（1873）
四　「公正な賃金」A Fair Rate of Wages（1887）
五　「経済騎士道の社会的可能性」Social Possibilities of Economic Chivalry（1907）
六　「ジェヴォンズ氏の『経済学の理論』」Mr Jevons' Theory of Political Economy（1872）
七　「ミル氏の価値論」Mr Mill's Theory of Value（1876）
八　「分配と交換」Distribution and Exchange（1898）
九　「一般物価の変動に対する救済策」Remedies for Fluctuations of General Prices（1887）

一つ心残りな点として、学問的見地からは「外交貿易の純粋理論」（The Pure Theory of Foreign Trade）および「国内価値の純粋理論」（The Pure Theory of Domestic Values）という非常に重要な二論文がある（なお、これらの内容の一部は『経済学原理』第五編および『貨幣信用貿易』付録Jに反映されている）。どちらも *Memorials* 版には収録されていないが、初期マーシャルを語るには欠かせない論文である。しかしページ数が多く、内容が専門的で、かつ特殊分野に偏っているため、今回の論集のコンセプトに照らして、収録は見送ることとなった。

マーシャルは、経済学を学んだ人間のあいだでは知らぬ者のない著名人であるが、一般レベルでは、アダム・スミス、マルクス、ケインズなどと比べると知名度は一段劣ると言わざるを得ない。しかしその業績をつぶさに検討すると、現代の経済学のいかに多くの考え方、分析装置がマーシャルに負っているか、驚かれることであろう。需要と供給に基づく近代経済学――今日ではミクロ経済学・マクロ経済学と呼ばれている――の生みの親であり、経済学という学問の制度化にも大きく貢献した巨人である。また経済学のケンブリッジ学派の創始者でもあり、ピグーやケインズといった優れた経済学者を育てた。

以下ではマーシャルの略歴と、本書に収録した各論文について解説する。

## 生涯と功績

アルフレッド・マーシャルは一八四二年七月二六日に父ウィリアム・マーシャルと母レベッカの第二子として生まれた。幼い頃から厳しい教育を受け、九歳のときに九大名門パブリック・スクールの一つであるマーチャント・テイラーズ・スクールに入学した。父はイングランド銀行の事務職員であったが、生活にさほど余裕はなく、寄宿費のいらない通学制のマーチャント・テイラーズを選んだとも言われている。学校での勉強に加え、自宅では父の指導のもと、夜遅くまでヘブライ語の学習を続けた。若い頃のマーシャルは数学に興味をもち、古典語の勉強を毛嫌いしていた。優れた成績を収め、一八六一年にオクスフォード大学セント・ジョンズ・カレッジの奨学金を受ける資格を得ていたが、これを受けることは古典語研究の道に進むことを意味していた。古典語の奴隷になることを嫌ったマーシャルは父の意に背き、奨学金とオクスフォード進学を辞退した。そして数学を研究するため、叔父のチャールズから資金援助を受けてケンブリッジ大学セント・ジョンズ・カレッジに進学した。一八六五年には数学科優等卒業試験で第二位優等者となっている。歴代のケンブリッジ大学数学科優等卒業試験の第二位優等者には、ウィリアム・ヒューウェル（「科学者」という言葉の生みの親）、ジェームズ・クラーク・マクスウェル（古典電磁気学の祖）、ウィリアム・トムソン（後のケルヴィン卿。古典熱力学の開拓者）、ウィリアム・キングドン・クリフォード（数学者・哲学者）など錚々たる人物が名を連ねている。歴史上の経済学者の中でも、マーシャルの数学者としての資質は群を抜いていたと言ってよいであろう。

卒業後はケンブリッジ大学でフェロー（特別研究員）の資格を得た。またこの時期、学費の返済のため、パブリック・スクールのクリフトン・カレッジで数学教師も務めた。研究を続けるうちに、マーシャルの関心は数学から他のものへと移り変わっていく。一八六七年にはグロート・クラブに参加し、様々な分野の知識を得て、視野を広げた。経済学の研究を始めてからは、リカード＝ミルの古典派経済学だけでなく、クールノーやフォン・チューネンといった大陸経済学の成果も積極的に吸収した。この頃から経済学に関する論考を発表するようになり、初期の業績には「ジェヴォンズ氏の『経済学の理論』」や「労働者階級の将来」などがある。

一八七五年には四か月間のアメリカ視察旅行を行い、急速に発展しつつあったアメリカ経済の姿を目にした。東部をまわり、ハーバード大学やイエール大学では経済学者と会談も行ったが、アメリカ訪問の主な目的は「新興国における保護貿易の問題の研究」であった。この経験はその後のマーシャルの経済観に大きな影響を及ぼした。

ケンブリッジを離れる契機となったのは、かつての教え子メアリー・ペイリーとの結婚であった。二人は一八七七年七月に結婚した。当時、フェローは独身でなければならないという規定（これは数年後に撤廃された）があったため、フェローの職を辞し、ブリストルに新設されたユニヴァーシティ・カレッジに赴任した。そこでは初代学長を務めるとともに経済学を教授した。夫人との共著『産業経済学』がブリストル時代の一八七九年に出版されている。この頃のマーシャルは公務と研究の負担、そして腎臓結石のため健康を害し、妻を伴い一年ほどイタリア旅行に出かけ、静養をはかった。なかでもパレルモ滞在中の経験は、その後のマーシャルの著作の中で何度か回想されている。

一八八三年には夭折したアーノルド・トインビーに代わって、オクスフォード大学ベリオル・カレッジにフェロー兼講師として招聘された。オクスフォードでの評判は上々であったが、一八八四年一一月にフォーセットが死去すると、その後任として一八八五年一月にケンブリッジ大学教授に就任することになる。

教育スタイルについてみると、ケンブリッジ大学におけるマーシャルの講義には数十人の学生が出席していたが、予習をしてこずに教師に平明な解説を要求する受け身の学生には退席を命じたため、出席者は減っていった。他方、マーシャルは学生のために毎週六時間は時間を確保し、訪問する者には助言を与える旨を告知していた。その教育方針は、知識を授けるというよりは、学生に一緒に考えさせるというものであった。学生が提出した答案は真っ赤に添削されて返ってきたという。

教授就任後は公的な場で証言を求められることがしばしばあった。一八八五年の産業報酬会議、一八八六年の貿易および産業の停滞に関する王立委員会、一八八七～一八八八年の金銀委員会、一八九九年のインド通貨委員会、などの証言――これらはすべて無報酬で行われた――の記録は後に弟子のケインズによって編纂され、公文書集として刊行されている。

一八九〇年には主著である『経済学原理』を出版するが、これは当初は二巻本となる計画であったため、タイトルに第一巻と銘打たれている（この「第一巻」という表記が消えるのは一九一〇年の第六版以降である）。一九〇七年の第五版以降は全四巻へと構想が拡張されたが、『原理』の第二巻以降が刊行されることはなかった。ただ、一九一九年に出た『産業と商業』が結果的には『原理』の事実上の続刊という扱いになっている。

『経済学原理』は、ミルの『経済学原理』以来、久々の権威ある経済学の体系書として迎えられた。刊行時点ですでにマーシャルは内外に広く知られていたが、この本の成功により、その名声は決定的なものとなった。一九世紀末から二〇世紀初頭にかけて、イギリスの経済学は「マーシャルの時代」であり、学内では「すべてはマーシャルにある」というフレーズが一種の合言葉のように用いられた。

マーシャルが教授に就任した頃、ケンブリッジ大学では経済学は道徳科学と歴史の優等卒業試験に含まれていたが、独立した存在ではなかった。マーシャルは経済学が補助科目としての地位に甘んじているのをよしとせず、これを独立した専門科目にしようと尽力した。その成果が一九〇三年の経済学優等卒業試験の創設である。経済学という学問の地位向上においても大きな功労者であった。

一九〇八年には引退して大学のポストを退き、その後は著述活動に専念することになった。体力・気力の衰えと戦いながら『産業と商業』(一九一九)、『貨幣信用貿易』(一九二三)を出版したが、『原理』の体系の完成はついに果たせず、一九二四年七月一三日、永眠した。八一歳であった。

＊マーシャルの伝記をめぐっては、Keynes [1925(1924)], Coase [1984], [1990], Groenewegen [1995], [2007], 西岡 [1997] を参照した。

**経済学の現状**

巻頭に配置した本講演は、マーシャルのケンブリッジ大学教授就任講演であり、本訳書のタイトルともなった有名な「冷静な頭脳と温かい心（クールヘッズ・バット・ウォームハーツ）」という有名なフレーズはその末尾に登場する。

日本の大学では教授が定年退官する際に、退官記念講演を行うのが慣例であるが、イギリスの場合は教授就任時に所信表明を兼ねた講演を行う伝統がある。これは、マーシャルがヘンリー・フォーセットの後任としてケンブリッジ大学の教授に就任し、一八八五年二月二四日行われた記念講演の記録である。

冒頭にあるように、一八七〇年代初頭、イギリスには錚々たる経済学者が揃っていたが、相次いで世を去り、世代交代を迎えつつあった。古典派経済学に対してはレスリーやイングラムといった歴史学派から厳しい批判があがっており、また、古典派最後の大御所とされるジョン・ステュアート・ミルがウィリアム・ソーントンの批判を受けて賃金基金説を撤回したことは、経済学の威信を傷つけるものであった。

同時期に勃興しつつあった新しい理論的潮流――いわゆる「限界革命」――については後述するが、マーシャルが経済学の研究を進めつつあった時期は、激動の時代であった。当時台頭しつつあった進化論の思想は社会科学の領域にも大きな影響を及ぼしていた。

マーシャルは、新世代の旗手として、その重責を感じつつも、イギリスにおける経済学の現状を語る。大筋において古典派経済学の基本思想を承認するが、不満点もある。古典派の問題点は、人間というものが少なからず環境の産物であり、環境とともに変化するという認識がなかったことである。彼らは人間性を一定不変のものとみなし、世の中の人間が皆シティの金融業者のようなものであると想定して議論を進めた。それはどこか浮世離れしたものであり、その非現実性は批判者たちの攻撃の的となった。しかし時代や国が異なれば制度や慣行も変わるのは当然であり、動態的なヴィジョンの重要性こそマーシャルの強調するところであった。マーシャルはこの講演の五年後に出版される『経済学原理』の巻頭に「自然は飛躍せず（Natura non facit saltum）」というモットーを掲げているが、漸進的変化を経済分析の基調に据えるところにマーシャルの大きな特徴がある。

講演の中盤は歴史学派の批判に対するマーシャルなりの回答である。マーシャルによれば、経済学の原則（オルガノン）と教義（ドグマ）を区別することが重要であるが、歴史学派はこの点を見落としている。

経済学の原則とは、具体的な真理を発見するために普遍的に適用される機構（マシーナリー）であり、エンジンである。これに対して教義とは、原則を適用して発見された特定の具体的真理である。歴史研究により後者の具体的真理を見つけだすことができるが、これらには普遍性はない。ある場面であてはまったとしても、別の状況ではあてはまらない。問題を正しく分析するためには、経済理論の助けを借りる必要がある。リカード学派は事実を軽視するという過ちを犯したが、歴史学派は理論を軽視するという過ちを犯した。

経済学の原則は、「何世代にもわたる人間の最高の天才の多くが蓄積された力を結集したものである。それは作用する動機を分析し、分類し、その相互関係を解明する方法を示してくれる」。そして「自身の仕事をなし終えた後は背後に退き、最終的な決定の責任を常識に委ねる」。マーシャルは経済学に対するアプローチとして、理論偏重、歴史偏重、このいずれをも退け、両者のバランスのとれた研究の重要性を説く。

歴史に学ぶ、という場合、そこには必ず演繹的推論の要素が入り込む。過去と完全に同じ事実が繰り返されることは二度とない。増税や減税の是非、金融緩和の有効性などをめぐっては、現在でも論争が絶えない。まったく正反対の主張が科学の名のもとに堂々と展開される。どこからどこまでが特定の事象の結果であるかに関する評価は決して自明ではない。政策的主張が経済学者によって異なる理由をマーシャルは驚くほど明快に説明している。これこそ、理論と事実の研究がともに必要とされる所以である。

そして結びは、経済学の地位向上に向けた宣言であり、ケンブリッジ大学が果たすべき使命について、決意に満ちた言葉が綴られている。一八八五年当時、大不況によるデフレや、アメリカ・ドイツによる追い上げがあったとはいえ、イギリスはなおヴィクトリア時代の繁栄を謳歌する一方で、ロンドンのイースト・エンドには貧しい人々が暮らしていた。これほど豊かな国に、なぜこのような悲惨な生活が存在するのか。マーシャルがケンブリッジ大学で学ぶ若者に向けた最初のメッセージは、「冷静な頭脳と温かい心」をもって社会改良の問題に向き合うことこそ、経済学の使命であるというものであった。

## 経済学者の旧世代と新世代

これは一八九六年一〇月二九日にケンブリッジ経済クラブの第一回会合で発表された講演録である。世紀の変わり目を前にして、経済学者の世代交代を取り上げ、これまでの総括と、次世代の課題について論じている。

経済学が発展すればするほど、常識が果たすべき役割はますます大きくなるという。これは「経済学の現状」の議論を敷衍するもので、常識の背後には社会的叡智の蓄積があるという見方に基づいている。

この講演の中でマーシャルは所有と経営の分離の問題を論じている。大企業が雇われ経営者の手にゆだねられる場合、リスクをとって新しい試みに挑戦しても、成功した場合の私的利益は社会的利益に比べてごくわずかにすぎず、失敗した場合には非難を一身に浴びることになるため、イノベーションに挑戦するインセンティブが働かない。それゆえ、できるだけ面倒な新しい取り組みを避け、リスクを負わないように守りの姿勢に入りがちである。マーシャルはこれを「官僚的習慣」と呼び、集産主義を否定する主な論拠とした。ここには今日の経済学でいうところのエージェンシー問題の萌芽がみられる。

## 労働者階級の将来

マーシャルの初期の思想を伝える代表的な論説であり、一八七三年一一月二五日にケンブリッジ大学の「リフォーム・クラブ」の懇談会で朗読された（これはセント・ジョンズ・カレッジのジャーナル「イーグル」に公刊された）。

当時マーシャルは三一歳であり、本人が後に回想しているように、若さゆえか、いささか楽観的すぎる部分もあるが、労働者階級の現状と未来予想図を生き生きと論じたものである。

まず、労働者階級とはいかなる人々か、その定義を考えてみると、思いのほかはっきりしないことがわかる。労働者階級と「紳士の職業」とを隔てる境界はそれほど絶対的なものではなく、逆に言えば、労働者階級にも未来に対して希望をもてる余地があるという。

過酷な肉体労働がいかに人間の精神力を蝕むかを指摘しつつ、肉体労働者の置かれている厳しい状況に理解を示しながら、そこからの脱却のシナリオを描く。

そこで鍵となるのは子供の教育であり、人間に対する投資である。これはマーシャルの生涯を通じて変わることはなく、後に『経済学原理』でも強調されるところである。

この講演でマーシャルが描いた未来は、後世の目から見れば、確かにあまりにも楽観的すぎるものであったかもしれないが、「貨幣を借りた人は利子をつけて返済しなければならないのと同様に、人は自分の子供に、自分が受けたよりも良い教育、より徹底的な教育を与えなければならない」という言葉は現代の我々の心にも響くものがある。

マーシャルが『経済学原理』において、生産要素として土地・労働・資本という古典派以来の三要素に加えて、「組織」を挙げたことは有名であるが、その組織の中核にあるのは人であった。一九世紀の経済学の根底には、収穫逓減、利潤率低下という自然の作用への恐怖があったが、それに打克つことができるのは人間の創意工夫だけである。人間の教育こそ、最も重要な投資であり、将来の成長の源泉であるという考え方は、終生変わらぬマーシャルの根本思想といえる。

## 公正な賃金

経済理論の世界ではリカード以降、利潤と賃金の相反関係がクローズアップされてきた。これを受けて、マルクス経済学においては、資本家と労働者との間の利害相反、階級対立は不可避であり、運命づけられていると考えられたが、それとは別の道を模索したのがマーシャルである。本論文では資本家、労働者のいずれにも肩入れせず、中立的な立場から公正な賃金のあり方を考察している。

注目したい点は、同じ年に発表された「一般物価の変動に対する救済策」にも共通してみられる論点であるが、名目賃金は物価よりも遅れて動くという「賃金遅れの現象」の帰結である。インフレのときには財やサービスの価格が上昇するほどには名目賃金は上昇せず、いずれ上昇するにしてもタイムラグを伴う。逆に、デフレのときには財やサービスの価格が下落するほどには名目賃金は下落せず、いずれ下落するにもタイムラグを伴う。その結果、インフレ時には実質賃金が下落することで企業は人件費を抑えることができ、好景気はますます過熱する一方、デフレ時には実質賃金が上昇することで企業の費用負担は重くなり、不況からの回復が遠退くことをマーシャルは指摘する。これは労働者、資本家のどちらかが一方的に悪いわけではないが、マーシャルの考える公正なあり方は、企業はインフレ時には名目賃金を引き上げることであり、労働者はデフレ時には名目賃金カットを受け入れることである。これによって実質賃金の変化は小さくなる。景気が良いときに賃金を引き上げ、景気が悪いときに賃金を引き下げることをマーシャルは「自然の法則」と呼び、自然に逆らうやり方は決してうまくいかないと述べている。

後半では調停委員会の意義と課題を論じているが、最終的な解決につながるものとして、ここでも教育の重要性が指摘されている。

マーシャルの議論はイギリス国内を対象としたものであったが、現代であれば、新興国における労働者の賃金水準として公正な水準はいかなるものであるか、といった点が問題になるであろう。近年では企業は少しでも人件費を抑制するため、生産拠点の海外進出が進んでいる。あたかも水が高いところから低いところに流れるように、グローバル化した世界では先進国と新興国との賃金格差はいずれ縮小していく傾向にある。その際、公正な賃金水準とはいかなるものかを考える上でも、本章は手がかりを与えてくれるかもしれない。

## 経済騎士道の社会的可能性

これはマーシャルがケンブリッジ大学教授を引退する前年の一九〇七年に王立経済学会で行った講演の記録である。

一九世紀は「マルサスの呪い」に苦しめられた時代であったが、幸いにして、この二〇世紀初頭のイギリスでは収穫逓減の法則はほとんど作用していないという。ただし、この先一世代か二世代すれば、それが再び強力に作用しはじめる可能性があるため、人類は与えられたこの猶予期間を生かして進歩を実現しなければならないと考えられた。

この講演でマーシャルは「経済騎士道」という言葉を生み出し、提唱している。これは中世の騎士道がもっていた高尚な公共精神を、ビジネスの世界に適用したものである。「高貴で困難な事柄を、それが高貴で困難であるがゆえに行う」こと、「安っぽい勝利を軽蔑し、救いの手を必要とする人々を助けること」に喜びを見出す精神。自己の利益だけでなく、従業員の福祉も向上させつつ、事業において成功を収めることに誇りを見出す精神。これを騎士道になぞらえている。それは人件費の削減によって生き残りをはかるという安直なやり方とは対極に位置するものである。

もちろん、経済騎士道は単なるマーシャルの希望的観測、願望を表したものにすぎないとみることもできる。確かに、マーシャルの見通しは甘かったかもしれない。現に、一〇〇年以上経った現在でも、人間性は十分に成熟したとはいえない。

これは、ともすれば奇麗事に映るだろう。しかし、それは本音でもあったろうが、マーシャルには経済学の地位向上という目的もあった。経済学は、金儲けばかり考えている低俗な学問であり、真・善・美を追求する由緒ある学問に比べれば一段格下のものとみなされる風潮があった。それに対し、経済学も、いな経済学こそまさに人間生活の幸福のために貢献できる学問である、というメッセージを伝えたかったに違いない。事実、本書に収録した論文・講演の中でも、経済学がいかに有用で、社会改良のために役立つか、ということが随所で強調されている。ケインズは述べている。

> マーシャルはあまりにも役に立ちたいと切望しすぎた。彼は経済学の主題のうちで、たとえ間接にはこの上なく重要なものであろうとも、直接人間の福祉や労働階級の状態などに関係がないような知的部分を低く評価し、これを追求しているときには至高のものに携わってはいないのだという感じを持つ性癖があった（Keynes [1972(1933)] 200, 邦訳二六六頁）。

マーシャルは一八八五年頃から一九〇〇年にかけて、労働運動の指導者を招待して、よく一緒に週末を過ごしたという。そして社会主義者の文献にも目を通し、彼らの純真な理想には敬意を抱いていたものの、他方でそうした理想の現実味については懐疑的な見方をしていた。社会主義は理想としては素晴らしいが、人間性が現状のままである限り、決してうまくはいかないだろうというのである。経済騎士道の考え方は、社会主義が成立するために必要な前提条件でもあった。マーシャルはむしろ、集産主義（コレクティヴィズム）と官僚制の弊害について、大きな懸念を表明している。その後の歴史、社会主義の失敗はマーシャルが予言したとおりになった。

この講演は、国家の役割についても論じている。「レッセ・フェール。すなわち、国家をしてあるがままに振る舞わせ、為すがままにさせよ」、と。すなわち、政府は政府にしかできない仕事をすべきである、と。これは通俗的な自由放任主義でもなければ「小さな政府」の支持でもない。国家のあるべき姿に関する議論は、マーシャル経済学体系の未完に終わった部分にもち越されたため、詳しいことはわからない。マーシャル自身は必ずしも積極的な国家介入に踏み込んではいないが、『原理』において極大満足説に留保をつけ――それは市場メカニズムによって決まる需要・供給の均衡点よりも望ましい点が存在し得るという立場を意味する――、政策介入の支持に含みを残している。そこからピグーの厚生経済学に至る道は遠いものではなかった。

### ジェヴォンズ氏の『経済学の理論』

これは一八七一年一〇月に出版されたジェヴォンズの主著『経済学の理論』の書評であり、一八七二年四月一日の『アカデミー』誌に掲載された。マーシャルは基本的に論争を好まず、他の経済学者に対して攻撃的な態度をとることは滅多になかったが、厳しい論調の目立つこの書評は異例ともいえる。回想メモによると、これでも随分と表現を和らげた方であるらしく、元々はもっと辛辣な言葉が並んでいたという。マーシャルがこれほどまでに腹を立てた理由として、「ジェヴォンズの『理論』を読んだとき、リカードに対する青春時代の忠誠心が沸き返った」と述べている。

周知のように、ジェヴォンズは、メンガー、ワルラスと並ぶいわゆる「限界革命」のトリオの一人であり、主著『経済学の理論』ではそのエッセンスが披露されている。具体的には、第四章「交換理論」で、アダム・スミスの解けなかった水とダイアモンドのパラドックス――水は非常に大きな使用価値をもつのに交換価値をほとんどもたない一方、ダイアモンドはほとんど使用価値をもたないのに非常に大きな交換価値をもつ――に解決を与える限界効用逓減の法則を展開し、続いて交換団体の事例を用いて限界効用均等の法則を論じている。ただし、ジェヴォンズ自身は限界効用（marginal utility）という言葉は用いておらず、最終効用度（final degrees of utility）という表現を使用している。なお、英語圏の文献ではウィックスティードやマーシャルが marginal utility という言葉を早くから用いている。また、ジェヴォンズは経済学の数学化に意欲的で、経済学を「快楽と苦痛の微積分学」と称したことからもわかるように、微分法を用いて限界原理を説明することに力を注いだ。経済学の数学化に先鞭をつけたのはフランスのクールノーの『富の理論の数学的原理に関する研究』(一八三八年)であり、同書からはジェヴォンズだけでなくマーシャルも大きな影響を受けている。本訳書の中にもクールノーの名前は幾度となく登場する。

一般には「限界革命」の結果、経済学は富の学から交換の学へとパラダイム・シフトを果たしたとされるが、それはあくまで後世から見た結果であり、革命の存在については現在では否定する研究者もいる。確かに、刊行当初、この限界原理を用いた議論が熱狂的に受容されるという事実はなかったし、同時代に生きたマーシャルも、これを革命的な書だとは認識しておらず、一八七六年に書かれた「ミル氏の価値論」の中では次のように評している。

> ジェヴォンズ教授が「最終効用度《ファイナル・ユーティリティ》」について言っていることの多くは、ミルの説明の中に、少なくとも暗黙裡には含まれていると私は考えている。しかし、彼はこの観念と関連する数多くの重要な論点を非常にはっきりと解明し、それによって、最近の経済学の業績の中で最も重要な成果の一つをあげた。

一定の評価をしつつも、連続性を否定しない、という立場である。ただしマーシャルは後にジェヴォンズの仕事を高く評価するようになった。例えば『原理』では、ジェヴォンズが消費者の手中にあるすべての財を資本と定義したことを擁護しており、『貨幣信用貿易』ではジェヴォンズの統計手法や貨幣理論について好意的な言及がみられる。また本書収録の「経済学の現状」では「この仕事には、リカードに匹敵する力量をもった建設的な思想家を必要とする。ジェヴォンズがもし短命でなかったならば、この仕事の大部分を成し遂げたかもしれない」とまで述べている。

他方、ジェヴォンズはマーシャルの「外国貿易の純粋理論」を読んでいたようで、「外国貿易に関する貴下の近刊の労作は、その内容を親しく知る者たちが多大な興味をもって期待するところであり、貴下をこの科学に関する最も独創的な著作家の列に伍せしめるものでありましょう」(Keynes［1972(1933)］189, 邦訳二五二〜二五三頁) と書いている。

また、この書評は、マーシャルのジェヴォンズ評価だけでなく、マーシャル自身の経済学に対するスタンスもよく表している点が興味深い。数学に頼るよりも、図形的な表現で数多くのことを明確に説明できるという主張は、実際にマーシャルが『原理』で採用したスタイルそのものでもある。そこではグラフによる説明が多用され、数学的な議論は付録として巻末に追いやられている。現代の経済学の入門的テキストも、グラフによる説明をたくさん用いるが、その起源をたどればマーシャル流のスタイルに行きつくと言ってよいかもしれない。

最後に、二人に対するケインズの有名な論評を紹介しておこう。

ジェヴォンズの『経済学理論』は才気に溢れたものだが、せっかちな、不正確で不完全な小冊子であって、マーシャルの苦心をこらした、完璧な、極度に良心的な、極度に目立たないやり方とは雲泥の相違がある。……マーシャルの辛抱づよく絶え間のない骨折りと科学的天才によって展開された一大作業機械に比べると、それはただ稀薄な、気のきいた思いつきの世界の中の存在にすぎない。ジェヴォンズは釜が沸くのを見て子供のような喜びの叫びをあげた。マーシャルも釜が沸くのを見たが、黙って坐りこんでエンジンを作ったのである（Keynes［1972(1933)］184-185, 邦訳二四七頁）。

## ミル氏の価値論

古典派経済学最後の重鎮であるジョン・ステュアート・ミルは一八七三年に亡くなったが、これはその三年後、『フォートナイトリー・レビュー』一八七六年四月号に掲載された論文である。そこではマーシャルの考えるミルの議論の本質を明らかにし、ケアンズやソーントンやジェヴォンズといった幾多の論者からのミル批判に対してそれを擁護しようという試みがなされる。その一般的論調は、非常に好意的なものであり、基本的にリカードやミルの主張は正しいが、時折不注意な説明の仕方をしてしまうことがあったため、その真意が伝わらず、誤解されてしまったというものである。これはまだマーシャルの若い頃の論文であるが、この立場は終生変わることはなかった。後世の目からみれば実質的に別物といえる議論であっても、極力、先人との連続性を強調しようとするマーシャルの姿勢は時にミスリーディングであると言わざるを得ない。例えば「経済学の旧世代と新世代」では、過去の経済学者について「彼らが言ったことは、彼らが無意識のうちに当然のこととしていた潜在的な前提を我々が補わない限り、彼らが頭の中で考えていたことを必ずしも十分に我々に伝えるものではない」と述べている。これはある意味、後にロバートソンがマーシャルに対してとった態度にも通じるものがある。

ミルの議論で重要な点は、富の生産の法則と、富の分配の法則を区別する点である。生産の法則は、完全な自然法則であり、例えば土地の収穫逓減法則やマルサスの人口法則などを指す。これに対して分配の法則は、社会の制度や慣習などに依存し、人間の意思が関係する。ミルはリカード理論（生産の法則）に、人間の関与する分配論を追加した。これはマーシャルにおいては『原理』第六編「国民所得の分配」に相当する。

分配論の一角を担う賃金論では、ミルは賃金基金説を唱えていた。これは、ある国において賃金の支払いにあてられる基金は一定であり、労働者数が減らない限り賃金を上げることはできないため、労働組合が賃上げを求めても無意味であることを示唆していた。それに対し、ソーントンからの批判を受けてミルは一八六九年にこれを撤回した。賃金基金説をめぐる顛末については、本章では触れられていないが、後に『原理』付録Jで詳細に論じている。

マーシャル経済学の目指した方向は、社会改良であり、社会的貧困の除去であったことは再三触れた。マーシャルは、アダム・スミスにならって高賃金の経済学を唱えていたため、低賃金を正当化する賃金基金説とは相容れない面があったことを指摘しておきたい。

### 分配と交換

この論文は『経済学原理』の続刊の刊行が遅れていることで、マーシャルが暫定的なものと意図して展開した議論に対して、様々な批判が寄せられたため、それに答えるという体裁をとっている。しかし、単なる論争の一幕ではなく、マーシャルの方法論的立場が鮮明に示されており、その考え方を知る上でもきわめて重要な論文である。「経済学者のメッカは、経済動学というよりはむしろ経済生物学である」という有名な言辞が登場するのもここである。また、静学と動学の関係、定常状態の問題、「他の事情が等しいならば」（セタリス・パリブス）という部分均衡分析の手法、フローとストックの区別などにも言及される。

静学や動学という概念は物理学から経済学にもち込まれた。もちろん、これは経済学でも重要な役割を果たすが、静学から出発して、その目指すべきゴールは動学ではないという。複雑な経済現象を分析するためには、まずは問題を分割して、少しずつ漸進的にすすめていく。そのため、様々な現象のうち、いくつかのものについては「他の事情が等しいならば」という枷をはめて、しばらくのあいだこれを無視する必要がある。その初期の段階では物理学的なアナロジーは有益である。しかし、より進んだ段階、複雑な現実を扱う段階になると、物理学のアナロジーはあまり役に立たず、生物学的な議論が有用になってくる。これがマーシャルの基本的な考え方であるが、マーシャル体系が未完に終わったがゆえに、評価の難しい面がある。

というのも、マーシャルの主著とされる『経済学原理』は、当初「第一巻」という表記があったことからもわかるように、マーシャル体系の一部であり、経済分析の「導入」に相当するものであった。そういう段階で物理学的アナロジーが重要な役割を果たすことに異論はない。そしてマーシャル経済学の構成要素で、現代経済学に受け継がれているものは、多くが物理学的アナロジーに基づくものである。しかしそれらはマーシャルにとって本命でも最終目的でもなかった。最後に目指すべきは生物学的アナロジーに基づく経済学であったはずだが、それは未完に終わってしまった。また、後者は弟子たちにも継承されなかった。

そこで、マーシャル経済学を、最終的に出版されたものをみて評価すべきか、あるいはマーシャルが本当にやりたかったことに基づいて評価すべきか、意見がわかれることになる。また、マーシャルの生物学的な経済学は、どの程度まで実現したとみるべきかについても解釈はわかれる。刊行された『原理』や『産業と商業』の中にも、生物学的アナロジーに基づく議論は少なからず登場するため、いっそこれをその方面にそって再評価するという試みもあり得るし、他方、それは所詮アナロジーにすぎず、マーシャル経済学のコアには到底成り得ないという解釈もあり得る。ここではこの問題についてこれ以上立ち入ることは控え、右の点を指摘するにとどめたい。

## 一般物価の変動に対する救済策

マーシャルは貨幣や金融に関しても重要な仕事を行っているが、未公刊であったり口頭での証言にとどまっていたりする場合が多く、著書や論文という形で発表されたものは少ない。これはその数少ない貨幣に関する公刊された業績の一つである。

一八七〇年代は大不況と呼ばれ、デフレーションの時代で知られる。一九世紀後半には多くの先進国で金本位制が採用されるようになったが、当時、金銀複本位制の是非がしばしば話題となった。複本位制とは、大まかにいえば、当局が金と銀いずれについても、定められた固定価格で交換に応じる通貨制度である。イギリスでは一八世紀末まで続き、一八一六年に銀貨が廃止されたことで正式に廃止された。ヨーロッパで銀本位制や複本位制を採用していた国々も、一九世紀半ば以降、次々と金本位制へと移行していく。複本位制は当時からみても決して目新しい制度ではないが、アメリカの一八九六年の大統領選挙では、どのような通貨制度を採用すべきかが大きな争点となった。複本位制を主張し、「一六対一」の金銀価格比の採用を公約に掲げた民主党のウィリアム・ジェニングス・ブライアンが、金本位制を支持する共和党のマッキンリーに敗れたことは金融史の有名な一幕である。

マーシャルは金本位制と複本位制のいずれをとるかと問われれば消極的に複本位制に軍配を上げるが、あまり高くは評価していない。金銀の市場価格と法定価格が乖離すればいわゆるグレシャム法則が働くことにより、実質的に単本位制になってしまうからである。それを回避しようとすれば国際的な協定が必要となるが、そこにもさまざまな問題がある。

マーシャルは、貨幣制度の改革について独自の提案を行っている。その背景には、景気循環の過程で実質利子率と名目利子率との乖離が果たす役割についてのはっきりとした認識があった。これは後にピグーの経済変動論でも、景気循環の増幅要因として踏襲されていく。第三節での計表本位の議論は、名目ベースでの契約を実質ベースでの契約に切り替えることで、物価変動による影響を回避しようという試みである。インデックス化された契約などがそれにあたる。実質価値と名目価値の乖離がもたらす影響は経済学にとって大きな課題となるが、このマーシャルの議論はきわめて先駆的なものと評価できる。デフレ期に労働者の実質賃金が上昇するといった、名目賃金と実質賃金の問題もマーシャルの著作中に何度もみられる。

代替的な複本位制を提案している箇所では、中間財、重複計算の排除など、国民経済計算の土台となるアイデアが披露されている。

## 参考文献

Coase, R.E. [1984] "Alfred Marshall's Mother and Father," *History of Political Economy*, vol. 16, pp. 519-527.

——— [1990] "Alfred Marshall's Family and Ancestry," *Alfred Marshall in Retrospect*, Edward Elgar.

Groenewegen, P. [1995] *A Soaring Eagle: Alfred Marshall 1842-1924*, Edward Elgar.

——— [2007] *Alfred Marshall*, Palgrave Macmillan.

Keynes, J.M. [1925(1924)] Alfred Marshall, 1842-1924, *Economic Journal*, Vol. 34, pp. 311-372, Reprinted in *Memorials of Alfred Marshall*.

——— [1972(1933)] *The Collected Writings of John Maynard Keynes, Vol. X, Essays in Biography*, Macmillan.（大野忠男訳『ケインズ全集10人物評伝』東洋経済新報社、一九八〇年）。

伊藤宣広『現代経済学の誕生——ケンブリッジ学派の系譜』（中公新書、二〇〇六年）。

———『ケンブリッジ学派のマクロ経済分析——マーシャル・ピグー・ロバートソン』（ミネルヴァ書房、二〇〇七年）。

西岡幹雄『マーシャル研究』（晃洋書房、一九九七年）。

# 訳者あとがき

思えば初めてマーシャルの論文集を読んだのは一六〜一七年前のことになる。マーシャルが面白いというと、多くの人から、君は変わり者だと言われた。数学と歴史の好きな学生だった私にとって、理論と現実のバランスを説くマーシャルの思想は大変魅力的に映った。一方において、社会改良のために何をなすべきか、という高尚な問いと同時に、これまで多くの理想主義が失敗に終わったのはなぜか、という現実的な洞察を展開するマーシャルは、経済学とは人間の研究であるという。人間とはときに合理的に行動し、ときに利害得失を度外視して感情で動く複雑な生き物である。これを理論的に把握するうえで、現代経済学もきっとマーシャルの叡智から学ぶべきものがあると思う。

翻訳作業の完遂に至るまでの過程では、マーシャル研究の先人たち、また同業の研究者たちから多くの恩恵を受けている。謹んで御礼申し上げたい。また、重要な古典の翻訳に携わる機会を与えられたことを、名誉に感じると同時に、大きな責任も伴うことを痛感している。下手な訳をすれば偉大な古典を穢してしまうというプレッシャーもあったが、この面白い古典をぜひ多くの人に触れてもらいたいという思いが勝り、僭越ながらこの仕事をお受けすることにした次第である。

過去に何度も精読し、内容についてはよく知っているつもりであったが、いざ翻訳作業をはじめてみると、読み返すたびに新しい発見があると同時に、マーシャル独特の言い回し、文体の癖を日本語になおすのは容易なことではないと気づいた。できるだけ日本語として違和感のない表現を、と心がけたが、どこまで成功しているかは読者のご判断にゆだねる他ない。残されているかもしれない誤りについては、すべて私の責任である。読者の御教示を賜れば誠に幸いである。

学術書の刊行が困難をきわめる情勢の中、経済学の古典の翻訳を企画してくださったミネルヴァ書房、そして前著『ケンブリッジ学派のマクロ経済分析』刊行時より引き続き編集作業を担当され、あたたかく激励してくださった堀川健太郎氏に心から御礼申し上げる。

最後に、いつも文句一つ言わずに研究を支えてくれた妻さやかに感謝したい。

二〇一四年七月

伊藤宣広

# 索　引
（＊は人名）

## サ　行

## マ　行

## ヤ・ラ・ワ行

**《著者紹介》**

アルフレッド・マーシャル（Alfred Marshall:1842～1924）

イギリスの経済学者。需要供給分析，弾力性，消費者余剰，外部性，部分均衡分析など現代経済学に不可欠な分析装置を考案し，ピグー，ケインズといった優れた経済学者を育てた。ケンブリッジ学派の祖。

《訳者紹介》


伊藤宣広（いとう・のぶひろ）

1977年　三重県生まれ。

京都大学大学院経済学研究科修了。博士（経済学）。

現　在　高崎経済大学経済学部准教授。

主　著　『ケンブリッジ学派のマクロ経済分析』ミネルヴァ書房，2007年。

『現代経済学の誕生』中公新書，2006年。

*Keynes and Modern Economics*,（共著）Routledge, 2013. ほか多数。



マーシャル　クールヘッド＆ウォームハート

2014年10月15日　初版第1刷発行　〈検印省略〉

定価はカバーに
表示しています

訳　者　伊　藤　宣　広

発行者　杉　田　啓　三

印刷者　中　村　知　史

発行所　株式会社　ミネルヴァ書房

607-8494　京都市山科区日ノ岡堤谷町1

電話代表　（075）581-5191

振替口座　01020-0-8076





中村印刷・兼文堂

ISBN978-4-623-07146-3

Printed in Japan